蒋纯焦 著

中国私塾史

Zhongguo Sishu Shi

华东师范大学教育学高峰学科建设资助项目

山西出版传媒集团 山西教育出版社

目录 contents

第一章　历程

> 我们展开中国教育史来一看，便知私塾的过去，的确有很悠久而灿烂的历史，自周秦直至明清二千多年中间，私塾皆有不断的活动……
>
> 历代大儒，没有一个不是私塾出身，同时没有一个不曾当过塾师。我敢说中国几千年的文化繁衍，私塾要算是中国文化的播种者。这并不是为私塾夸张其辞，实际上他们名垂史册，谁也不容否认。①
>
> ——吴寄萍：《改良私塾》

“塾”作为教育机构的名称，始于西周。随着中国封建社会的发展，尤其是文化教育的下移和科举制度的形成，唐代以后，以“塾”命名的私家教育机构逐渐多起来。经过宋朝的大发展，“私塾”已成为中国教育的主体力量。到明清时期，私塾教育达到顶峰，遍布城乡。然而晚清以降，传统私塾受到新式学校的强烈冲击，逐渐衰微，到新中国成立后，逐渐消失。我们先大致回顾一下古代私塾的发展历程，至于私塾在

---

① 吴寄萍：《改良私塾》，中华书局1939年版，第1、第3页。吴寄萍是民国时期一位不起眼的学者，曾官至四川省大足县知事。《改良私塾》是一本影响不大的小册子，中华书局1939年出版的“义务教育丛书”之一，主编为浙江省教育厅第四科（社会教育科）科长赵欲仁。吴寄萍的上述一番宏论虽然讲得太满，但私塾历史悠久，在中国教育史、文化史、社会史上具有非常重要的地位，这是毋庸置疑的。

近现代教育转型中的历史命运，将以专门章节来探讨。

一、从“家有塾”说起

以“塾”指称教育机构，最早见于《礼记·学记》“古之教者，家有塾，党有庠，术有序，国有学”，说明在《礼记》成书之前，“塾”已成为教育机构的名称。班固认为，《礼记》是“七十子后学者所记也”。① 郭沫若则进一步认为，《学记》是战国后期孟子的学生乐正克所作。② 基本可以推测，孔孟的后学们在追述前代学校教育制度时编写了《学记》篇。因此，这里的“古”可能是指西周或殷商时期。

“塾”字是怎么来的？据裘锡圭考证，“塾”字最早见于商代甲骨文。在殷墟出土的卜辞中，有多处提到了塾。塾在卜辞中作“孰”，为上下结构而非左右结构。裘锡圭认为中国房屋建筑中的门塾之制，早在商代就已经存在。③《尔雅·释宫》：“门侧之堂谓之塾。”《说文解字》：“塾，门侧堂也。从土，孰声。”经书中“塾”字最早见于《尚书·顾命》：“大辂在宾阶面，缀辂在阼阶面，先辂在左塾之前，次辂在右塾之前。”这四句话讲的是西周时期臣子到宫廷朝见君王，不同规格的车停放在室外的不同位置。“塾”之义在《尚书》中即为宫门两侧臣僚等候朝见的地方。

古人命名很有讲究，为什么谓门侧之堂曰“塾”？《三辅黄图·杂录》云：“塾，门外舍也。臣来朝君至门外，当就舍，更详熟所应对之

①《汉书·艺文志》。
② 郭沫若：《十批判书》，东方出版社 1996 年版，第 141 页。
③ 裘锡圭：《释殷墟卜辞中与建筑有关的两个词》。参见国家文物局古文献研究室编：《出土文献研究续集》，文物出版社 1989 年版，第 1—4 页。

事，塾之言熟也，是塾本以熟思得名。”① 清顾震福《隶经杂箸》甲编卷下也解释说：“臣朝君至门外，当就舍更详熟所应对之事。塾之言熟也，是塾本以熟思得名。”就是说，“塾”字兼取了“熟”字的音和义。臣子们为了在君王面前灵活应对，事先要想好说些什么，如何说，问下来又如何答，以免出差错。到了宫廷，臣子利用在侧堂等候的时间将自己要禀报的事项再默默熟悉一遍。

万世师表孔子

由此可见，“塾”的本义重心不在教育，而是房屋建筑，指门侧之堂。在政府机关里，门侧之堂可为预备等候之用；在民间，门侧之堂用来干什么呢？一是吃饭的地方，《仪礼·士冠礼》云：“具馔于西塾。”

---

①《三辅黄图》：古代地理书籍。作者佚名。清朝有毕沅、孙星衍校本。主要记载秦汉时期三辅的城池、宫观、陵庙、明堂、辟雍、郊畤等，间涉及周代旧迹。各项建筑，皆指出所在方位。

二是出入应对之所，由长者在此交代人们一天行为的注意事项。这种告诫逐渐演化为一种教育行为，“塾”到后来也就引申成为教育场所，即如《学记》所言。我们可以推测，商周以来，经过数百年的发展演变，“塾”慢慢地从专指房屋的一部分引申为一种教育机构。这与“庠”“序”的含义变化是完全一致的。

“家有塾”又是什么意思呢？根据《学记》的原意，“序”“庠”“塾”都是依地方行政区划级别的大小而设的教育机构，只有“学”才是中央教育机构。党和术（遂）都是地方行政组织，这没有疑问。郑玄注曰：“《周礼》五百家为党，万二千五百家为遂。党属于乡，遂在远郊之外。”但“家”就不同了，不像是地方组织的名字。怎么解释？郑玄并未纠缠于此，转而注“塾”，说：“古者仕焉而已者，归教于闾里，朝夕坐于门，门侧之堂谓之塾。”还说：“塾音熟，一音育。”郑玄虽然只讲“塾”而不言“家”，但提供了“塾”的另一个读音，而这个读音直指“教育”，说明“塾”因引申为教育机构，连读音都发生了变化。可见字义的变化会带来字音的改变。

直至唐代，孔颖达才对“家有塾”作了较为完整的解释：“《周礼》百里之内，二十五家为闾，同共一巷。巷首有门，门边有塾。谓民在家之时，朝夕出入，恒受教于塾，故云‘家有塾’。”① 原来，“家有塾”是指二十五家共一塾，并非家家有塾。《周礼·遂人》曰：“五家为邻，五邻为里，四里为酂，五酂为鄙，五鄙为县，五县为遂。”也就是说，“二十五家”可称“里”（有时称“闾”，上述郑玄的注乃“闾”“里”并称）。但是，《学记》为什么要说“家有塾”，而不直接说“闾有塾”

①《十三经注疏》（下册），浙江古籍出版社 1998 年版，第 1521 页。

或“里有塾”？这倒是值得进一步探讨。① 或许，正是“家有塾”之说，使“塾”后来真正成为私家设立的基础教育机构的代称。

有人认为西周“塾”是“闾”办的学校，与“序”“庠”同属乡学。② 其实，“塾”不可能是严格意义的学校，其性质不能与“序”“庠”混同。我们从郑玄的注和孔颖达的疏可以推测，塾中的教育活动是在朝夕出入之时。即是说人们早晨出去劳动和晚上归来时，由塾中经过，长者顺便在此进行生产和生活方面的提醒与训诫。“塾”没有专职的教师和学生，实施的是一种教化活动，有德行的长者承担教育者，全体居民为受教育者。《汉书·食货志》对这种教育的形式和内容有着具体而形象的描述：“春将出民，里胥平旦坐于右塾，邻长坐于左塾，毕出然后归，夕亦如之。入者必持薪樵，轻重相分，班白不提挈。”吕思勉进一步分析说：

> 一邑之中，有两个老年的人做领袖。这两个领袖，后世的人，用当时的名字称呼他，谓之父老、里正。古代的建筑，在街的两头都有门，谓之闾。闾的旁边，有两间屋子，谓之塾。当大家要出去种田的时候，天亮透了，父老和里正，开了闾门，一个坐在左塾里，一个坐在右塾里，监督着出去的人。出去得太晚了，或者晚上回来时，不带着薪樵以预备做晚饭，都是要被诘责的。出入的时候，该大家互相照应。所带的东西轻了，该帮别人分拿些。带的东西重了，可以分给人家代携，不必客气。有年纪、头发花白的人，该让他安逸些，空手回来。到冬天，则父老在校室里，教训邑中的小孩子，里正则催促人家

---

① 毛礼锐先生说，《周礼》云：“乡有庠，州有序，党有校，闾有塾。”这倒是更明白地说明了塾为“闾”所设。参见毛礼锐：《虞夏商周学校传说初释》，《北京师范大学学报》1961 年第 4 期。

② 俞允海：《乡学至私塾：“塾”义变迁考》，《湖州师范学院学报》2005 年第 5 期。

“缉绩”。住在一条巷里的娘们，聚在一间屋子里织布，要织到半夜方休。①

吕思勉已基本将“塾”中教育的形式和内容表达得相当完整，意在日常教化，不能称为严格意义的专门化教育，因此，我们也不能称西周时代的“塾”为专门的教育机构。

山东曲阜孔林万古长春坊（1907）

毛礼锐认为，“塾”“序”“庠”，都不能认为是学校。他说：“塾”实际上差不多是一个岗哨，早晚有父老里正坐在那里，看守并教喻出入的人们，例如规定“晏出后时者不得出；暮，不持樵者不得入”。又规定要按年龄大小排列次序，不能“相逾”。同时规定年老的不提不挑东西，由年轻人负担。“庠”是行乡饮酒礼的地方，“序”是行乡射礼的地方，都是一种社会教育机关，不是真正的学校，只有“校”可能是真

① 吕思勉：《中国通史》，上海古籍出版社 2009 年版，第 72—73 页。

正教学的地方。① 毛礼锐还推测，“塾”的初义只是门侧之堂，后来有钱的人家便利用它来作私塾，所以这种私塾又有称为门馆的。这种家塾可能始于战国或汉时。②

《学记》将“塾”“序”“庠”“学”列为“古之教者”，意思是很久以前就有了。熟悉教育史的人会发现，在春秋战国众多教育家关于教育机构的言论中，找不到“塾”，而“序”“庠”“学”等倒十分常见。如《孟子·梁惠王上》：“谨庠序之教，申之以孝悌之义，颁白者不负戴于道路矣。”《孟子·滕文公上》：“设为庠、序、学、校以教之。庠者，养也；校者，教也；序者，射也。夏曰校，殷曰序，周曰庠；学则三代共之，皆所以明人伦也。”《荀子·大略》：“故家五亩宅，百亩田，务其业而勿夺其时，所以富之也。立大学，设庠序，修六礼，明十教，所以道之也。”据此，也说明“塾”作为教育机构而言，似乎并没有得到先秦学者们的普遍认同。

二、汉魏的“馆”“舍”

作为教育机构的“塾”在《学记》中始现，但《学记》接下来并没有对“塾”作分析展开，而将论述的重心完全移到了“学”，即大学教育。郭沫若认为，《学记》言“大学之道”，与《大学》相表里。③到了汉代，很难找到以“塾”见称的教育机构，“序”“庠”倒有所保留，但使用最多的是“学”“校”。如：班固《东都赋》曰：“四海之内，学校如林，庠序盈门，献酬交错，俎豆莘莘，下舞上歌，蹈德咏

① 中国古代教育史编写组：《中国原始社会和奴隶制社会的教育》，《北京师范大学学报》1961 年第 3 期。

② 毛礼锐：《虞夏商周学校传说初释》，《北京师范大学学报》1961 年第 4 期。

③ 郭沫若：《十批判书》，东方出版社 1996 年版，第 141 页。

仁。”① 元始三年（3）夏，王莽奏：“立官稷及学官。郡国曰学，县、道、邑、侯国曰校。校、学置经师一人。乡曰庠，聚曰序。序、庠置《孝经》师一人。”② 《后汉书·儒林传》的议论中曾提到“塾”，曰：“自光武中年以后，干戈稍戢，专事经学，自是其风世笃焉。其服儒衣，称先王，游庠序，聚黉塾者，盖布之于邦域矣。”此处“黉”“塾”并称，系泛指基层学校。

汉代私学较为发达，既有初级的书馆，也有高级的精舍。与“塾”起初为非正式教育机构不同，“馆”“舍”乃专门的教育机构。以馆命名教育场所，可能源于《孟子·告子下》：“可以假馆，愿留而受业于门。”后来，人们以“馆谷”指代塾师授徒的收入。

书馆教育是汉代私学教育的基础部分，教学内容主要是识字、习字，然后在此基础上初步读一些儒家经典（如《论语》《孝经》等），为下一阶段的学习（如专攻经学的精舍）作准备。王国维《观堂集林·汉魏博士考》云：“汉时教初学之所名曰书馆，其书名曰书师，其书用《仓颉》《凡将》《急就》《元尚》诸篇，其旨在使学童识字习字。”③ 王充《论衡·自纪》有一段关于书馆的记载：“六岁教书，恭愿仁顺，礼敬具备，矜庄寂寥，有巨人之志。父未尝笞，母未尝非，闾里未尝让。八岁出于书馆，书馆小僮百人以上，皆以过失袒谪，或以书丑得鞭。充书日进，又无过失。手书既成，辞师受《论语》《尚书》，日讽千字。经明德就，谢师而专门，援笔而众奇。所读文书，亦日博多。”④ 王充

① 《文献通考·学校考·郡国乡党之学》。

② 《汉书·平帝纪》。

③ 王国维：《观堂集林》卷四《汉魏博士考》，河北教育出版社 2001 年版，第 107 页。

④ 陈东原根据王充的受教育经历，将汉代私学分为三个阶段：“第一阶段为识字与学书，相当于小学。第二阶段为习《论语》、《尚书》，相当于中学。第三阶段为专门经学，相当于大学。”参见陈东原：《中国教育史》（上），福建教育出版社 2009 年版，第 181 页。

六岁始，由父亲启蒙识字，八岁到书馆受师训，书馆教育结束后，进入经学教育阶段。既然书馆“小僮百人以上”，可见有一定的规模，不受闾里所限，可能招收方圆数里甚至数十里的学生。

山东邹县孟庙（1907）

反映东汉洛阳地区农耕生活的《四民月令》，有一些关于乡村学校的内容。如正月“农事未起，命成童以上入大学，学《五经》，师法求备，勿读书传。研冻释，命幼童入小学，学《篇章》。命女红趣织布”。[1] 石声汉注云：“《篇章》是《六甲》《九九》《急就》《三仓》之属；其中《急就》《三仓》等字书，应当学会书写，《九九》是算学初步，仅仅书写不够，必须领会、熟练。”[2] 八月“暑小退，命幼童入小学，如正月焉”。[3] 十月“农事毕，命成童以上入大学，如正月焉”。[4]

① 崔寔著，石声汉校注：《四民月令校注》，中华书局 1965 年版，第 9 页。
② 崔寔著，石声汉校注：《四民月令校注》，中华书局 1965 年版，第 10 页。
③ 崔寔著，石声汉校注：《四民月令校注》，中华书局 1965 年版，第 60 页。
④ 崔寔著，石声汉校注：《四民月令校注》，中华书局 1965 年版，第 68 页。

十一月“研水冻，命幼童读《孝经》《论语》《篇章》，入小学”。① 这些材料，说明汉代学校教育有意避开春节、酷暑和农忙时节，系学年制和假期制的萌芽。

书馆的教育活动没有强制性的规定，程度和性质也参差不齐，学习内容主要有：（1）基本的文史知识和书法教育。如王充的自叙，又如《史记·项羽本纪》：“项籍少时，学书不成，去，学剑，又不成。项梁怒之。籍曰：‘书足以记名姓而已。剑一人敌，不足学，学万人敌。’于是项梁乃教籍兵法。”《汉书·东方朔传》：“少失父母，长养兄嫂。年十二学书，三冬文史足用。”（2）算术、历法、地理。“九九乘法表”、《六甲》《五方》之类。（3）读经。《孝经》《论语》等相对浅近易晓者。

《后汉书·文苑传上》记载有一则汉代书馆师生之间的逸闻趣事：“边韶，字孝先，陈留浚仪人也。以文学知名，教授数百人。韶口辩，曾昼日假卧，弟子私嘲之曰：‘边孝先，腹便便。懒读书，但欲眠。’韶潜闻之，应时对曰：‘边为姓，孝为字。腹便便，《五经》笥。但欲眠，思经事。寐与周公通梦，静与孔子同意。师而可嘲，出何典记？’嘲者大惭。”汉代经学教育中师法家法甚严，弟子不大可能私下戏谑老师，只有在蒙学性质的书馆中，顽皮的学生才可能编出几句打油诗来嘲笑老师。

精舍多为经学大师授徒讲学之所，规模比书馆大得多，弟子常常成百上千。《后汉书·承宫传》：“承宫字少子，琅邪姑幕人也。少孤，年八岁为人牧豕。乡里徐子盛者，以《春秋经》授诸生数百人。宫过息庐下，乐其业，因就听经，遂请留门下，为诸生拾薪。执苦数年，勤学不倦。经典既明，乃归家教授。”《后汉书·郑玄传》：“融门徒四百余人，升堂进者五十余生。融素骄贵，玄在门下，三年不得见，乃使高业弟子

① 崔寔著，石声汉校注：《四民月令校注》，中华书局1965年版，第71页。

传授于玄。玄日夜寻诵，未尝怠倦。会融集诸生考论图纬，闻玄善算，乃召见于楼上，玄因从质诸疑义，问毕辞归。融喟然谓门人曰：‘郑生今去，吾道东矣。’玄自游学，十余年乃归乡里。家贫，客耕东莱，学徒相随已数百千人。”马融弟子从得教不过来，便次相传授，郑玄也弟子成群，不输给自己的老师。

破渔网等为原料制成的蔡侯纸

严格说来，精舍并不能与后世的私塾相提并论，只有书馆能勉强对应后世塾师所开设的门馆。汉代书馆教育发达，除了经济、文教等因素，还与一项重要的发明有关。东汉时期，宦官蔡伦总结前人的经验，发明使用植物纤维造纸的新方法，一时风行全国，称“蔡侯纸”。纸使用方便，价格低廉，为文化教育的发展和下移创造了极为有利的物质条件，能入书馆受教者当不断增加。尽管史书上关于“书馆”的记载不多，但由于汉代地方官学中缺乏蒙学教育机构，因而青年、儿童多半就学于私学性质的书馆。这样，私学在数量上超过了官学，其中蒙学占主要的地位。①

魏晋南北朝时期，“天下分崩，人怀苟且，纲纪既衰，儒道尤盛”。② 乱世则学校不修，官学、私学兴废无常。史书中有关经学大师开馆讲学的记载虽然不少，但关于初级私学的记载并不多。当然，如果没有初级私学为青少年读书识字打基础，大师开讲也就无从谈起。不少经学大师门从者数百上千③，据此可推测民间初级私学并不少见。聊举初级私学之三例：三国魏时，北海朱虚人邴原，“家贫，早孤。邻有书舍，原过其旁而泣。师问曰：‘童子何悲？’原曰：‘孤者易伤，贫者易感。夫书者，必皆具有父兄者，一则羡其不孤，二则羡其得学，心中恻然而为涕零也。’师亦哀原之言而为之泣曰：‘欲书可耳。’答曰：‘无钱资。’师曰：‘童子苟有志，我徒相教，不求资也。’于是遂就书。一冬之间，诵《孝经》《论语》。自在童龀之中，嶷然有异。”④ 南朝齐时，吴郡盐官人顾欢，“家贫，父使驱田中雀，欢作《黄雀赋》而归，雀食过半，父怒，欲挞之，见赋乃止。乡中有学舍，欢贫无以受业，于舍壁后倚听，无遗忘者。八岁，诵《孝经》《诗》《论》。及长，笃志好学。”⑤ 南朝陈时“顾越，字思南，吴郡盐官人也。所居新坡黄冈，世有乡校，由是顾氏多儒学焉”。⑥ 这里所讲的“书舍”“学舍”“乡校”，

① 中国古代教育史编写组：《秦汉时期的教育》，《北京师范大学学报》1961 年第 4 期。

②《三国志·魏志·王肃传》裴松之注。

③ 如吴郡范平，学问渊博，当时很多著名人物都曾从他受业。他的孙子范蔚有书七千余卷，远近来读书的恒百余人。济南刘兆，博学洽闻，温笃善诱，从他受业的几千人。高密徐苗，少时昼耕夜读，弱冠与弟贾就济南宋钧博士受业，卒为儒宗。庐江杜夷，世以儒学称，闭门教授，生徒千余人。豫章范宣，许多青年自远处闻风而来，从他学习，“讲诵之声，有若齐鲁”。参见毛礼锐：《魏晋南北朝时期的教育》，《北京师范大学学报》1962 年第 1 期。

④《三国志·魏志·邴原传》裴松之注引《原别传》。

⑤《南齐书·顾欢传》。

⑥《陈书·顾越传》。

当与汉代“书馆”属同类性质，多传授儒学基础知识。

《世说新语》有一则故事《咏雪》：“谢太傅寒雪日内集，与儿女讲论文义。俄而雪骤。公欣然曰：‘白雪纷纷何所似？’兄子胡儿曰：‘撒盐空中差可拟。’兄女曰：‘未若柳絮因风起。’公大笑乐。”谢安在寒冷的雪天，召集家人，与年轻一辈讲论诗文，出题目来检查学业。可见当时官绅之家不乏长辈自教晚辈的情形，而且不分男女，皆可受教。只是这种家庭式教育，性质能否与学校教育等同，尚有待探讨。

南朝时，齐武帝于永明三年（485）春正月下了一道兴学诏书：“《春秋》《国语》云，‘生民之有学敩，犹树木之有枝叶。’果行育德，咸必由兹。在昔开运，光宅华夏，方弘典谟，克隆教思，命彼有司，崇建庠塾。甫就经始，仍离屯故，仰瞻徽猷，岁月弥远。今遐迩一体，车轨同文，宜高选学官，广延胄子。”① 这里提到了“庠塾”，系以古称来泛指基层地方学校，程度上可能包括蒙学，但性质上不是讲私学，而是希望政府有关部门出面修建。

三、唐代私塾的兴起

隋唐时期，中国封建社会的教育获得了较大的发展，尤其是唐代建立了相当完备的官学系统。但官学（宫廷学校除外）在中国古代一般属于高层次教育机构，官学发达，必须要有相应的基层学校为其铺垫，否则人数众多的学生从哪里选拔而来？

隋唐科举制度的建立与完善，为一般民众打通了一条向上流动的制度化通道，较汉代的察举制更刺激了人们求师问学的积极性，加之唐初政通人和，经济文化快速发展，广大民众送子弟入学读书的风气日渐浓厚，普通教育盛况空前：“父教其子，兄教其弟，无所易业，大者登台

①《南齐书·武帝本纪》。

阁，小者任郡县，资身奉家，各得其足，五尺童子，耻不言文墨。”①唐代官学虽然发达，但多止步于县学，民众的教育需求主要靠私学予以满足。② 开元二十一年（733），唐玄宗在一道政令中说：“诸百姓任立私学，其欲寄州县学授业者亦听。”③ 皇帝竟然准许没有校舍的私学教师直接利用官方的校舍上课，这是对民间私人办学的极大鼓励。

私塾内的陈设（一）

---

① 沈既济：《词科论》。参见董诰编：《全唐文》卷四百七十六，上海古籍出版社1990年版，第2156页。

② 私学和家学，作为早期教育的形式，在唐朝获得了较大的发展。许多名流学者，一方面居官理事，一方面招徒讲学。有的博学大师甚至隐居乡间，以招收生徒讲授知识为业。参见孙培青主编：《中国教育史》（修订版），华东师范大学出版社2000年版，第159页。

③ 孙培青主编：《中国教育史》第三版，华东师范大学出版社2009年版，第169页。

卢仝《寄男抱孙》诗："当是汝母贤，日夕加训诱。《尚书》当毕功，《礼记》速须剖。喽啰儿读书，何异摧枯朽。寻义低作声，便可养年寿。莫学村学生，粗气强叫吼。"① 尽管卢仝对村学的教读方式不以为然，但也说明村学在当时很普遍。赵璘《因话录》卷六："窦相易直，幼时名秘。家贫，受业村学。教授叟有道术，而人不知。一日近暮，风雨暴至。学童悉归家不得，而宿于漏屋之下。寒，争附火，惟窦公寝于榻，夜深方觉。"《太平广记》卷四十四《田先生》："田先生者，九华洞中大仙也。元和中，隐于饶州鄱亭村，作小学以教村童十数人，人不知其神仙矣。"此二事虽不可尽信，但这里提到的村学和小学，就是蒙学教师自己开办的学校（后来被称为散馆），招收童蒙前来就读，说明唐时乡村基础教育已得到广泛的开展。唐代滑州（今河南滑县）人王恭，"少笃学，教授乡闾，弟子数百人"。② 王恭在贞观初年应召出任太学博士，讲《三礼》。据说唐代私学规模最大的是一个号称"唐五经"的荆州书生，学识精博，旨趣甚高，学生加起来有 500 余人。③ 王恭和"唐五经"办的私学，也可能是私塾，程度比蒙学高一点。这些乡儒设教，有办得好的，教学质量甚至堪比官学，柳宗元为劝勉太学生，提到他年轻时太学风气不正，宁可舍而去乡闾家塾求学：

> 始仆少时，尝有意游太学，受师说，以植志持身焉。当时说者咸曰："太学生聚为朋曹，侮老慢贤，有堕窳败业，而利口食者，有崇饰恶言，而肆斗讼者，有凌傲长上，而谇骂有司者；其退然自克，特殊于众人者无几耳。"仆闻之，恟骇怛悸，良痛其游圣人之门，而众为是沓沓也。遂退托乡闾家塾，考厉志业，

① 彭定求等编：《全唐诗》卷三百八十七，三秦出版社 2008 年版，第 1979 页。

②《新唐书·儒学上》。

③ 宋大川、王建军：《中国教育制度通史》第二卷，山东教育出版社 2000 年版，第 403—404 页。

过太学之门而不敢蹋顾，尚何能仰视其学徒者哉！①

唐代还出现了请老师到学生家里来施教的初级私学。这既说明人们比前代更重视子弟的教育问题，也说明套在教师职业上那一层神圣的光环逐渐消散，教师成为“教佣”。柳宗元赠刘梦得诗云：“若道柳家无子弟，往年何事乞西宾。”② 这里以“西宾”指代教师，说明柳家专门请先生教育子弟。宋若昭《女论语·训男女》：“大抵人家，皆有男女。年已长成，教之有序，训诲之权，实专于母。男入书堂，请延师傅，习学礼仪，吟诗作赋。尊敬师儒，束脩酒脯，五盏三杯，莫令虚度。十日一旬，安排礼数，设席肆筵，施呈樽俎。月夕花朝，游园纵步，挈榼提壶，主宾相顾，万福一声，即登归路。”③ 江州刺史陈崇撰《陈氏家法》以规范家族事务，内有子弟教育的规定：“立书屋一所于住宅之西，训教童蒙。每年正月择吉日起馆，至冬月解散。童子年七岁令入学，至十五出学。有能者令入东佳。”④ 这里提到的书堂和书屋，就是官绅之家延师课子的家塾。

《隋书》《旧唐书》《新唐书》对初级私学（即私塾）的记载不少，但名称不详，让人不得要领。如：《隋书·艺术列传·卢太翼传》：“七岁诣学，日诵数千言，州里号曰神童。”《旧唐书·孔颖达传》：“颖达八岁就学，日诵千余言。”这两处都是以“学”指称童蒙教育机构，其办学性质无从得知。《旧唐书·元稹传》：“臣八岁丧父，家贫无业。母兄乞丐，以供资养。衣不布体，食不充肠。幼学之年，不蒙师训。因感

① 柳宗元：《与太学诸生喜诣阙留阳城司业书》，《全唐文》卷五百七十三。另见孟宪承编：《中国古代教育文选》，人民教育出版社1979年版，第227页。

② 曹明纲标点：《柳宗元全集》，上海古籍出版社1997年版，第364页。

③ 孙培青主编：《中国教育史研究·隋唐分卷》，华东师范大学出版社2009年版，第228页。

④ 孙培青主编：《中国教育史研究·隋唐分卷》，华东师范大学出版社2009年版，第230页。

邻里儿稚有父兄为开学校，涕咽发愤，愿知《诗》《书》。慈母哀臣，亲为教授。”此处提到邻里儿童有父兄为其办学施教。这种专为教育自家子弟而开设的学校就是家塾。① 《旧唐书・刘邺传》：“邺六七岁能赋诗，李德裕尤怜之，与诸子同砚席师学。”李德裕为本家族子弟专设学馆，可能就是族塾。②《旧唐书・令狐建传》：“建妻李氏，恒帅宝臣女也，建恶，将弃之，乃诬与佣教生邢士伦奸通。建召士伦榜杀之，因逐其妻。士伦母闻，不胜其痛，卒。”令狐建想休妻，找不到合适的理由，就诬陷妻子与请来的坐馆教师通奸，还残忍地杀害了这位老师，老师的母亲也因此活活气死了。后来妻子李氏到官府告令狐建，为自己洗清冤屈，令狐建虽然认罪伏法，却让皇帝给赦免了。说明当时官绅之家请西席、设家塾较为常见，且位高权重之人有将教师视为雇工，甚至出现轻侮之举。

由上可见，唐代虽然出现了多种多样的私人办学形式，有老师开办的，有家长自设的，有同族共用的，与后世私塾的办学性质完全相同，但这些机构很少直接以“塾”名。五代时亦类此，后周刘兼《贻诸学童》诗云：“横经义手步还趋，积善方知庆有余。五个小雏离学院，一行新雁入贫居。攘羊告罪言何直，舐犊牵情理岂虚。劝汝立身须苦志，月中丹桂自扶疏。”③ 诗中的“学院”即为乡村私塾。说明直到唐代终结，人们还没有完全养成用“塾”来指称私人办学的习惯，而宋代就不一样了。

---

① 孙培青主编：《中国教育史研究・隋唐分卷》，华东师范大学出版社 2009 年版，第 228—229 页。

② 孙培青主编：《中国教育史研究・隋唐分卷》，华东师范大学出版社 2009 年版，第 229 页。

③ 彭定求等编：《全唐诗》卷三百八十七，三秦出版社 2008 年版，第 3903 页。

四、宋元私塾的发展

宋代科举考试较为完备，加之造纸和印刷较为发达，书价渐趋低廉，为贫寒子弟跻身读书人队伍创造了有利的条件。由于地方官学不承担基础教育的责任，无法顾及底层民众的教育需求，因此应举考生和普通百姓的文化教育都是借助民间私学来实现，而且这类私学开始大量以“塾”来命名。如《宋史・地理志》讲“川峡四路”，云：“好音乐，少愁苦，尚奢靡，性轻扬，喜虚称。庠塾聚学者众，然怀土罕趋仕进。”说这个地方土地肥沃、人民勤劳、物产丰富，但比较喜欢享受生活，甚至铺张浪费。民间办学非常普遍，人们却因眷恋这块土地而不太想踏入仕途。这里系以“庠塾”泛指私人办学。《宋史・王居安传》：“始能言，读《孝经》，有从旁指曰：‘晓此乎?’即答曰：‘夫子教人孝耳。’刘孝韪七月八日过其家塾，见居安异凡儿，使赋八夕诗，援笔成之，有思致。孝韪惊拊其背曰：‘子异日名位必过我’。”此处家塾当指父辈延师课子之塾。《宋史・汪应辰传》：“未冠，首贡乡举，试礼部，居高选。时赵鼎为相，延之馆塾，奇之。”汪应辰是个有名的神童，宰相赵鼎不以为然，请他到家塾里应对一番，方知确实了得。

为什么宋代人会直接用“塾”来指称私人办学，而且用得较多的是“家塾”。这可能是化用了《学记》“家有塾”之语，“家有塾”的情况在宋代太普遍了，其意义已不再是最初的二十五家共一塾，而真正变成了私家自设之塾。宰相赵鼎聘请汪应辰为家庭教师，“延之馆塾”，可能赵家在大宅之外，别立一馆，专为子弟教育之用，故称馆塾。

宋代出现了大量由地方士绅捐助，免费或减费接纳一定地域范围内贫困子弟入学的义塾（义学），有力地促进了文化教育进一步下移。如太平兴国八年（983），福建仙游县赖店乡罗峰村办有义塾“龙头书社”；天僖年间（1017—1021），莆田县方泳、方洞两兄弟在广业里筑寿峰义斋，学生每年不少于50人。① 朱熹曾作《玉山刘氏义学记》，记载刘侯“割田立屋，聘知名之士以教族子弟，而乡人之愿学者，亦许造焉”。其他如李仲永“于所居三东三里间，自立义学……招延师儒，召聚宗党，凡预受业者逾三十人”；衡山赵氏“立义学……辟四斋，岁延二师，厚其饩廪，子弟六岁以上入小学，十二岁以上入大学”。② 可见赵氏义塾还分为上下两级。义塾的发展与宋代广泛推行学田制度有一定关联。

一些里巷乡村，往往聚资办学，以教里中或村中子弟，谓之村学（村塾）。《宋史·欧阳守道传》：“欧阳守道，字公权，一字迂父，吉州人。初名巽，自以更名应举非是，当祭必称巽。少孤贫无师，自力于学。里人聘为子弟师，主人瞯其每食舍肉，密归遗母，为设二器驰送，乃肯食肉，邻媪儿无不叹息感动。”有些乡村还办有季节性的冬学。陆游《秋日郊居》：“儿童冬学闹比邻，据案愚儒却自珍。授罢村书闭门睡，终年不著面看人。”陆游自注云：“农家十月乃遣子入学，谓之冬学。所读《杂字》《百家姓》之类，谓之村书。”③

教师自设的学塾，有时称之为小学，一般只有十来个学生，大的则生徒上百，堪比汉代书馆。苏东坡曾回忆说：“吾八岁入小学，以道士张易简为师，童子几百人，师独称吾与陈太初者。”④ 福建在宋代出现了一些规模较大的私塾，如福州林子冲、晋江杨履正、宁德林驷教塾，

① 福建省地方志编纂委员会编：《福建省志·教育志》，方志出版社1998年版，第52页。

② 王善军：《宋代族塾义学的兴盛及其社会作用》，《中国史研究》1999年第2期。

③ 李国钧主编：《中国教育大系·历代教育制度考》上卷，湖北教育出版社1994年版，第854页。

④《东坡志林》卷六。转引自李国钧主编：《中国教育大系·历代教育制度考》上卷，湖北教育出版社1994年版，第854页。

学生均有几百人。①

私塾内的陈设（二）

宋代教育的一个突出亮点就是私塾发达，随处可见。吕祖谦咏福州诗：“路逢十客九青衿，半是同窗旧弟兄。最忆市桥灯火静，巷南巷北读书声。”② 不但具备关于私塾的全部办学类型，而且出现了众多影响深远的私塾教材，如《三字经》《百家姓》《名物蒙求》《童蒙训》《十七史蒙求》《训蒙诗》等传世佳作。宋代学者还撰写了一些有关“塾”的教育著作，如吕祖谦《吕氏家塾读诗记》三十三卷、吕希哲《吕氏家塾广记》一卷、《吕氏家塾通鉴节要》二十四卷、李新《塾训》十三卷。③ 李舜臣《家塾编次论语》五卷，④ 可能是家塾用《论语》节本。朱熹的《童蒙须知》和《程董二先生学则》，既是蒙馆的课本，也带有

① 福建省地方志编纂委员会编：《福建省志·教育志》，方志出版社 1998 年版，第 49 页。

② 福建省地方志编纂委员会编：《福建省志·教育志》，方志出版社 1998 年版，第 49 页。

③ 分别见《宋史·艺文志一》、《宋史·艺文志二》和《宋史·艺文志四》。

④《宋史·李舜臣传》。

学规（学生守则）性质。

元代以“塾”指称民间私学，得到了更广泛的认同和使用。如《元史·史天倪传》：“曾祖伦，少好侠，因筑室发土得金，始饶于财。金末，中原涂炭，乃建家塾，招徕学者，所藏活豪士甚众，以侠称于河朔，士族陷为奴虏者，辄出金赎之。”史天倪的曾祖父发财后有感于金朝统治者的残暴，建家塾以收留学者。这里其实是借“塾”的名义招贤纳士，说明“塾”在当时是很普遍的，打着“塾”的招牌不会引起统治者的注意。《元史·董士选传》：“延虞汲于家塾以教其子。”大官僚董士选聘请虞汲到家里教育子弟，后来把虞汲的儿子虞集也请来了。《元史·韩元善传》：“尝以谒告侍亲居家，效范文正公遗规，置田百亩为义庄，以周贫族。至正交钞初行，赐近臣各三百锭，元善复以买田六百亩，为义塾，延名士，以教族人子弟云。”韩元善费巨资办义塾，为族人子弟提供免费教育。元代还专门出现了“私塾”一词，《元史·张𩓐传》：“至元中，行台中丞吴曼庆闻其名，延至江宁学官，俾子弟受业。中州士大夫欲淑子弟以朱子《四书》者，皆遣从𩓐游，或开私塾迎之。其在维扬，来学者尤众，远近翕然，尊为硕师，不敢字呼，而称曰导江先生。”

五、明清私塾的鼎盛

明朝和清前期，可谓私塾发展的鼎盛时期。《明史》和《清史稿》中有大量关于私塾的记载，如《明史·杨继盛传》：“杨继盛，字仲芳，容城人。七岁失母。庶母妒，使牧牛。继盛经里塾，睹里中儿读书，心好之。因语兄，请得从塾师学。兄曰：‘若幼，何学？’继盛曰：‘幼者任牧牛，乃不任学耶？’兄言于父，听之学，然牧不废也。年十三岁，始得从师学。”杨继盛的家乡有里塾，当为里人所设的公共教育机构。《明史·儒林列传·薛瑄》：“性颖敏，甫就塾，授之《诗》《书》，辄成

诵，日记千百言。”薛瑄因为聪慧过人，上私塾就读经，可见私塾教学完全可以根据学生需要灵活安排。《明史·儒林列传·王艮》：“七岁受书乡塾，贫不能竟学。”《明史·隐逸列传·杨恒》：“杨恒，字本初，诸暨人。外族方氏建义塾，馆四方游学士，恒幼往受诸经，辄领其旨要。文峻洁，有声郡邑间。浦江郑氏延为师，阅十年退居白鹿山，戴棕冠，披羊裘，带经耕烟雨间，啸歌自乐，因自号白鹿生。”杨恒学生时代上的是义塾，在地方上有点声名之后，又被别人请去做了10年塾师。《明史·文苑列传·王冕》：“幼贫，父使牧牛，窃入学舍，听诸生诵书，暮乃返，亡其牛，父怒挞之，已而复然。母曰：儿痴如此，曷不听其所为。”画家王冕出身寒微，为人做放牛娃，羡慕别人上学，便入私塾旁听，结果连牛都弄丢了。

清代设在道观里的私塾

《清史稿·徐士林传》：“父农也，士林幼闻邻塾读书声，慕之，跪母前曰：‘愿送儿入塾。’乃奋志励学。康熙五十二年，成进士，授内阁中书。”农家子徐士林闻私塾读书之声而立志向学，最终功成名就，官至江苏巡抚。《清史稿·孝义传·程增》：“析田立塾，以养以教。友有急难，以千金脱之，后更相背，穷复来自解，待之如初。”歙县人程增连遭父母之丧，便将田产拿出一部分来办义塾，且不惜重金解他人燃眉之急。

为什么说明清私塾到达鼎盛时期？《明史·选举志》云：“盖无地而不设之学，无人而不纳之教。庠声序音，重规叠矩，无间于下邑荒徼，山陬海涯。此明代学校之盛，唐、宋以来所不及也。”也就是说，明代学校教育的发展远远超过唐宋，这其中相当一部分要归功于遍布城乡的私塾。据《福建省志》所述之明清教育，建宁府“居畎亩，处闾里者，弦诵之声相闻”；“耕且读者，十家而五六”；延平府“家乐教子，五步一塾，十步一庠，朝诵暮弦，洋洋盈耳”；泉州府“闾里山海之间，家诗书而户业学，即卑微贫贱之极，亦以子弟知书为荣。泉中冠裳之士，往往发自寒薄”。南平县宝珠山有300多户居民，共有5所私塾，都是蒙馆。其中一馆兼学医，一馆兼习武。村中儿童不论男女，普遍入学。① 明清小说中有关私塾的记载非常多，有名的如“三言两拍”、《聊斋志异》、《儒林外史》、《红楼梦》等；民间笑话中以私塾或塾师为题材的也不少，如《笑林广记》。甚至连以前在教育上没有地位的女子，也能够公开地接受私塾教育，还产生了一个专门教授女子的职业——闺塾师。这些知识女性大多出身于文人家庭，她们活跃在江南富裕地区、京城及京畿地区，教授儒家经典、诗歌绘画、女工制作等②。

造成明清私塾鼎盛的原因主要有三个：

---

① 福建省地方志编纂委员会编：《福建省志·教育志》，方志出版社1998年版，第48—51页。

②［美］高彦颐（Dorothy Ko）著，李志生译：《闺塾师——明末清初江南的才女文化》，江苏人民出版社2005年版，第134页。

一是社会经济的发展，既对普通民众提出了粗识文墨的要求，又为满足这种需求提供了物质条件。明代中国商品经济得到较快的发展，在嘉靖至万历年间（1522—1620）的一个世纪内，长江三角洲和沿海地区的一些手工业部门中出现了资本主义生产关系的萌芽。而清代，在农业、手工业发展的基础上，商业和城市的繁荣超过了明代，出现所谓的“康乾盛世”。一位西方学者研究前近代社会中国经济时评论说：“法律的和制度的环境鼓励民众致力于农耕和手工业。政府对于民营部门中的劳力分配、资本积累、财富蓄积的扩大、商品出产和服务的增加等各方面的机会，几乎没有什么限制可言……在整个清代，农业、手工业和服务业都在逐步发展。当人口增长像本朝初期的情形那样速率较小时，经济增长的速率可能超过人口增长的速率，它导致了与史料关于当时经济恢复的记载相一致的按人口平均的经济增长；随着经济恢复而来的，就是直到18世纪初期为止的那种日趋繁荣的局面。另一方面，当增长转缓，如同19世纪第二个25年间那样，但人口继续显著增长时，人均指标的状况很可能已经恶化了。”①

二是印刷出版业繁荣，书籍的供应激增，价格急降。明代民间印刷出版业于万历年间（1573—1620）达到全盛时期，以前不得不花费时间和精力去借阅、抄写书籍的人们，都能毫不费力地从公开市场中买到书籍。清代商业性的坊刻继续繁荣，每个地区都形成了自己的出版中心，坊刻的儒家经典、蒙学读物和时文括帖风行各地，安徽徽州和福建建阳的坊版书甚至成为全国性的知名品牌，形成了全国性的销售网络，并产生了为数不少的名载史册的出版家族和出版家。②

---

①［美］吉尔伯特·罗兹曼（Gilbert Rozman）主编，国家社科基金“比较现代化”课题组译：《中国的现代化》，江苏人民出版社1998年版，第136—137页。文中的18世纪初期似乎应为19世纪初期（即嘉庆初年）。

②［美］高彦颐（Dorothy Ko）著，李志生译：《闺塾师——明末清初江南的才女文化》，江苏人民出版社2005年版，第36—37、42—45页。

三是明清时期大量引进世界各地的农作物，如土豆（俗称洋山芋）、红薯（俗称番薯）、玉米（俗称包谷或苞米）、辣椒（俗称番椒）等，这些农作物适应性强、产量高、易于储存，大大地提高了单位土地面积供养的人口数量，从而导致人口快速增长，受教育人口也随之水涨船高。何炳棣说：“在中国人口的发展史上，没有哪一段的重要性比从1650年（清顺治七年）至1850年（道光三十年）这两个世纪更大了。在异常有利的物质条件和清初统治者的‘开明专制’治理下，人口激增，到1850年可能已达4亿3千万。结果是到18世纪末，中国的资源已变得极其窘迫，以至经济陷入了当代学者所熟知的困境。”① 在分析明清人口快速增长的多种原因时，他又说：“明、清和近代土地利用的不断改进是人口增长的一个有利因素。耕地面积的扩大和单位面积产量的提高，多少由于农业劳动密集度的增加，但更主要由于多种农作物的稳步改善……中国农业的核心是作物制度。在缺乏重大的技术发明的情况下，作物的性能足以使农业的前沿地带越来越离开低地、盆地和谷地而进入较干旱的丘陵和山区，因而对全国粮食增产在近三百年中起了重要的作用。”②

经济发展导致购买力上升、社会交往频繁、闲散人员增加；印刷技术使书籍价格低廉，市井文化繁荣；农业的进步使人口流动性加大，知识分子的社会舞台下移。这三个因素在科举制度的统领下相互作用，极大地刺激并满足了普通民众的文化需求。因此，明清时期，民众对教育的有效需求、教师队伍的供应等，足以产生并维持一个庞大的民间教育市场，从而带来私塾教育的极度繁荣。据传教士何天爵记载说：

---

①［美］何炳棣著，葛剑雄译：《明初以降人口及其相关问题：1368—1953》“前言”，三联书店2000年版。

②［美］何炳棣著，葛剑雄译：《明初以降人口及其相关问题：1368—1953》，三联书店2000年版，第199—200页。

学校几乎遍布大清帝国的每座城市和每个乡村。教育受到公众广泛而普遍的重视。因此，如果做人父母者不能送孩子进学堂上学的话，那将是一件很不光彩的事情。他会因此受到指责和非难。学校通常不是由政府拨款建造和维持，而大多数都是由众人的捐资和学生的学费来兴建和维持。①

北京国子监（建筑上的匾额为“辟雍”）

明清私塾遍地开花，名称五花八门，有的称“塾”，如《红楼梦》第七回云：“我们家却有个家塾，合族中有不能延师的，便可入塾读书。”周容《春酒堂遗书·芋老人传》：“老人邻有西塾，闻其师为弟子说前代事。”有的称“馆”，如《儒林外史》第五回讲严致和的两位舅爷：“一个叫王德，是府学廪膳生员；一个叫王仁，是县学廪膳生员，

① ［美］何天爵（Holcombe Chester）著，鞠方安译：《真正的中国佬》，光明日报出版社1998年版，第181页。

都做着极兴头的馆，铮铮有名。”蒲松龄写过一曲小戏《闹馆》，讲馆东与西席讨价还价。福建建阳县将村塾名之曰“公延馆”，费用由各家按入学人数分摊。[①] 有的称“学”，如《儒林外史》第二回讲成化末年薛家集人正月初八到观音庵议事，申祥甫提议：“孩子大了，今年要请一个先生，就在这观音庵里做个学堂。”《红楼梦》第九回云：“原来这义学也离家不远，原系当日始祖所立。”还有的称书屋，如鲁迅早年的私塾名为“三味书屋”。

明清时期私塾鼎盛，造就了一个数目庞大的塾师阶层。“沿门磕头求弟子，遍地碰腿是先生。”[②] 教书先生简直像今天大小公司里的职业经理一样，多如过江之鲫。笔者曾有研究表明，19 世纪晚期，每个州县大约有 2000 名塾师，全国有 1500 个以上的县和相当于县级的地区，据此推断全国塾师数量可能高达 300 万人。[③]

我们通过对“私塾”历程的简短回顾，可以对之作一些概括：（1）“塾”是由里闾的教化之所逐渐发展为专门的教育场所，预示着私塾与民间教化具有天然的联系。这种联系既表现为私塾直接参与当地组织的针对普通民众的教化活动，如推行乡约、宣讲善书，又表现为对生徒进行的日常教育活动中含有社会教化的成分，如尊亲敬老、仁里睦邻。（2）私塾是一种民间教育机构，对应的是官办学校。中国历史上各朝各代的官方办学都是按行政组织而设，如中央官学、府学、州县学，主动将基层社会的教育问题留给民众自己去解决，这就给私塾发展带来了很大的制度空间。可以说，正是由于政府办学的不作为，才导致了私塾的

① 福建省地方志编纂委员会编：《福建省志·教育志》，方志出版社 1998 年版，第 52 页。

② 蒲松龄：《闹馆》。参见盛伟编：《蒲松龄全集》，学林出版社 1998 年版，总第 2415 页。

③ 蒋纯焦：《一个阶层的消失——晚清以降塾师研究》，上海书店 2007 年版，第 87—88 页。

有作为。(3）私塾视教学程度可分蒙馆和经馆，前者是低级的启蒙教育和简单的读经教育，后者主要是经学教育和举业教育。中国古代官学一般不承担对百姓子弟的启蒙教育，基础教育完全靠私塾来解决。尽管官学承担了较高一级的经学教育和举业教育，但由于其入学制度与科举考试直接发生联系，即使是白首童生，也无法进入官学系统，只能从塾师受教。(4）私塾的办理与运作完全属于民间自发行为，各级政府对私塾一般不直接干预，这就导致私塾没有统一的标准，大多条件简陋、设废无常。官学和书院因为相对固定，会形成一些历史名校，私塾基本没有可能长期留传下来，随生如春风，随灭如野火，想从私塾里挖掘出历史名校，几无可能。这也会给私塾研究带来一定的困难。

有人将孔子办的私学视为中国最早的私塾，① 这是缺乏文献依据的。在此我们有必要对古代私塾教育与硕儒名流聚徒讲学进行严格的区分：(1）私塾分初级和高级两种形式，初级为基础教育，高级为应试教育（唐以后即应举教育)。著名学者聚徒教授，一般不包含基础教育，只限于高层次教育，且以研究高深学问（如经学)、传播思想学说（如理学）为宗旨。(2）私塾教育的重心是学生的成长与出路，因此塾师要关注家长和学生的需求。硕儒讲学的重心是学术的继承与发扬，学生慕名择师，传其道而亲其人。(3）私塾教师随市场需要而执业，既有学生来学，又有塾师往教。如果从教育产业化角度来分析，私塾属于买方市场，多是学生选择老师，很少老师选择学生。硕儒讲学向来只闻来学，未闻往教，且来的均是同道之人，对师生来说是双向选择。(4）塾师以教读谋生，职业性较强，常为生计所忧。硕儒多功成名就之人，其

---

① 吴寄萍说："当周末学校制度破坏，第一个大塾师便是孔子。他见当时社会混乱，以私人资格在杏坛讲学，弟子多至三千人。"参见吴寄萍：《改良私塾》，中华书局1939年版，第1页。

讲学活动重在传道，“君子谋道不谋食”，“君子忧道不忧贫”。①

我们不妨举一个例子来具体说明二者的不同：明末清初张履祥（1611—1674），浙江嘉兴府桐乡县人，23岁始教馆，从明亡到清初，其职业是私塾教师，从事的是私塾教育。到了61岁以后，张履祥已成为一名较有影响的学者，加上年事已高，不再坐馆，乃“优游书籍”，与门人“相与讲论”，② 他的身份不再是塾师，其教育活动自然不是私塾教育，而是名副其实的私人讲学。

另外，私塾与私学也有严格的区分：私塾是私学的一部分，而私学除了私塾以外，还包括前述硕儒名流聚徒讲学（如孔子私学）、私人设的书院（如东林书院）等。从逻辑上讲，私学是私塾的上位概念，私塾是私学的下位概念。

---

①《论语·述而》：子曰：“德之不修，学之不讲，闻义不能徙，不善不能改，是吾忧也。”《论语·卫灵公》：子曰：“君子谋道不谋食。耕也，馁在其中矣；学也，禄在其中矣。君子忧道不忧贫。”在孔子看来，君子博学有道，自然衣食无忧。他虽不直接以物质利益为追求，但也不反对通过学识来改善生活。孟子更进一步，认为君子的社会价值远远大于其所获得的生活之资。《孟子·尽心上》：公孙丑曰：“《诗》曰：‘不素餐兮。’君子之不耕而食，何也？”孟子曰：“君子居是国也，其君用之，则安富尊荣；其子弟从之，则孝悌忠信。‘不素餐兮’，孰大于是？”

② 苏惇元：《张杨园先生年谱》，参见陈祖武点校：《杨园先生全集》，中华书局2002年版，第1489—1517页。

第二章　类型

都城内外，自有文武两学，宗学、京学、县学之外，其余乡校、家塾、舍馆、书会，每一里巷须一二所，弦诵之声，往往相闻。遇大比之岁，间有登第补中舍选者。

——耐得翁：《都城纪胜·三教外地》①

两宋之交，孟元老追忆汴京（今开封）之繁盛，作《东京梦华录》十卷。此书后被南宋众多学者文人仿效，出现了一批摹写临安（今杭州）市井生活的书籍，如耐得翁《都城纪胜》、吴自牧《梦粱录》、周密《武林旧事》等。耐得翁系别号，本姓赵，为南宋宁宗、理宗时人物，身世生平不详。《都城纪胜》这一段话，讲南宋的儒学教育，先官学，后私学。乡校、家塾、舍馆、书会之分，便是私塾的主要类型，尽管现在不甚清楚这种区分各自相对独立的内涵，但至少说明了自北宋开始，私塾已经十分发达，五花八门。我们综合考察私塾不同的办学性质，将其大致分为五类：散馆、家塾、村塾、族塾、义塾。当然，私塾虽然办学形式各异，其教育教学活动则具有基本的同一性，其原因大概是经过长期的历史积淀，形成了一整套约定俗成的规范。

---

① 李国钧主编：《中国教育大系·历代教育制度考》上卷，湖北教育出版社 1994 年版，第 854 页。

一、散馆

散馆，① 亦称门馆，是最为常见的一种私塾形式，由塾师在自己家中或在别处租房设馆，向前来就读学生的家长收取束脩作为工资收入。散馆源自汉代的书馆，只要有学生前来就读，塾师即可开门执业。规模小的散馆可能只有几个学生，大的则达数百人之多，② 有的甚至还要为路途遥远的学生提供食宿。有时候，狭义的私塾就是指散馆，比如清末民国的私塾改良，就是针对散馆而言。本书中的私塾均系泛指，包括了所列的五种类型。如有特指，均明确标示。

散馆以设塾的塾师为转移，选择于何处开办，开办多长时间，收多少学费等，均由塾师自定。古代没有办学许可制度，只要塾师愿意，想办就开，想停就关。至于校舍，完全依塾师租赁的房舍而定，有的是寺庙庵堂，有的则是普通民宅，少则一间，多则两三间。一般而言，在集市附近或交通便利的地方办学，塾师的生意会好一些。

塾师到某地开馆，如果感到生计尚可，就多开几年，否则就另觅他处。因此，具体到某一处散馆，存续时间一般很短，不像一所书院或官学那样能有比较深厚的历史积淀。散馆这种类似店家般的灵活性，具有较好的社会适应能力，随处可设，随生随灭，短则一两年，多则十数

---

① 由于“散”是一个多音字，“散馆”也因此有多重意思，不容混淆。“散”音 sǎn 时，“散馆”是偏正词组，用来指私塾类型，意为零碎的，不集中的。“散”音 sàn 时，“散馆”是动宾词组，意为离开、解散。清时翰林院设庶常馆，新进士朝考得庶吉士资格者入馆学习，三年期满举行考试后，成绩优良者留馆，授以编修、检讨之职，其余分发各部为给事中、御史、主事，或出为州县官，谓之“散［sàn］馆”（《辞源》合订本，商务印书馆 1988 年版，第 730 页）。私塾每到年底学年终了，师生纷纷解散，馆东与塾师解除聘用关系，也叫“散［sàn］馆”。

② 据《福建省志》记载：福州城明清时期出现过一种大斋，由于学生数量过多，有名望的塾师便挂自己的招牌，实际上聘请助教代为教学，他自己则坐收束金。参见福建省地方志编纂委员会编：《福建省志·教育志》，方志出版社 1998 年版，第 50 页。

年。但这也导致私塾的房舍没有固定的标准和配置，更遑论校园文化建设了。

宋代王明清《玉照新志》记载苏轼任职钱塘（杭州知府）时，于野市茅檐之下遇到一家私塾，见塾师之子孙仲益，“方七八岁，立于岸侧。东坡望见，奇之。呼来前，与语，果不凡。询其所学，方为七字对矣。与之题云：‘衡茅稚子璠玙器。’仲益随声应之云：‘翰苑仙人锦绣肠。’大加赏叹，赠之以缣酒，嘱其父善视之。后来果为斯文之主盟。”① 刘斧《青琐高议》中记有一李姓塾师教授十名学生，但不足以维持生计，需要二十来个学生才能勉强度日：

> 李秀才者，亮州人。家贫，置小学教童蒙，日止十人，朝夕供给常不足。
>
> 一日遇疾暴卒，二日乃苏，谓其妻曰：“我死地下见姚状元，主判人间衣食簿，与我昔日有同场之好，谓我曰：‘甚贫矣，宜早归。衣食某之本职，不敢私，特为君添学生一十人，赠银一笏，是某之私羡也。’”其后人忽送儿童上学，比旧果加十人，生展修其屋，果获白银一挺。②

明代冯梦龙《警世通言》第十四卷：“却说绍兴十年间，有个秀才，是福州威武军人，姓吴名洪。离了乡里，来行在临安府求取功名，指望一举首登龙虎榜，十年身到凤凰池。争知道时运未至，一举不中。吴秀才闷闷不已，又没甚么盘缠，也自羞归故里，且只得胡乱在今时州桥下开一个小小学堂度日，等待后三年，春榜动，选场开，再去求取功名。逐月却与几个小男女打交。捻指开学堂后，也有一年之上。也罪过那街上人家，都把孩儿们来与他教训，颇自有些趱足。”吴秀才因为求

---

① 王明清：《玉照新志》卷一，中华书局 1985 年版，第 6 页。

② 刘斧：《青琐高议》补遗《李生白银》，上海古籍出版社 1983 年版，第 259 页。

功名失意，便在杭州城里开办私塾，生意倒还不错，还不时有媒婆前来提亲。吴秀才一日被说动了，就“把那小男女早放了，都唱了喏，先归去。教授却把一把锁锁了门，同着两个婆子上街，免不得买些酒相待他们”，由此引出一段荒唐的人鬼情缘，吴秀才最终舍俗出家，云游天下。

山东邹县孟母故宅前的牌坊（1907）

清代中期著名画家郑燮（字克柔，号板桥，1693—1765）入仕前曾设馆授徒，他最初在江苏兴化东门宝塔湾开馆，后设塾于真州之江村，塾门上自撰一副对联：“青菜萝卜糙米饭，瓦壶天水菊花茶。”郑板桥的私塾并不兴旺，生活穷困潦倒，便作诗记录实况：“飘蓬几载困青毡，忽忽村居又一年。得句喜拈花叶写，看书倦当枕头眠。萧骚易惹穷途恨，放荡深惭学俸钱。欲买扁舟从钓叟，一竿春雨一蓑烟。”①

清末河南汲县塾师王锡彤（1866—1938），20 岁时“授徒林氏家，

①《郑板桥集·村塾示诸徒》，上海古籍出版社 1979 年版。

抗颜为人师矣”。[①] 27岁开始不再谋馆于外，自己在家开馆授徒。由于接二连三有学生中秀才，王锡彤的名声越来越大，邻近外县如新乡、延津、滑县、浚县皆有学生负笈而来。到光绪二十五年（1899），前来请业的学生已多得王家都不能容纳了，于是他另租房屋，“设书室于河干之普渡庵。”[②]

浙江绍兴鲁迅先生于1886年入周玉田开办的私塾，1892年入寿镜吾开办的私塾，名“三味书屋”。[③] 鲁迅的弟弟周作人也曾入三味书屋就读。鲁迅描绘“三味书屋”时说——

出门向东，不上半里，走过一道石桥，便是我的先生的家了。从一扇黑油的竹门进去，第三间是书房。中间挂着一块扁道：三味书屋；扁下面是一幅画，画着一只很肥大的梅花鹿伏在古树下。没有孔子牌位，我们便对着那扁和鹿行礼。第一次算是拜孔子，第二次算是拜先生。

三味书屋

第二次行礼时，先生便和蔼地在一旁答礼。他是一个高

---

① 王锡彤著，郑永福、吕美颐点注：《抑斋自述》，河南大学出版社2001年版，第28页。

② 王锡彤著，郑永福、吕美颐点注：《抑斋自述》，河南大学出版社2001年版，第61页。

③ 许寿裳：《鲁迅先生年谱》。参见《鲁迅全集》第20卷，人民文学出版社1973年版，第614—615页。

而瘦的老人，须发都花白了，还戴着大眼镜。我对他很恭敬，因为我早听到，他是本城中极方正，质朴，博学的人。

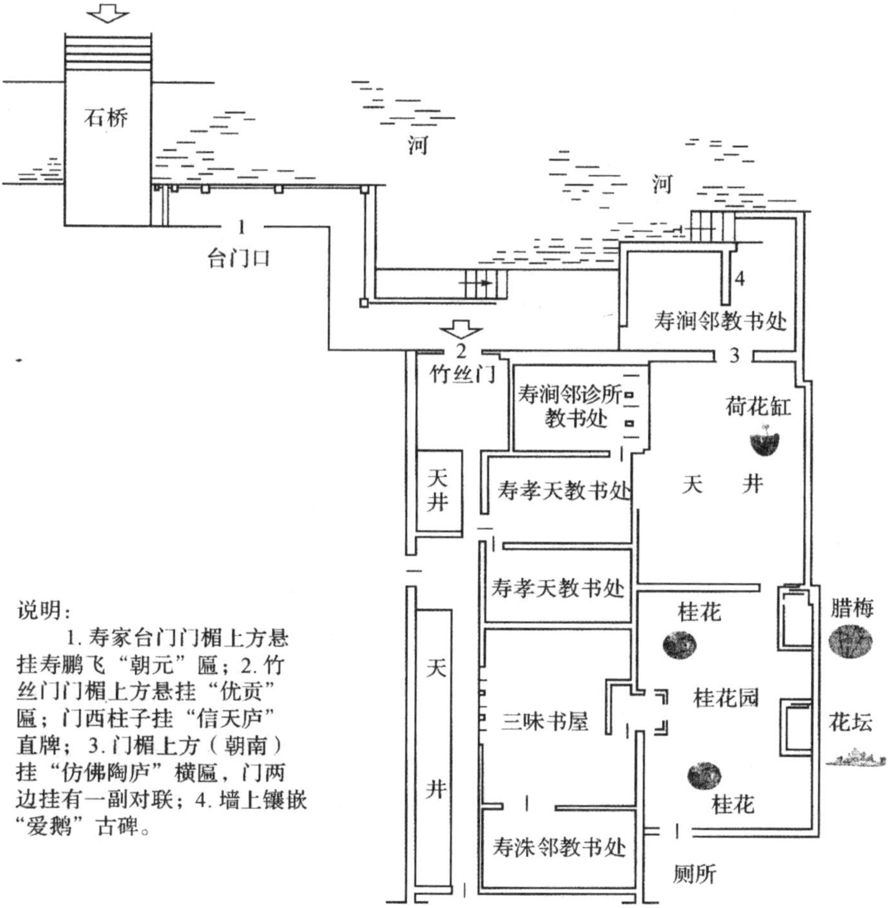

三味书屋平面图

…………

我就只读书，正午习字，晚上对课。先生最初这几天对我很严厉，后来却好起来了，不过给我读的书渐渐加多，对课也

渐渐地加上字去，从三言到五言，终于到七言。

三味书屋后面也有一个园，虽然小，但在那里也可以爬上花坛去折腊梅花，在地上或桂花树上寻蝉蜕。最好的工作是捉了苍蝇喂蚂蚁，静悄悄地没有声音。然而同窗们到园里的太多，太久，可就不行了，先生在书房里便大叫起来：——

“人都到那里去了！？”

人们便一个一个陆续走回去；一同回去，也不行的。他有一条戒尺，但是不常用，也有罚跪的规则，但也不常用，普通总不过瞪几眼，大声道：——

“读书！”①

二、家塾

家塾，是指请先生到家中来，专门辟一书房，教育家庭中的子弟。家塾源自汉代的“家馆”，这种私塾十分普遍，但效率低（学生数量少）、成本高（除了工资，还要为先生提供食宿）。官绅富户、书香门第一般多延请先生在家设教，也有清贫之家为了光耀门第，竭尽全力延师课子的。家塾一般不接受外人，有些家长不太挑剔，允许塾师带上自家或亲戚家的小孩前来附读，可以增强读书氛围。

家塾内家长和外聘教师形成主宾关系，互称馆东、西席（或西宾）。关于称塾师为西席，有一番来历：汉明帝刘庄为太子时，拜桓荣为师，登皇位后，对桓荣仍十分尊敬，常到桓荣住的太常府内，听桓荣讲经。汉代席地而坐，室内座次以背靠西墙（西边），面向东方为尊。汉明帝

① 鲁迅：《从百草园到三味书屋》。参见《鲁迅全集》第2卷，人民文学出版社1973年版，第388—389页。

给桓荣安排坐西面东的坐席，表示对启蒙老师的尊敬。① 清梁章钜《称谓录》卷八云："汉明帝尊桓荣以师礼，上幸太常府，令荣坐，东面，设几。故师曰西席。"《辞源》在解释"西席"时引了宋沈德符《万历野获编·嗤鄙》所载的一则逸事，云："英宗朝，锦衣帅门达之塾师，名桂廷珪者，刻一牙印曰'锦衣西席'。"到明清时期，"西席"的称呼非常普遍，如李汝珍《镜花缘》第十五回："唐敖听罢，思忖多时，忽然想起廉家西席一事，因说道：'此时虽然有一安身之处，但系西宾，老师可肯俯就？'"《红楼梦》第二回："且说贾雨村在旅店偶感风寒，愈后又因盘费不继，正欲得一个居停之所以为息肩之地。偶遇两个旧友认得新盐政，知他正要请一西席教训女儿，遂将雨村荐进衙门去。"

1874—1875 年，俄罗斯政府向中国派出一支科学和贸易考察团，考察团摄影师鲍耶尔斯基（Adolf Erazmovich Boiarskii）拍摄的中国家庭

① 《后汉书·桓荣传》。

家塾由于设于学生家里，人情味过重，塾师的教学活动和日常生活多有掣肘。宋代周煇《清波杂志》卷五："典家塾难，其人严则利于子弟，而不能久；狎则利于己而负其父兄之托。"他还讲了一个故事："一钜公招客训子，积日，业不进，踧踖欲退。钜公觉之，置酒，泛引自昔名流，后嗣类不振，且曰：'名者古今美器，造物者深吝之，前人取之多，后人岂应复得！'士人解悟，其迹遂安。"① 清代文学家蒲松龄长年在毕际有家坐馆，写过一曲戏《学究自嘲》，里面有一首广泛流传的诗作"暑往寒来冬复秋，悠悠白了少年头！半饥半饱清闲客，无锁无枷自在囚。课少东家嫌懒惰，工多子弟结冤仇。有时随我平生愿，早把五湖泛轻舟"②，说家塾里的坐馆塾师日子难熬，犹如没有枷锁的囚犯，功课少了馆东嫌懒惰，功课多了弟子恨如仇。

一般而言，只要条件允许，家长都会尽力请老师上门，免得子弟出门求学奔波劳顿。

近代社会之初，富有之家和书香门第也照例多请先生来家坐馆。如：唐文治的外叔祖父胡啸山在江苏太仓一户杨姓人家坐馆，唐文治随馆附读。③ 浙江绍兴蔡家曾请先生坐馆，蔡元培（1868—1940）1872 年进家塾。④ 浙江余姚蒋梦麟（1886—1964）小时候家中也是请先生坐馆的，而且"前前后后换了好几个"⑤。四川乐山郭沫若（1892—1978）自记家塾云：

---

①《塾师难当》。参见李国钧主编：《中国教育大系·历代教育制度考》上卷，湖北教育出版社 1994 年版，第 888 页。

② 蒲松龄《学究自嘲》。参见盛伟编：《蒲松龄全集》，学林出版社 1998 年版，总第 3343—3347 页。

③ 唐文治：《茹经先生自订年谱正续篇》，（台湾）文海出版社 1986 年版，第 2 页。

④ 1877 年，蔡元培的父亲病逝，家中无力再延聘塾师来家教读，蔡元培自下半年起，附学于他处。参见高平叔编著：《蔡元培年谱》，中华书局 1980 年版，第 2 页。

⑤ 梦麟：《西潮·新潮》，岳麓书社 2000 年版，第 34 页。

> 家里有一座家塾，面对着峨眉山的第二峰，先生命名之为“绥山山馆”，先生姓沈字焕章，是犍为县的一位廪生，在我未出世前六年便到我家里来教书了。家塾里除掉偶尔收纳一两位亲戚家的子弟外，都是自己家里的人，人数在十人上下。但这点小人数的家塾，拿程度来说却是大、中、小学乃至幼稚园都有。①

明末清初，江南富裕地区一些人家专门为女子设塾请师，教授读写、诗词、绘画和女工。这些家庭女塾请的塾师自然也是知识女性。浙江嘉兴黄媛介，满清入关后，游历于江苏吴县和江宁，后归隐金坛，其绘画作品声名远播，17 世纪 50 年代，黄媛介的声望到达北京城，被一位官员聘为塾师以教其女。② 曹鉴冰，清早期一位多产女作家，夫家贫，“鉴冰授学徒经书以自给，能书善绘，造请者咸称苇坚先生”。③ 诗人袁枚（1716—1797）讲到他的一位远亲曾被一个高官雇佣，教授其两个女儿，袁枚称：“余长姑嫁慈溪姚氏。姚母能诗，出外为女傅。康熙间，某相国以千金聘往教女公子。”④ 常熟著名诗人归懋仪（约 1762—1832）曾以塾师身份游历于江浙两省。⑤ 清代福建诏安县谢浣湘，因婚姻不顺，回娘家居住，自 39 岁开始做女塾师，设馆授徒到老，学生来自城乡及邻省。⑥

---

① 郭沫若：《学生时代》，参见《郭沫若全集》第 12 卷，人民文学出版社 1992 年版，第 7 页。

② [美] 高彦颐（Dorothy Ko）著，李志生译：《闺塾师——明末清初江南的才女文化》，江苏人民出版社 2005 年版，第 125—126 页。

③ 胡文楷：《历代妇女著作考》（增订本），上海古籍出版社 1985 年版，第 540 页。

④ 袁枚著，顾学颉校点：《随园诗话》上册，人民文学出版社 1982 年版，第 24 页。

⑤ [美] 高彦颐（Dorothy Ko）著，李志生译：《闺塾师——明末清初江南的才女文化》，江苏人民出版社 2005 年版，第 134 页。

⑥《福建省志·教育志》，第 54 页。

雪溪家塾

还有一种介于散馆和家塾之间的形式，即几家联合起来聘请塾师，如果大家凑齐的费用还不够，允许塾师另外再招几个学生作为补贴。这种形式既能够为子弟提供相对优质的教育服务，又能适当降低家长的经济负担，体现了中国老百姓精明的日常智慧。由于涉及几家人的利益与责任分摊，这需要家长们事先就举办家塾事项进行详细的商议，以免日后纠纷不断。近代外交家、湖南邵阳人蒋廷黻早年的教育经历就有这种私塾的影子，根据回忆，他幼年时原本在自家私塾里念书，后来，“二伯认为我的私塾和老师都不够好，他说服附近一个姓赵的大地主拨出几间房子，成立一个较大较好的私塾。请我舅舅来做老师。他本身虽无功名，但他的父亲却是一个有功名的人，而且大家都认为他很有学问。1902 年我和哥哥都转到赵家的学堂……全私塾共十多个学生，他们来自不同的家庭，赵家子弟优先”①。“我和哥哥在赵家私塾读了两年，二伯

① 蒋廷黻著，谢钟琏译：《蒋廷黻回忆录》，岳麓书社 2003 年版，第 21 页。

又把我们转到我家东方约二里处的邓家私塾。那里的老师是我们蒋家的族人。尽管他屡试不第，但却文名藉藉。二伯为什么给我们换私塾，没有告诉我们，但我想是因为蒋老师比熊老师好的缘故。”①

三、村塾

村塾，或称村学、村校等，是由一个村或几个村的村民联合开办，费用由村中公共财政支出，或由学生家长分摊，或者由村中专门的学田支付。村塾属于底层民众集体办学，一般由村中的乡绅主其事，如选定舍塾、商请塾师。村塾很少有专门的校舍，一般办在祠堂或寺庙中。一村之中，如果需要就学的儿童有一定的数量，再加经济条件尚可，就可能有人牵头来办一家村塾。

南宋赵与时《宾退录》卷一：“嘉、眉多士之乡，凡一成之聚，必相与合力建夫子庙，春秋释奠，士子私讲礼焉，名之曰乡校。亦有养士者，谓之小学，眉州四县，凡十有三所；嘉定府五县，凡十有八所；他郡惟遂宁四所，普州二所，余未之闻。”②《儒林外史》第二回讲成化末年薛家集于正月初八到观音庵议事，申祥甫提议：“孩子大了，今年要请一个先生，就在这观音庵里做个学堂。”众人道：“俺们也有好几家孩子要上学……只是这个先生，须要到城里去请才好。”经夏总甲介绍，最后聘请老蒙师周进来薛家集坐馆，每年酬金十二两银子，在和尚家代饭。薛家集办在观音庵的学堂，就是村塾性质。

---

① 蒋廷黻著，谢钟琏译：《蒋廷黻回忆录》，岳麓书社 2003 年版，第 23 页。

②《眉州、嘉定、遂宁、普州均设小学》。参见李国钧主编：《中国教育大系·历代教育制度考》上卷，湖北教育出版社 1994 年版，第 854 页。

毛泽东曾经就读的南岸私塾

福建建阳县明清时期村塾很普遍，名之曰“公延馆”，费用由各家按入学人数分摊。① “公延馆”之名，较好地体现了村塾的公共性质。只是村塾之设，向来没有规定，兴废无常，不能给儿童、少年提供一个持久的、稳定的求学之所。这与我们通常所理解的村办小学是完全不同的。

有些地方村塾可能是季节性的，只在冬季农闲时开办，谓之“冬学”，持续时间也就三个月左右，条件简陋，要求不高，只教农家子弟一些简单的读写算知识，并不指望通过教育来光耀门第。南宋陆游《秋日郊居》：“儿童冬学闹比邻，据案愚儒却自珍。授罢村书闭门睡，终年不著面看人。”陆游自注云：“农家十月遣子弟入学，谓之冬学。所读

① 福建省地方志编纂委员会编：《福建省志·教育志》，方志出版社 1998 年版，第 52 页。

《杂字》《百家姓》之类，谓之村书。”①

四、族塾

族塾，是某地的一姓宗族所设立，以本宗族子弟为教育对象的私塾。办学经费和塾师的薪金由族产或宗族所设学田支出，族内子弟入学无需支付任何费用，具有族内公益性质。族塾一般会立有一定的族规、族训，塾师或是由家族中学识名望较高的族员担任，或由族长聘请专人坐馆施教。

族塾与中国古代的宗族制度有密切联系。宗族是人们因种姓、居住地而结成的共同体，在中国古代基层政治组织不够完备的情况下，宗族行使了一部分社会公共职能，如管理族内日常事务、调解族内人员之间的纠纷、扶助孤老、表彰善良、惩戒邪恶。宗族有祠堂、田产等项收入作为公共经费，在经济条件许可的情况下，就会将本族子弟的教育问题纳入职责范围，让更多的族内子弟能走进科场，博取功名以荣耀家族。

族塾可能源于魏晋时期的家族教育，由于官学废弛，多数家族聘师施教，一来传承家学，二来维系门风。此时期出现了大量的家训、家规，非常注重子弟的教育问题，如诸葛亮的《诫子书》和《诫外甥书》、嵇康的《家诫》、羊祜的《诫子书》、陶渊明的《与子俨等疏》和《命子诗》、任昉的《家诫》、徐勉的《为书诫子崧 》、颜之推的《颜氏家训》等。自魏晋之后各朝各代的世家豪族往往设立族塾，比较多的记载出现在宋及以后。如北宋仁宗年间，范仲淹在苏州置良田十多顷，捐赠给范氏宗族，作为族人的公产，称义田，还在城中灵芝坊族宅设立义宅、义学，以育宗族子弟，史称“义庄”。元代福建乐清县有赵士正设

①《陆游〈秋日郊居〉诗记乡村冬学》。参见李国钧主编：《中国教育大系·历代教育制度考》上卷，湖北教育出版社 1994 年版，第 854 页。

塾以教族人，“乐清赵君士正，世居莆歧。至正甲午，始迁于壶山之下而宅焉。乃谋诸从子辟塾于家，延致名师，尽聚其族之子侄而教之。币帛饔膳之费咸出于己。赵氏故名族，支庶蕃衍，来就学者凡五十余人，而赵君新实主之。弦诵之声，揖逊之容，问辨之习，济济如也”。① 再如《红楼梦》第七回云：“我们家却有个家塾，合族中有不能延师的便可入塾读书。”第九回云：“原来这义学也离家不远，原系当日始祖所立。”这里所谓的“家塾”“义学”，其实就是贾姓族塾，塾师便是贾代儒。

富裕家族开办的私塾

明代文徵明在《太仓周氏义庄家塾记》中记周姓族塾之创办，云：“塾之制，合凡族之子弟而教之，其义盖出于比闾族党，而以宗法通之也。初，周之良曰元学君，念其族属衍大，或贫不能自拔也，思辟义田

①《赵氏书塾记》。参见李国钧主编：《中国教育大系·历代教育制度考》上卷，湖北教育出版社 1994 年版，第 856 页。

瞻之。而力不辅志，则笃意教其子，曰：‘庶几他日有能成吾志者。’盖元学没而义庄成，其事实举于诸子之贤而协，而其尤彦而达者曰王府审理世、乡贡进士在。凡事之举违，庄之规约，咸从审画。又请于朝，下有司摭实，加章程焉。”①，太仓周姓族塾，由周元学始议，经其子极力创设，周世、周在亦功不可没。

各种族志宗谱中也多有举办族塾的记载，江苏常州《毘陵修善里胡氏宗谱》云：“凡子孙年至六岁，宜送入小馆发蒙习礼，至十二三岁观其姿质，志趣稍可有成，当勉力延师教诲，倘能进步，光宗耀祖，为读书者劝。”② 浙江某地《姜氏家乘》亦云：“立宗学以教族人之子弟，选宗族之有学行者为之师。”③

族塾的培养目标表现出明显的两重性：一是满足家族子弟读书识字的基本需要，即普及教育的需要。许多较为务实的家族，设塾的目的主要是为了子孙后代能识字记账，知书达理，纵置身农工商贾之途，亦有儒家气象，维系一族或一地风化。二是满足家族子弟应试科举的需要，即以入仕为目的的教育。一些官宦世族，书香门第，重视诗书礼教，显名科场，通过举办族塾使族中子弟将来“出为名臣，外为名儒”，以光宗耀祖。

五、义塾

义塾，又称义学，类似于慈善性质的教育机构，往往由地方士绅出资捐建，并提供学田（或者房产、商铺），利用租谷或租金作为塾师薪金和维持费用，免费招收附近贫寒子弟入学。义塾的公益性较村塾和族

① 周道振辑校：《文徵明集》卷十八，上海古籍出版社 1987 年版，第 483 页。
② 胡伯良修：《毘陵修善里胡氏宗谱》，光绪五年（1879）敦本堂刻本。
③ 转引自韩凝春：《明清塾师初探》，《中国社会经济史研究》1997 年第 3 期。

塾强，服务对象广泛，不限一家一姓、一村一镇，方圆数里甚至数十里内，皆可来学。家塾、散馆、村塾、族塾对塾舍要求不高，用房比较随意，一般没有专门为塾而兴建的校舍和校园。而义塾则不然，既是善举，便要做大、做久，少数创办者在经济条件好的情况下，会大兴土木，专门建造塾舍，富丽堂皇，可与书院、官学媲美。

宋代由私家大族出资兴建的义学，其经费主要来源于义庄或学田。建于南宋高宗绍兴年间的浮梁界田义学，即由兴建者“捐良田二百亩，以赡其用”。浙江的姚氏义学（亦建于高宗绍兴年间），有屋五十间，有田五百亩有奇。① 叶适记载某义塾云：“兄弟穷经各一时，百年义塾尚留炊。讲灯常照鹤窥坐，坛杏半红猿拣枝。”② 吴澄记江西庐陵郡万安县刘氏义塾云：

> 庐陵郡之南百八十里，其县曰万安。万安县之西二十里，其地曰邓林。山水明秀，人烟丛聚，一名儒林。唐以来，文物之盛，他境鲜俪。宋三百年，擢科与贡之士不可胜数。旧家极盛而中微，有刘氏自郡城徙居于此而代兴焉，赀甲一乡。其翁好善乐施，五子俱务学。仲子桂平，喟然慨叹，谓昔也此地儒风彬彬，而今也或至惰弃其业，非有他也，无所于学，无以教之而然耳。乃设塾延师，凡党里子弟童蒙以上，悉许来学。既而病其湫隘，一新营构，中创先圣燕居之室，二庑翼其左右，前为中门，门之前为外门，后为讲堂，堂之后炉亭有斋舍以馆诸生，有庖厨以供饮食，施田若干亩，岁收所入以赡其用。扁曰“儒林义塾”。不远数百里造吾门，请记其事。将欲垂之永

① 池小芳：《中国古代小学教育研究》，上海教育出版社 1998 年版，第 416—417 页。

② 叶适：《水心集·郭伯山挽词》。参见《叶适集》第一册，中华书局 1961 年版，第 119 页。

久，俾不堕坏，其立心远矣哉！①

元代义塾的数量在宋代基础上有很大的发展。欧阳玄记安成李氏父子相继斥巨资办义塾云：“安成李君辛翁，初作安贤义塾于州西郊，一仿书院、精舍之制，礼殿、庑门、讲堂、斋舍，各有其所。未几即世，规模有未备者。子刚慨然念先世美绩，无加于此，乃割上腴田若干，定为教养恒式，出纳恒度。凡可以经久不废者，一一讲求而完美之。”②陶宗仪记浙江临海周仁荣办义塾云：“买地于府城之郑捏儿坊，创义塾以淑后进。筑础时，掘地深才数尺，有青石，获双砚。砚有款识，乃唐郑司户虔故物。塾既成，遂名双砚堂。”③

今上海地区在元代涌现出不少义塾，如元代至元九年（1272）吕良佐在金山吕巷溪（即沥渎塘）建璜溪义塾。④青浦（青浦县建于清代）在元代有义塾四处：横溪义塾，在唐行镇；金泽义塾（又称林青义塾），在金泽镇；谷州义塾，在淀山湖东；徐氏义塾，在七宝镇。⑤元皇庆二年（1313）瞿时学在松江下沙镇创建鹤沙义塾，有一定规模，前为庙，后为塾，庙有殿、庑，塾有讲堂，东西有斋舍，有庖、库。先圣贤之祀事，师弟子之廪禄，则有四十四顷学田供给。⑥元延祐二年（1315）大场人沈文辉在宝山建东阳义塾，有志道、进学、观善、时习四斋，延请

---

①《儒林义塾记》。参见李国钧主编：《中国教育大系·历代教育制度考》上卷，湖北教育出版社1994年版，第856页。对于这则史料，有人将之视为书院，陈谷嘉、邓洪波《中国书院史资料》（浙江教育出版社1998年版）第300—301页收录了吴澄的《儒林义塾记》。

②《安成李氏重修安贤义塾记》。参见李国钧主编：《中国教育大系·历代教育制度考》上卷，湖北教育出版社1994年版，第856页。

③ 陶宗仪：《南村辍耕录》卷八《双砚堂》。因双砚乃唐代郑虔故物，虔字弱齐，俗讹为捏儿，故名其地郑捏儿坊。

④ 清嘉庆《松江府志》卷三十一《学校志》。

⑤ 清嘉庆《松江府志》卷三十二《学校志》。

⑥ 清嘉庆《松江府志》卷三十二《学校志》。

训导工人以佐塾师，置地千余亩，畦有蔬，廪有藏，远近多有来学者。元代书画家赵孟頫题“义塾”二字。① 元至正六年（1346）八月，戴光远在枫泾镇东建戴氏义塾，占地20亩，有45楹，于元至正七年（1347）十月告成。“图史之藏、什物之须，纤悉毕备。周以绕垣（围墙），环以幽篁、佳木、花径、果蹊，而潴其流泉，为芰荷菰蒲之区七十亩。”于元至正八年（1348）春二月延师儒、招来学，设四斋，各置职教者1人，共有生徒150人，割上腴田500亩赡之。② 戴氏义塾清幽雅致，显然经过精心设计。

池小芳曾对元代一些义塾的学田情况进行过统计，多的竟达万亩，少的也有一二百亩，列表如下：

表2-1：元代义塾的学田简况

学名	时代	学田情况	资料来源
横溪义塾	元初	田250亩	嘉庆《松江府志》卷二十
吴氏义塾	大德三年	田200亩	邓文原《吴氏义塾记》
鹤沙义塾	皇庆二年	田14顷	嘉庆《松江府志》卷二十
延陵义塾	皇庆	田5顷	光绪《嘉兴府志》卷九
茜冈义塾	延祐	田500亩	乾隆《南昌府志》卷十七
东阳义塾	延祐	田千余亩	光绪《宝山县志》卷五
安田里塾	天历二年	田百亩	吴澄：《安福州安田里塾壁记》
邵氏义塾	元统二年	田216亩多	嘉庆《松江府志》卷二十
遗安义学	至正七年	田300亩	乾隆《吉安府志》卷十七
龙渊义塾	至正十三年	田产	宋濂：《龙渊义塾记》

① 清光绪《宝山县志》卷五《学校志》。

② 许光墉：《重辑枫泾小志》卷二《建置·义建》。参见许光墉、叶世熊修辑，姜汉椿、姜汉森标点：《重辑枫泾小志·续修枫泾小志》，上海社会科学院出版社2005年版，第24—25页。

（续表）

中山书塾	至正	田 200 亩	乾隆《吉安府志》卷十七
篁村义塾	至正	田产	同治《广信府志》卷四
徐进义塾	元末	田 1 万亩	嘉庆《松江府志》卷三十一
朋习书塾	不详	义田	吴澄：《朋习书塾记》
赐金庄义学	不详	田 150 亩	王沂：《赐金庄义学记》
儒林义塾	不详	田产	吴澄：《儒林义塾记》

资料来源：池小芳《中国古代小学教育研究》，上海教育出版社 1998 年版，第 417—418 页。

有的义塾规模宏大，财力大、声誉好，在总校之外，又设分校，且总校为高级、分校为初级。元末浙东有著名的龙渊义塾，为龙泉人章溢所创，宋濂记云：

> 至正十三年九月某甲子，括苍章君溢新建龙渊义塾成。龙渊即龙泉，避唐讳更以今名。相传其地即欧冶子铸剑处，至今有水号剑溪焉。山深而川阻，与通都大邑相去远或二三百里，虽至近亦且半之，乡闾之子弟无所于学。章君之先世尝以为病，谋创桂山、仙岩两书院，以无恒产，未几而皆废。章君深忧之，与诸子计曰："无田是无塾也，其奚可哉？"遂樽节凡费，而用其余斥田至一百五十亩。其妻党陈京兄弟闻之，以曾大父适斋先生所遗二百三十亩有畸来为之助。章君曰："吾事济矣！"乃卜地官山之阴，创燕居以奉先圣，而先师为之配，春与秋行舍菜之礼。旁列四斋：曰逊敏，曰知通，曰敬乐，曰博约，以居弟子员。后敞正义堂，月旦、十五日鸣鼓，集多士，以申饬五伦之教。前建大门，榜之曰"龙渊义塾"，甓其修涂，以达于东

> 西。灌木嘉篁，前后蔽荫，盖郁然云。岁聘经行修明之士以为讲师，诸生业进者，月有赏；才颖家单不能裹粮者，资之使成；其不帅教者，罚及之。田赋之出入，主塾事者司焉。日用有籍，月考朒赢，岁二会其数，有余则他贮。益斥田以广其业，石华、象溪二所复设别塾，以教陈氏族子之幼者，俟其长，乃赴龙渊受业。此其大凡也。①

章溢的妻党陈氏除襄助龙渊义塾外，还建有供陈氏幼年子弟就读的族塾。

宋濂另记明代长洲练氏义塾："吴郡长洲县之尹山，居民繁庶，习俗嗜利，久不知教，有司偶遗不举。大姓练埙自谓其父文达由睦来居，尝有志而未果。今明诏如此而塾不时立，恐非朝廷淑斯民意。乃与弟篪谋，夷土治材，作堂三楹间，以为讲习之所，旁为四室，以供寝处庖湢，延儒士高平范焕为师，俾里中弟子就学焉。割田三十亩以食之。始于洪武十一年正月，越七月而后成，具以其状白于县若郡，郡许以为宜。"②

清朝各地义塾也非常多，如清初苏州有六门义学，靠士绅捐助银两和田产筹建，生徒免费入学，知府觉罗雅尔哈善特地刻石予以表彰。《苏郡义学记》碑所载："计田廛廪饩之息，脯脩膏火有备，乃择塾师、选子弟之秀者从游其中，立课定规，随时省察，务在讲求立教之意"。③清乾隆年间，福建莆田人陈中立创义塾，割祭田 10 余亩充学田，用作塾师束脩。嘉庆十年（1805）福建政和县生员宋捷登在乡里倡捐办义

---

①《龙渊义塾记》。参见李国钧主编：《中国教育大系·历代教育制度考》上卷，湖北教育出版社 1994 年版，第 857 页。

②《长洲练氏义塾记》。参见李国钧主编：《中国教育大系·历代教育制度考》下卷，湖北教育出版社 1994 年版，第 1218 页。

③ 廖志豪：《苏州的府学、书院、社学与义塾》，《苏州铁道师院学报（社会科学版）》1993 年第 2 期。

塾，置义田 800 亩，请蒋衡等宿儒任教，积书几万卷。① 另据《台州地区志》载，同治年间（1862—1874）临海县设义塾 37 所，仙居县 8 所，黄岩县 41 所。②

武训（1838－1896）像

清末千古奇丐武训（1838—1896）行乞兴学，乡邻以“义学症”取笑他，他无动于衷，说：“义学症，没火性，见了人，把礼敬，赏了钱，活了命，修个义学万年不能动。”③ 武训生前共兴办了三所义塾：柳林镇崇贤义塾、馆陶杨二庄义塾、临清御史巷义塾。光绪皇帝知道其人其事，干脆封他为“义学正”，赏赐黄马褂，并颁给“乐善好施”匾额。陶行知抗战期间创办育才学校，面对艰难的时局，多次提倡要以武训精神办学，1944 年 9 月，陶行知为沈叔羊（沈钧儒长子）所作的武训画题了一首诗，后由育才音乐组学生杜鸣心谱曲，以《武训歌》传唱，诗云：

朝朝暮暮，快快乐乐。
一生一世，到处奔波。
为了苦孩，甘为骆驼。

---

① 福建省地方志编纂委员会编：《福建省志·教育志》，方志出版社 1998 年版，第 52 页。

②《台州地区志》编纂委员会编：《台州地区志》，浙江人民出版社 1995 年版，第 685 页。

③ 李士钊编著，孙之儁绘画：《武训画传》，上海三联书店 1996 年版，第 49 页。

于人有益，牛马也做。
公无靠背，朋友无多。
未受教育，博士盖过。
当你跪下，谁奈你何。
不置家产，不娶老婆。
为着一件大事来，兴学兴学兴学。①

位于山东冠县柳林镇的武训祠

中国古代偶尔也有重人伦、敦教化的地方官设义学以教民。开元二十六年正月，唐玄宗下了一道诏令，曰：“古者乡有序，党有塾，将以弘长儒教，诱进学徒。化人成俗，率由於是。其天下州县，每乡之内，

①《武训先生画赞》，一见《陶行知全集》第七卷，四川教育出版社 1991 年版，第 960—961 页。由杜鸣心谱曲的《武训歌》，一见《陶行知全集》第五卷，四川教育出版社 1991 年版，第 858—859 页。二者在字词上略有出入。

里别各置一学，仍择师资，令其教授。”① 要求地方官长在乡里设学，择师教授。《新唐书 · 王潮传》：“乃作四门义学，还流亡，定赋敛，遣吏劝农，人皆安之。”② 清代官办义学最初设于京师，老师也称塾师。后来各省府、州、县一级的地方政府纷纷设立义学，成为孤贫生童，或苗、黎、瑶等族子弟秀异者接受教育的机构。雍正元年定义学例，生徒先熟习《圣谕广训》，再诵习诗书。塾师以六年为期，如果教导有成，准作贡生；三年无成，则另择文行兼优之士。③ 江苏南汇张文虎（1808—1885）认为政府办义学优长有三：扎根于社会基层，“设立赏罚，以示惩劝”，有利于化民成俗；提供了较为普遍的入学机会，“凡贫无力者，皆得就学”；使平民子弟“稍知字义，易于就业，而不为游手好闲；其有可造之才，则亦不至于湮没”。④

除了官办义学，元、明、清三代有时下令地方政府设立社学，为贫寒子弟提供免费教育。《新元史 · 食货志》云：“诸县所属村庄，五十家为一社，择年高晓农事者为社长……每社立学校一，择通晓经书者为学师，农隙使子弟入学。”明洪武八年（1375）太祖“诏天下立社学”。清康熙九年（1670）下令各直省设置社学、社师：“凡府、州、县每乡置社学一，选择文艺通晓、行谊谨厚者，考充社师。免其徭役，给饩廪优膳。学政按临日，造姓名册申报考察。”⑤ 当然，官办社学或义学属于官学性质，尽管其教育内容与形式可能与私塾基本一致，但不属于私塾史的研究范畴。

---

①《文献通考 · 学校考 · 郡国乡党之学》。

②《新唐书 · 王潮传》。

③ 孙培青主编：《中国教育史》（第三版），华东师范大学出版社 2009 年版，第 270 页。

④ 王鸿宾、武修敬等主编：《中国教育大系 · 历代教育名人志》，湖北教育出版社 1994 年版，第 289 页。

⑤ 孙培青主编：《中国教育史》（第三版），华东师范大学出版社 2009 年版，第 248、270 页。

第三章　教学

一位先生通常教数十位学生，都是分别教授的。家塾里没有黑板，也不分班级。先生从清晨到薄暮都端端正正地坐那里，学生们自然也就不敢乱蹦乱跳。那时候时钟是很难见到的，家塾里当然没有钟。冬天白昼比较短，天黑后我们就点起菜油灯，在昏暗的灯光下念书。时间是靠日晷来计算的，碰到阴雨天或下雨，那就只好乱猜了。猜错一两个小时是常事，好在书是个别教授的，猜错个把钟头也无所谓。

…………

我高声朗诵着不知所云的课文，一遍又一遍地念得烂熟。等到太阳不偏不倚地照到我们的头上时，我们知道那是正午了。先生让我们回家吃午饭，吃过饭我马上回到家塾继续念那课同样的书，一直到日落西山才散学。

一日又一日地过去，课程却一成不变。一本书念完了之后，接着又是一本不知所云的书，接受训练的只是记忆力和耐心。

——蒋梦麟：《西潮·新潮》①

1943 年，西南联大时期的北京大学校长蒋梦麟（1886—1964），在昆明用英文写了一部自传性的书《西潮》，向关心中国问题的国际友人

① 蒋梦麟：《西潮·新潮》，岳麓书社 2000 年版，第 29—30 页。

陈述中国社会所发生的变迁，尤其是过去五十年内所发生的事情。书中回顾了“他从中国学究的私塾到西洋自由的学府，从古老的农村社会到近代的都市文明，从身经满清专制的皇朝到接受革命思想的洗礼”的人生经历。①

蒋梦麟读私塾大概在 1891 年。维新时期，蒋梦麟离开私塾，到绍兴去上中西学堂，校长为蔡元培。也就是说蒋梦麟只读了 7 年私塾，受的是蒙馆教育。私塾按教学程度来分，除了初级的蒙馆，还有高级的经馆。前者专教童蒙，是私塾的主体。蒙馆中又分两段，首先是识字、习字、算术教育，然后是读经、作文。后者专教应举的士子，略带研究性质，主要是研读儒家经典和进行作文（明清时代为八股文）训练。多数民众并不指望子弟赴科场猎功名，稍识文墨即可，因此经馆的数量比起俯拾即是的蒙馆要少得多。虽然蒙馆与经馆的分工和递进关系非常清晰，但二者并没有建立起制度性的衔接关系，有些家庭子弟众多，甚至可能将少年儿童的基础教育和青年学子的举业教育合而为一，请一位塾师“双肩挑”。

由于私塾是民间力量办学，各级政府对其教学活动并不直接管理干预，办学者和教师（有时这二者是同一人，如散馆）拥有相当大的教学自主权，可以灵活安排。但这并不意味着私塾在教学上无章可循，一盘散沙。因为经过长时间的历史发展，私塾教什么、怎么教，逐渐形成一套相对固定的内容、模式与方法，留给塾师们自由发挥的空间并不多。

一、塾舍

古代官学一般都有固定的校舍、校园，各类房屋（如藏书楼、教学楼、宿舍、食堂等）的布局和内部陈设也很讲究，一所办理得当、勤加

① 罗家伦：《序言》。参见蒋梦麟：《西潮 · 新潮》，岳麓书社 2000 年版。

修葺的官学就好比一所富丽堂皇的学宫。私塾则十分随意，什么样的环境、什么样的房舍、什么样的布置，都不作硬性要求，这就使得私塾的物质条件非常简陋。

相对而言，私塾里条件最好的是有雄厚资金实力的义塾，办学之初会盖起专门用于教学的塾舍，日常运作又有固定的经济支持。如第二章提到过的枫泾戴氏义塾、浙东龙渊义塾、长洲练氏义塾、武训生前兴办的三所义塾等，都建有专门的校舍。官绅之家的家塾条件也可能好一点，会辟一幽静雅致的“书房”。族塾或村塾则利用祠堂、庙宇之类公用建筑，似乎也不太好，比如《儒林外史》第二回薛家集将私塾办在观音庵内。

私塾蜡像

最差的可能是塾师自行开设的散馆，一般租用普通的民房，或者寺庙庵堂之类，一来价格低廉，可降低办学成本；二来开馆闭馆非常方便，没有处置固定资产之忧。这类私塾的条件普遍比较糟糕，常常是因陋就简，将就着过得去就行了。袁枚《随园诗话》卷八有一首诗记乡村私塾之简陋："漆黑茅柴屋半间，猪窝牛圈浴锅连。牧童八九纵横坐，'天地元黄'喊一年。"① 如果塾舍周围有一处供儿童嬉戏玩耍的园子或空地，则相当不错了。鲁迅描绘"三味书屋"时说："三味书屋后面也有一个园，虽然小，但在那里也可以爬上花坛去折腊梅花，在地上或桂花树上寻蝉蜕。"②

塾舍室内置桌椅香案，情形各有不同，主要有：桌椅若干、孔子牌位（也有朱子和魁星牌位的）、笔墨砚台、用于装饰墙面的字画等，表明这是一所学校、一间教室。19 世纪晚期来华的西方人对私塾的环境和陈设非常感兴趣，留下了一些较为直观的描绘：

> 学校教室内的设备相当原始和简陋，简单得不能再简单。一张八仙桌上供奉着孔子的牌位，桌子旁边放着一把供教书先生坐的椅子，这便是一间教室里最重要的物品。除此之后，还有学生使用的很小的课桌和凳子，那些凳子恰好像木匠用的木马。以上便是教室里所有的家当。每名学生除了自己使用的书籍之外，还有一些纸、一块砚台、一块黑墨，以及一支像用骆驼毛制成的毛笔。教书先生一般都备有一把戒尺或者一根竹棍，此外还有一幅大圆眼镜。前者是惩戒学生的苦口良药，好像世界各地的学生对此都不太陌生；而后者则是维护师道尊严的必不可少的得力助手。③

中国人对校舍的要求是不拘一格的，只要它不违背传统观

---

① 袁枚著，顾学颉校点：《随园诗话》上册，人民文学出版社 1982 年版，第 261 页。

② 鲁迅：《从百草园到三味书屋》。参见《鲁迅全集》第 2 卷，第 387—388 页。

③ [美] 何天爵（Holcombe Chester）著，鞠方安译：《真正的中国佬》，光明日报出版社 1998 年版，第 181—182 页。

> 念，就允许存在下去。这所学校只有一间孤零零的、毫不起眼的房子，没有丝毫美感可言。屋内的地面脏乱难看，而且凹凸不平……每个孩子都自备了一张长方小桌和一把高木凳，小桌中有两个抽屉，可以用来放置书本。孩子们冲进空荡荡的屋子，各自挑选了一个自己喜欢的地方，顷刻间，屋里便水泄不通了。二十个孩子坐在自己座位上，他们将要在未来的一年里占据这块地盘。对我们来说，这实在是太挤了。①

民国学者吴寄萍批评说："一般私塾的塾舍，至多不过二三间民房，什么采光、通气等，都毫不注意，什么运动场、图书室、游艺室等，更谈不到。教室内除去几张东拼西凑高低不齐的桌凳，教师的一张教桌上面仅放着朱笔赤砚和几本破书以外，别无所有。一个儿童，只要一走进去，已经感觉到苦不能耐，还能叫他们很高兴的在这里生活下去吗？"②显然，这是拿现代学校的眼光来批判私塾，但在漫长的古代社会，塾舍布置及其周围环境并没有引起人们的关注，没有人会觉得环境、采光、通风、座位安排有什么问题，因为私塾关注的是知识的传授和道德的规训，带有严重的成人化取向，故其重心不在儿童的生活世界，更不会站在儿童和现代教育学的角度来设计教学环境。

二、读书之序

儿童入塾后第一件事就是在塾师安排下读书，先读一般字书，后读经书，做到熟读成诵。私塾不分班级，对学生实行个别教学，塾师可以

---

①［英］麦高温（D. J. Macgowan）著，朱涛、倪静译：《中国人生活的明与暗》，时事出版社 1998 年版，第 77、79 页。

② 吴寄萍：《改良私塾》，中华书局 1939 年版，第 3—4 页。

根据每个学生的学习基础，给他们安排不同的学习内容和学习进度，提出不同的学习要求。钱穆记初入塾情形云：“日读生字二十，忽增为三十。余幸能强记不忘，又增为四十。如是递增，日读生字至七八十，皆强勉记之。”①

塾师安排学生读书，一般遵循先易后难的原则，逐渐提高。但历来对于学生应该先读什么书、后读什么书并无严格的标准，这就给了塾师灵活安排的可能。

中国古人很早就注意到教学上要循序渐进，《礼记·学记》云：“不凌节而施之谓孙。”宋代理学家非常强调为学之序，朱熹的弟子曾概括出六条“朱子读书法”，其中就有“循序渐进”②。元代教育家程端礼在吸收朱熹等人有关论述的基础上，撰《程氏家塾读书分年日程》（简称《读书分年日程》），对儿童入学后何年读何书及作文之法做了十分周详的安排，相当于一份完备的教学计划。全书分为3卷，约6万余字，卷首辑录朱熹《白鹿洞书院教条》、《程董二先生学则》、西山真先生《教子斋规》。

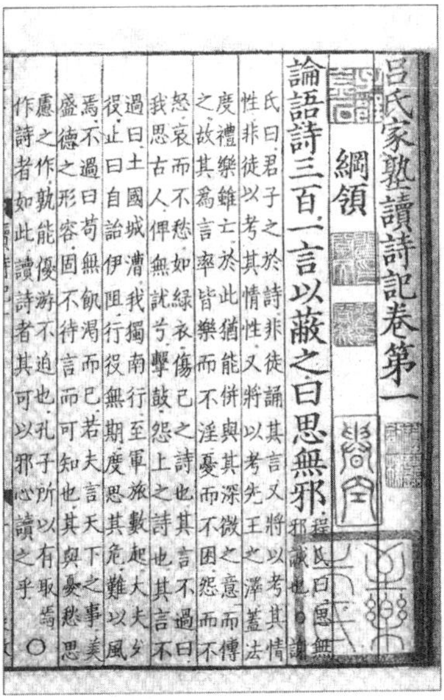
呂氏家塾讀詩記卷第一

綱領

論語詩三百一言以蔽之曰思無邪 程氏曰思無邪誠也

氏曰君子之於詩非徒誦其言又將以考其情性非徒以考其情性又將以考先王之澤蓋法度禮樂雖亡於此猶能併與其深微之意而傳之故其爲言率皆樂而不淫憂而不困怨而不怒哀而不愁如綠衣傷己之詩也其言不過曰我思古人俾無訧兮擊鼓怨上之詩也其言不過曰土國城漕我獨南行至軍旅數起大夫久役止曰自詒伊阻行役無期度思其危難以風焉不過曰苟無飢渴而已若夫言天下之事美盛德之形容固不待言而可知也其與憂愁思慮之作孰能優游不迫也孔子所以有取焉作詩者如此讀詩者其可以邪心讀之乎 ○

南宋淳熙九年（1182）刊本《吕氏家塾读诗记》

① 钱穆：《八十忆双亲·师友杂忆》，三联书店2005年版，第19页。

② 循序渐进有三个意思：一是读书应有一定次序，不要颠倒；二是应根据自己的实际情况和能力安排读书计划，并切实遵守；三是读书要扎扎实实打好基础，不可囫囵吞枣，急于求成。参见孙培青主编：《中国教育史》（第三版），华东师范大学出版社2009年版，第239页。

按照《读书分年日程》的安排，8岁未入学之前，日读朱熹的《性理字训》和《童子须知》。入学后，先读《小学》，再读《大学》，然后依次是《论语》《孟子》《中庸》《孝经》。掌握“四书”的要领之后，再读《易》《书》《诗》《礼》《春秋》并“三传”等经书。至于读经典的方法，程端礼指出要注意四个方面，即诵读、背诵、“思”（做到“字求其训，句求其义，章求其旨”）、“说”（先通说每句大义，后通说每段大义），力求对经典达到“烂熟”的程度。在读书、写字过程中，如果儿童对文字学发生兴趣，可以看《说文》《字林》《六书略》等。

所谓“日程”，是指每日每周的读书计划。《读书分年日程》将每天划分为早上、白昼、晚上三个单元，又将数天划分为一周。如读经每四天为一周，其中三天读经书，一天习字演文；读史每五天为一周，其中三天读史书，两天温习经、传、注等；读文每六天为一周，其中三天读文章，两天温习经、传、注，一天温习史书。

《读书分年日程》是根据朱熹的教育学说，针对当时人“曾未读书明理，遽使之学文”“失序无本，欲速不达”的弊端而编撰的，目的是让读书人注重读书程序和方法，“使理学与举业毕贯于一”。《读书分年日程》在当时即产生了巨大的影响，被引为学者读书的准绳，“国子监以颁示郡邑校官，为学者式”①。

程端礼读书之序的大体框架基本为明清私塾所继承，生徒入学，一般先读字书，过识字关；然后读“四书”，一般按照《大学》《论语》《孟子》《中庸》的次序；最后读“五经”等难度较深的儒家典籍。明代魏校认为初入学者宜先读朱熹《童蒙须知》，令其演习，以收放心；然后授《养蒙大训》，口诵既熟，再授以《小学》《近思录》“四书”；

---

①《元史》卷一九〇《儒学传二》。

最后治经观史。① 近代蔡元培在私塾里念书时，就是先读《百家姓》《千字文》《神童诗》等，然后读“四书”，再读《易经》等，13 岁开始学做八股文。② 陆文夫 1934 年上私塾，开始的时候也是读《百家姓》《三字经》，因为记忆力好，背得快，几个月之后便读《千家诗》《论语》。老师一时兴起，将他的名字陆纪贵改为陆文夫。③ 这样的读书之序并非铁律，塾师根据教学实际可以有自己的顺序安排。比如胡适因为在入学前已经认字上千，无须从字书念起，而是读他父亲编写的一部四言韵文，再读《律诗文钞》，然后读经，依次是：《孝经》《小学》《论语》《孟子》《大学》《中庸》《诗经》《书经》《易经》《礼记》。④

三、诵读之法

由于学生学习的内容和进度不一致，塾师常常一个个地轮流教，往往是学生立在老师旁边，听老师点读一两遍，学生循声仿读，掌握基本的句读和韵律，然后由学生回自己的座位上熟读成诵，按照宋代教育家朱熹的要求，“须读得字字响亮，不可误一字，不可少一字，不可多一字，不可倒一字。”⑤ 私塾教师并不要求学生理解学习内容，理解的任务有待学生在日后的待人接物和为学处世中慢慢体悟。金圣叹云：

> 吾年十岁，方入乡塾。随例读《大学》《中庸》《论语》

---

① 魏校：《谕岭南学校师生》。参见李国钧主编：《中国教育大系·历代教育制度考》下卷，湖北教育出版社 1994 年版，第 1228 页。

② 蔡元培：《孑民自述》，江苏人民出版社 1999 年版，第 3—4 页。

③ 陆文夫：《我的塾师》，《人民教育》1987 年第 9 期。

④ 胡适：《四十自述》。参见《胡适自传》，江苏文艺出版社 1995 年版，第 25—26 页。

⑤ 参见孙培青主编：《中国教育史》（修订版），华东师范大学出版社 2000 年版，第 221 页。

《孟子》等书，意惛如也。每与同塾儿窃作是语："不知习此将何为者?"又窥见大人彻夜吟诵，其意乐甚，殊不知其何所得乐；又不知尽天下书当有几许，其中皆何所言，不雷同耶？如是之事，总未能明于心。①

私塾内的教学情景（一）

学生熟读成诵之后，走到塾师跟前，背对着老师背诵指定的内容。学生每隔一段时间，如逢旬、月、年终时，要定期反复温习旧课（否则会背了后面的，忘了前面的），有时要求背诵整本书，或从中任选一段背诵，务求一字不差、滚瓜烂熟。蒋廷黻回忆云：

开始学的是《三字经》。我把书交给老师，他念一遍，我跟着念一遍。他看我已经会念，就命我回到自己桌子，高声朗诵，直到记牢为止。因为《三字经》有韵律，句子短，每句都是三

① 金圣叹著，艾舒仁编次，冉苒校点：《金圣叹文集·〈水浒评〉序三》，巴蜀书社2003年版，第253页。

个字，所以记起来并不困难。虽然我不懂每个字的意思，更不懂每句的意思，但我发现念起来还相当有趣。每句念若干次，我认为可以丢掉书本背得出来时，再拿书到老师那里，背朝着老师和书本，背诵书中的原文。老师认为我真能背诵了，于是他再教我四句新的。①

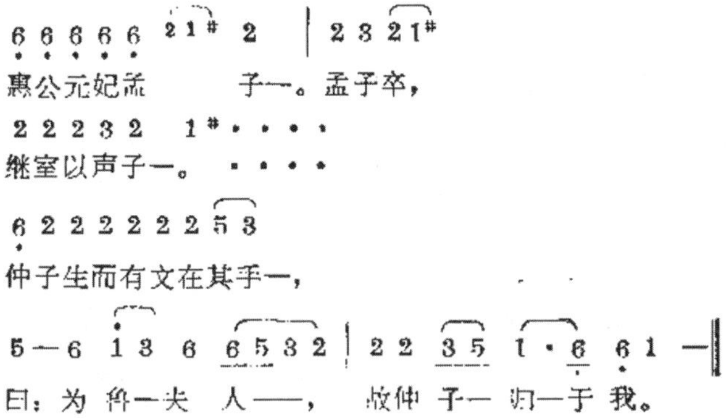

赵元任记诵读《左传》的谱调②

古代私塾里学生读书，与我们今天的朗读完全不同，一般是高声唱读，或称之为吟诵。赵元任记曰：

我们念起书来不是照平常念字或是说话的声音念，总是打起腔来念的。念书的调儿不但一处一处不同，就是在常州一处，看念什么东西用不同的什么调儿。念“四书”有“四书”的调儿，念诗有念诗的调儿，念古文有念古文的调儿。可是照我们家的念法，《诗经》不算是诗，是像“四书”那么念，是一种直不笼统的腔调，“五经”里头《左传》又是像古文那么念的，

① 蒋廷黻著，谢钟琏译：《蒋廷黻回忆录》，岳麓书社2003年版，第18—19页。
② 赵元任：《赵元任生活自传》，中国华侨出版公司1989年版，第33页。

腔调拉得又婉转一点儿。①

大声唱读有较强的节奏感，一方面可以激发儿童读书的兴趣，培养他们对语言的敏感能力；另一方面可以集中儿童的注意力，避免大家因诵读不同的内容而彼此干扰。传教士麦高温对于中国私塾里读书情景的记载是：

> 功课布置下来后，每个孩子都进入了角色，而老师则摆出一副冷面孔，皱着眉头为孩子们准备日后用的字帖。我们当然希望屋内能保持寂静，但很快我们就改变了这种想法。使我们惊奇的是，立刻就有一个细细的颤抖的声音从屋子的一角传出，几乎是同时，从对面的方向又发出另一个低沉的信号。一个接一个，其他声音也陆陆续续地加入进来。每个人都以他所能发出的最高音调，叫喊式地念着他的课文。在我们看来，这种混杂的声音，各自含着某些需要记住的内容。另一方面，中国人把孩子们的这种口头训练看作是学校教育体系中最有益的事情之一。大人们站在屋外，兴高采烈地听着从孩子们嘴里发出的既不和谐也无节奏的合声。他们努力使这种起源于二千多年前中国历史开端时的教学法延续下去。②

唱读还要全身心调动起来，使身体在座位上有节律地左右摇摆。郁达夫从前学英文的时候，课本里有一篇说中国人读书的故事，里面曾谈到中国人读书的奇习，说他们无论读书还是背书时，总要把身体左摇右晃，摇动得像一个自鸣钟的摆。郁达夫回应说：“这一种读书背书时摇

---

① 赵元任：《赵元任生活自传》，中国华侨出版公司 1989 年版，第 33 页。

②［英］麦高温（D. J. Macgowan）著，朱涛、倪静译：《中国人生活的明与暗》，时事出版社 1998 年版，第 84—85 页。

摆身体的作用与快乐，大约是没有在从前的中国书塾里读过书的人所永不能了解的……因为要早晨坐起一直坐到晚的缘故，可以助消化，健身体的运动，自然只有身体的死劲摇摆与放大喉咙的高叫了。”① 也就是说，这种摇摆还兼有体育运动的功效，正好可以弥补私塾里缺乏身体运动的弊病，对处于发育中的儿童少年是非常必需的。

四、书写

私塾教学，一般上午识字读书，下午习字作文。古代识字教学采用的是集中识字法，即将常用字分类编排，儿童通过记诵来掌握。宋代以来，著名的识字读物有《三字经》《百家姓》《千字文》等。习字则要借助各种字帖来进行，从最简单的笔画开始。

如果说识文断字属于陈述性知识，那么习字属于程序性知识的学习，相对较为复杂。首先是运笔，由塾师从坐姿开始，手把手地教学生端坐研磨，正腕提笔，练习汉字的基本笔画（点、横、竖、撇、捺、弯勾）。朱熹《童蒙须知》云：“凡写文字，须高执墨锭，端正研磨，勿使墨汁污手；高执笔，双钩端楷书字，不得令手揩着毫。”②

其次是描红纸，将印有红色楷体字字形的习字纸供学生依样摹写。起初由先生把住学生的手，逐笔描写，然后由学生自行描写。

再次影格，即将习字纸覆在写字垫或模型字上影写。影格用的范本可以在市面上购得，也可以由塾师写好供学生备用。

① 郁达夫：《书塾与学堂》。参见《郁达夫文集》（第三卷），花城出版社、三联书店香港分店 1982 年版，第 372—373 页。

② 李国钧：《中国教育大系·历代教育制度考》（上卷），湖北教育出版社 1994 年版，第 858 页。

先生教学生写毛笔字

再次临抬头，由塾师在习字簿的各行第一格各写一字，供学生临摹，写满一行。第二行又另起一字。

再次临帖，即照着字帖临摹。

习字有四法：横轻竖直，少粗多密，勾短点圆，空匀横直。古代有许多字帖，供塾生临摹学习。习字到了一定程度，便要学习各种书法字体，如楷书、行书、草书；还有各种书法风格，如颜体、柳体等。

历史学家蒋廷黻曾有一段回忆在私塾里习字的文字：

在旧式教育中，书法是很重要的一部分。写得一手好字是念书人的门面。字写得不好，立刻会显出书读得也不好。在习字前，我要磨墨。这件工作相当烦人。磨墨往往会弄脏桌子和仿纸。再者，我缺乏经验，不知磨到什么时候才算浓淡合度。习字用的纸上有经纬线，格成约一寸见方的格子。我有一本字帖，要照帖练习。我把字帖放在下面，仿纸盖在上面，照帖描

> 写，老师不时到我桌旁，教我如何执笔和运笔。这种练习既有趣又刺激。我喜欢临摹得和原帖一样。①

小儿习字，起初一般书写“上大人，丘乙已，化三千，七十士，尔小生，八九子，佳作仁，可知礼”。“丘”乃圣人孔子之名，为了避讳，常常将下面的一横省略掉。这些字笔画稀少，易于识认，既包含了基本的中文数字，又有一些简单至极的汉字。鲁迅先生的小说《孔乙己》，取名即源于此。近代以来，孔子逐渐不那么神圣了，有的就干脆将“丘乙已”三个字直接改为“孔夫子”。

“上大人”之类，流传甚久，南宋学者陈郁对此的一番阐明，可谓别有深意，他在《藏一话腴》中说：

> 孩提之童才入学，使之徐就规矩，亦必有方。发于书学是也。故“上大人、丘乙已、化三千、七十士、尔小生、八九子、佳作仁、可知礼也”。殊有妙理。予解之曰：大人者，圣人之通称，在上有大底人，孔子是也。丘是孔子之名，以一个已身，教化三千徒弟。其中有七十二贤士，但言七十者，举成数也。尔是小小学生，八岁九岁底儿子。又古人八岁始入小学也。佳者，好也；作者，为也。当好为仁者之人。可者，肯也，又当肯如此知礼节，不知礼无以立也。若能为人知礼，便做孔子也做得。凡此一段，二十五字，而尔字居其中。上截是孔子之圣也，下截是教小儿学做孔子。其字画从省者，欲易于书写。其语言叶韵者，欲顺口好读。已、士、子、礼四字是音韵相叶。“也”一字，助语，以结上文耳。言虽不文，欲使理到，使小儿

① 蒋廷黻著，谢钟琏译：《蒋廷黻回忆录》，岳麓书社 2003 年版，第 19 页。

易通晓也。①

五、算术

算术是一项实用生活技能，学习简单的计数和运算（如九九乘法表、打算盘），对于私塾学生日后在社会上立足非常有帮助。早在汉代，儿童上学，就要学习基本的计算知识和技能。《汉书·食货志上》云："八岁入小学，学六甲、五方、书计之事，始知室家长幼之节。"顾炎武《日知录》卷二十七《汉书注》解释说："'六甲'者，四时六十甲子之类；'五方'者，九州岳渎列国之名；'书'者，六书；'计'者，九数。"柳诒徵曾根据《汉书·律历志》所说"纪于一，协于十，长于百，大于千，衍千万，其法在算术。宣于天下，小学是则。职在太史，羲和掌之。"断定"汉时小学，兼重书算"②。

明末清初 19 档楠木算盘

科举取士时代，教育内容与考试内容密切挂钩，私塾里有关算术教学的记载越来越少见，一些回忆文章也鲜有这方面的内容。但算术（尤

① 陈东原：《中国教育史》下册，福建教育出版社 2009 年版，第 185 页。
② 柳诒徵：《中国文化史》上册，上海古籍出版社 2001 年版，第 366 页。

其是珠算和口算）是中国古代重要的生存技能，应当会在教育上有所反映。

宋元时期及以后，出现了不少有关算术教育的著作，如南宋杨辉的《详解九章算法》《日用算法》《乘除通变本末》，元代朱世杰的《算学启蒙》，安止斋、何平子编撰的《详明算法》，明代吴敬的《九章详注比类算法大全》，王文素的《新集通证古今算学宝鉴》，程大位的《新编直指算法统宗》，这些著作总结了前代的算术知识，提出了一些简单实用的算法，列举了涉及日常生活各个方面的算题。① 吴敬《九章详注比类算法大全》载有趣味诗词算题 332 道，非常适合童蒙学习算术之用，略举四题：

其一，哑子买肉："哑子来买肉，难言钱数目。一斤少四十，九两多十六。试问能算者，合与多少肉？"旧制 1 斤为 16 两，这道题既要算出哑巴有多少钱，又要算出肉价每两多少钱。答案是哑巴有 88 文钱，肉价为每两 8 文钱，一共可买 11 两。

其二，蜗牛爬树："一棵树高九丈八，一只蜗牛往上爬。白天往上爬一丈，晚上下滑七尺八。试问需要多少天，爬到树顶不下滑。"答案是 41 天。

其三，隔溪放牧："甲乙隔溪放牧，二人暗里参详。甲云得乙九只羊，多你一倍之上。乙说得甲九只，两家之数相当。二人闲坐恼心肠，画地算了半晌。"答案是甲有 45 只羊，乙有 36 只羊。

其四，三将屯军："三将屯军五万名，赏金千两要均平。甲多乙数三千旅，乙比丙多一半兵。今问欲知人数目，各该金数要分明。虽然不是玄微数，会者还须一艺精。"这道题有点难度，答案是甲领兵 20625 人，乙 17625 人，丙 11750 人。

---

① 章小亮：《中国古代小学算题研究》，华东师范大学 2008 年硕士学位论文，第 17—18 页。

但是，有关私塾里算术教学的具体实例并不多见。20 世纪 30 年代，湖北天门人杨麐在汉口开设了一所六言私塾。由于汉口多商，杨麐晚上利用“夜课”教学生们算术，主要是学珠算。杨麐要求学生们不但会算，而且要熟练。先学“666”，即从 1 加到 36，再从 1 减到 36；继而背诵九九表，学习九归九除；还要背熟与学会“斤求两”（旧制 16 两为 1 斤）的歌诀与算法。“夜间，在昏黄的灯光之下，只听学堂内劈里啪啦的清脆之声不绝于耳，学塾门口窗头挤满了人看热闹哩。”①

六、属对

学生会读会写之后，使开始练习属对。因为对偶是中国诗文里一种常用的句子表达形式，如柳宗元《江雪》：“千山鸟飞绝，万径人踪灭。”杜甫《绝句》：“两个黄鹂鸣翠柳，一行白鹭上青天。”李商隐《无题》：“春蚕到死丝方尽，蜡炬成灰泪始干。”而对联又是中国常用的一种应用性文体，人们过春节时帖春联，办丧事时挂挽联，办婚事时树喜联，风景名姓、亭台楼阁也常书名人名联以助兴。

属对先从缀词（组词）、属对（对对子）开始，再写诗、作文，且遵照由易到难、循序渐进原则。属对从一字到多字，有些对子对儿童来说是非常好的文字游戏，如：一明分日月；五岳各丘山。四诗风雅颂；三光日月星。此木为柴山山出；因火成烟夕夕多。秀才看禾禾乃秀；粗汉舂米米且粗。天下口天上口志在吞吴；人中王人边王意图全任。拙女出才已是嫁于家外；觅人不见谁知闪在门中。客上天然居居然天上客；僧游云隐寺寺隐云游僧。寸土为寺，寺旁言诗，诗曰：明月送僧归古寺；双木成林，林下示禁，禁云：斧斤以时入山林。

① 盛代时：《老汉口的六言私塾》，《武汉文史资料》2004 年第 12 期。

私塾内的教学情景（二）

属对很有讲究，既要字数相同，语法结构相同，又要平仄协调，字意对仗工整。《醒世姻缘传》第三十三回，程先生在放学前出对子，对完了，才许回去。先出四字对："穿花蛱蝶。"一个学生对"激水蛟龙"，另一个对"点水蜻蜓"。又出了一个两字对："薄雾"，一个学生对"轻风"，另一个对"稠粥"，程先生觉得不雅，改为"长虹"。

蔡元培对私塾里的属对教学有着详尽的回忆，内容如下：

> 对课与现在的造句法相近。约由一字到四字，先生出上联，学生想出下联来。不但名词对名词，静词对静词，动词对动词，而且每一种词里又要取其品性相近的。例如先生出一"山"字是名词，就要用"海"字或"水"字来对他，因为都是地理名词。又如出"桃红"二字就要用"柳绿"或"薇紫"等词来对他；第一字都用植物的名词，第二字都用颜色的静词。别的可

以类推。这一种工课，不但是作文的开始，也是作诗的基础。所以对到四字课的时候，先生还要用圈发的法子，指示平仄的相对。平声字圈在左下角，上声在左上角，去声右上角，入声右下角。学生作对子时，最好用平声对仄声，仄声对平声（仄声包含上去入三声）。等到四字对作得合格了，就可以学五言诗，不要再作对子了。①

鲁迅回忆三味书屋的对课云："我就只读书，正午习字，晚上对课。先生最初这几天对我很严厉，后来却好起来了，不过给我读的书渐渐加多，对课也渐渐地加上字去，从三言到五言，终于到七言。"②

七、作文

属对的规律和技巧基本掌握后，生徒就可以尝试作文。一般先作诗，写诗从五言绝句到七言绝句，再到律诗。然后进行文章结构方面的训练，如布局谋篇，起承转合，为写作八股文打基础。明代学者魏校云："先教之释字，直解大义。既通，乃教之演字，渐长其辞，次演一句，又次而演通章，久之自知作文之法。"③ 清代王筠《教童子法》，对于学生作文提出"以放为主""以圈为主"，他有一段非常精彩的论述：

① 蔡元培：《我在教育界的经验》。参见璩鑫圭、童富勇编：《中国近代教育史资料汇编·教育思想》，上海教育出版社 1997 年版，第 689 页。

② 鲁迅：《从百草园到三味书屋》，参见《鲁迅全集》第 2 卷，人民文学出版社 1973 年版，第 389 页。

③ 魏校：《谕岭南学校师生》。参见李国钧主编：《中国教育大系·历代教育制度考》下卷，湖北教育出版社 1994 年版，第 1228 页。

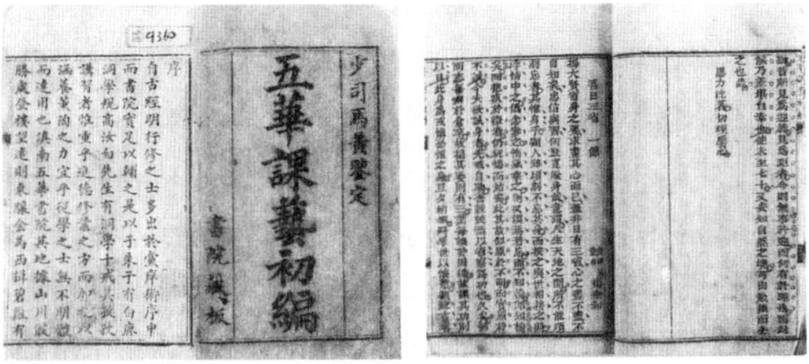

刊载学生八股文习作的云南《五华书院课艺初编》

> 作诗文必须放，放之如野马，踶跳咆嗥，不受羁绊，久之必自厌而收束矣。此时加以衔辔，必俯首乐从。且弟子将脱换时，其文必变而不佳，此时必不可督责；但涵养诱掖，待其自化，则文境必大进。譬如蚕然，其初一卵而已，渐而有首有身，蠕蠕然动，此时胜于卵也；至于作茧而蛹，又复块然，此时不如蚕也，徐俟其化而为蛾，则成矣。作文而不脱换，终是无用才也；屡次脱换，必能成家者也。①

作文属于私塾中、高级学生的教学内容，其目的是指向科举考试，尤其是私塾教育的后期（经馆）主要就是进行应举作文训练，属于典型的应试教育。由于明清科举考试的文体固定为八股文，作文便成了八股文创作技巧训练。由于科举考试竞争激烈，人们便尽可能地将作文训练提前，许多私塾里的孩童在十二三岁开始接触八股文，谓之“开笔”。塾师若“能教时文，不落恒蹊者已是好手”②。清代有不少八股文塾课读本，如王步青编的《塾课八集》，“分为启蒙、式法、行机、参变、

① 王筠：《教童子法》。参见舒新城编：《中国近代教育史资料》上册，人民教育出版社 1981 年版，第 94—95 页。

② 王德昭：《清代科举制度研究》，中华书局 1984 年，第 106 页。

精诣、大观、老境、别情八集。每集皆引明清作品，详加评点，罗列众评”，是“为初学作楷模”。① 还有俞樾编《曲园课孙草》、于光华编《塾课集益》、李元度编《塾课小题正鹄》等。有的塾师还专门编选八股文读本，授课生徒。如当湖（今浙江平湖）张抝庵，“奉亲授徒之暇，评选小题文若干首，命曰《浚灵集》，将为家塾读本。”② 唐彪《读书作文谱》，花大量篇幅专门论述了八股文的审题立意、布格谋篇、取材剪裁、语言修辞等技巧，并有举例说明。此书内容非常详细，是清代较有影响的八股文写作指南。

位于南京秦淮河畔的江南贡院

八股文由破题、承题、起讲、入题、起股、中股、后股、束股八部分组成，学习写作时，一般分开来逐步学习，以掌握每一部分的技巧，

① 孔庆茂：《八股文史》，凤凰出版社 2008 年版，第 346 页。

② 李赓芸：《稻香吟馆集》卷七《国朝小题文〈浚灵集〉序》，《续修四库全书》第 1477 册，上海古籍出版社 2002 年版，第 368 页。

再作整篇的文章，然后不断地揣摩提高。清末进士蔡元培回忆私塾里的八股文教学云：

> 八股文的作法，先作破题，止两句，把题目的大意说一说。破题作得合格了，乃试作承题，约四五句。承题作得合格了，乃试作起讲，大约十余句。起讲作得合格了，乃作全篇。全篇的作法，是起讲后，先作领题，其后分作八股（六股亦可），每两股都是相对的。最后作一结论。由简而繁，确是一种学文的方法。但起讲、承题、破题，都是全篇的雏形。那时候作承题时仍有破题，作起讲时仍有破题、承题，作全篇时仍有破题、承题、起讲，实在是重床叠架了。①

八股文习作阶段，塾师不让学生写其他文章，除了作文，还要背诵大量的范文，以供模仿。鲁迅 1898 年入洋务学堂之前，就在私塾里写八股文，习作的题目有《义然后取》《无如寡人之用心者》《左右皆曰贤》《人告之以过则喜》。②

---

① 蔡元培：《我在教育界的经验》。参见璩鑫圭、童富勇编：《中国近代教育史资料汇编·教育思想》，上海教育出版社 1997 年版，第 689 页。

② 邓云乡：《清代八股文》，河北教育出版社 2004 年版，第 68—69 页。

第四章　读物

一阵乌鸦噪晚风，诸徒齐逞好喉咙。
赵钱孙李周吴郑，天地元黄宇宙洪。
千字文完翻鉴略，百家姓毕理神童。
就中有个超群者，一日三行读大中。

——郭臣尧：《村学诗》①

清代文人郭臣尧的《村学诗》，一口气列举了当时通用的几种私塾读物：《千字文》《鉴略》《百家姓》《神童诗》《大学》《中庸》。古代私塾经过漫长的发展，不断探索积淀，逐渐形成了独具风格的教材体系，一些经典读物长盛不衰，成为教育史和文化史永恒的议题。如今流传下来的私塾教材以宋代以后的居多，唐代以前的较少，说明宋代私塾教育已经非常发达，教材编写种类多、质量高。

私塾读物浩如烟海，难以穷尽。史书中的《艺文志》《经籍志》保存了大量这方面的书目。为便于研究，我们择其大要，大致分识字读物、伦理道德读物、历史读物、文学读物、名物与自然常识读物几大类，但这种分类并不绝对，因为不少教材往往具有综合性质。比如人们一般将《三字经》归为字书，但它也兼有伦理道德、历史、常识等方面的内容。

① 梁绍壬撰，范春三编译：《两般秋雨盦随笔（上册）》卷四《村学诗》，新疆人民出版社 1995 年版，第 441 页。

一、字书

字书是识字读物，是少年儿童初入学时最早接触的书籍，其任务是解决基础性的识字问题，为后续学习作准备。中国古代一般采用集中识字法，将生字集中编排，由儿童诵习，不像现在以课文带生字。因此字书一般是私塾前两年的读物，读完字书，掌握两千个左右的常用字，就可以进一步读一些基本的儒家典籍，如《论语》《孟子》《大学》。

中国历史上最早的字书是西周时期的《史籀篇》，四字为句，《汉书·艺文志》云："《史籀》十五篇。周宣王太史作大篆十五篇，建武时亡六篇矣。"《史籀篇》早已失传，内容无从知晓，成了教育史上的一个谜。估计先秦的字书在秦始皇实行书同文时，因书写不合规范而被烧掉了，或者因为废而不用，自然就逐渐失散了。

秦代统一文字，由政府高官重新编纂字书加以推广，许慎《说文解字·叙》云："秦始皇帝初兼天下，丞相李斯乃奏同之，罢其不与秦文合者，斯作《仓颉篇》，中车府令赵高作《爰历篇》，太史令胡毋敬作《博学篇》，皆取史籀大篆，或颇省改，所谓小篆者也。是时秦烧灭经书，涤除旧典，大发吏卒，兴役戍，官狱职务繁。初有隶书，以趣约易，而古文由此绝矣。"《仓颉篇》是我们现在所能看到的最早的字书，仅有一些片断的考古发现，难见其全貌。1949 年以前，敦煌、居延汉简中曾多次发现《仓颉篇》残文，王国维在《流沙坠简》里，载有散存的《仓颉篇》四简。① 1977 年安徽阜阳双古堆 1 号汉墓发掘，获得《仓颉篇》遗存 124 枚残简，内容包括《仓颉》《爰历》《博学》三篇，出土时简文残损严重，现存完整的有 541 字，无书题，四字为句，有韵可寻，文中还有避秦王政讳，篇幅不足二百句，按照汉代《仓颉篇》八百

① 罗振玉、王国维编著：《流沙坠简》，中华书局 1993 年影印本，第 75—76 页。

二十五句计算，还不到全篇的四分之一。李学勤对于双古堆竹简《仓颉篇》有所分析：“众所周知，秦代李斯作《仓颉篇》，赵高作《爰历篇》，胡毋敬作《博学篇》，是当时学习文字的读本。汉代学师把三篇合在一起，仍以《仓颉篇》为题。这是一部中国文字学上有很大意义的书，可惜久已佚失。古书中仅保存了零星几句引文，敦煌、居延汉简曾发现此书，也不过少数几条。双古堆汉简《仓颉篇》文字较多，而且有些文句和汉以后流传的不同，很可能还是秦代的原貌。”① 从上世纪 70 年代到 90 年代，居延、敦煌等地又相继发现少量的《仓颉篇》残简，简文破碎，难成章句。

汉初，初等教育沿用秦代的字书，训蒙之人将《仓颉》《爰历》《博学》三篇合而为一，名为《仓颉篇》。此外，汉代书馆常用的字书还有《凡将》《急就》《元尚》诸篇。《凡将篇》为司马相如所作，创始三字、七字为句。元帝时史游又仿《凡将》的体裁作《急就篇》，间以三言、四言、七言成句。《汉书·艺文志》对西汉及以前的字书进行了系统总结：

> 《史籀篇》者，周时史官教学童书也，与孔氏壁中古文异体。《仓颉》七章者，秦丞相李斯所作也；《爰历》六章者，车府令赵高所作也；《博学》七章者，太史令胡毋敬所作也：文字多取《史籀篇》，而篆体复颇异，所谓秦篆者也。是时始造隶书矣，起于官狱多事，苟趋省易，施之于徒隶也。汉兴，闾里书师合《仓颉》《爰历》《博学》三篇，断六十字以为一章，凡五十五章，并为《仓颉篇》。武帝时司马相如作《凡将篇》，无复字。元帝时黄门令史游作《急就篇》，成帝时将作大匠李长《元

① 李学勤：《李学勤集·新发现简帛与秦汉文化史》，黑龙江教育出版社 1989 年版，第 313 页。

尚篇》，皆《仓颉》中正字也。《凡将》则颇有出矣。至元始中，征天下通小学者以百数，各令记字于庭中。扬雄取其有用者以作《训纂篇》，顺续《仓颉》，又易《仓颉》中重复之字，凡八十九章。臣复续扬雄作十三章，凡一百三章，无复字，六艺群书所载略备矣。《仓颉》多古字，俗师失其读，宣帝时征齐人能正读者，张敞从受之，传至外孙之子杜林，为作训故，并列焉。

商衍鎏书章草《急就篇》（文物出版社 2007 年版）

《急就篇》是现今保存最完整的汉代字书，全书用韵，句式以七言为主，三言次之，杂以四言，共两千余字。《急就篇》内容丰富，可分为三大部分：(1)“姓氏名字”，罗列了一百多个姓，并缀以当时比较流行的名字。(2)“服器百物”，举凡生活中常用的器物，无不具备；(3)“文学法理”，介绍与政治有关的种种事情。其中第一章如下：“急就奇觚与众异。罗列诸物名姓字，分别部居不杂厕。用日约少诚快意，勉力务之必有喜。请道其章：宋延年、郑子方、卫益寿、史步昌、周千秋、赵孺卿、爰展世、高辟兵。”这章在领述五句之后便讲姓氏。其他各章在领述几句之后接着讲衣着、农艺、饮食、器用、音乐、生理、兵器、飞禽、走兽、医药、人事等种种应用字。《急就篇》编排巧妙，易学易记，深受欢迎，历代不少学者对之进行了专门的研究，唐颜师古为其做注，宋王应麟为其补注。清顾炎武云：

汉魏以后，童子皆读史游《急就篇》。晋夏侯湛抵疑乡曲之徒，一介之士，曾讽《急就》习甲子。《魏书》崔浩表言：“太宗即位，元年，敕臣解《急就章》，刘芳撰《急就篇续注音义证》三卷，陆暐拟《急就篇》为《悟蒙章》，又书家亦多写《急就篇》。”《魏书·崔浩传》：“浩既工书，人多托写《急就章》。从少至老，初不惮劳，所书盖以百数。”《儒林传》：“刘兰始入小学，书《急就篇》，家人觉其聪敏。”《北齐书》：“李绘六岁未入学，伺伯姊笔牍之闲，辄窃用，未几，遂通《急就章》。”“李铉九岁入学，书《急就篇》月余，便通。”自唐以下，其学渐微。①

《急就篇》用韵语把日常生活应用的字汇编在一起的办法，实际是将识字教育与常用知识（如名物、姓氏等）融为一体，既便于记忆，又便于应用，为后代字书的编撰者所继承和发扬，后世的经典蒙学课本，如《千字文》《百家姓》《三字经》等，便是以这种字书为其先导。②同为识字教材，“三、百、千”因为知识内涵的差异出现了分化，如《三字经》侧重于劝学与道德规训，《百家姓》侧重于姓氏，《千字文》侧重于名物和道德。

① 顾炎武著，黄汝成集释，秦克诚点校：《日知录集释》卷二十一《急就篇》，岳麓书社 1994 年版，第 760 页。

② 中国古代教育史编写组：《秦汉时期的教育》，《北京师范大学学报》1961 年第 4 期。

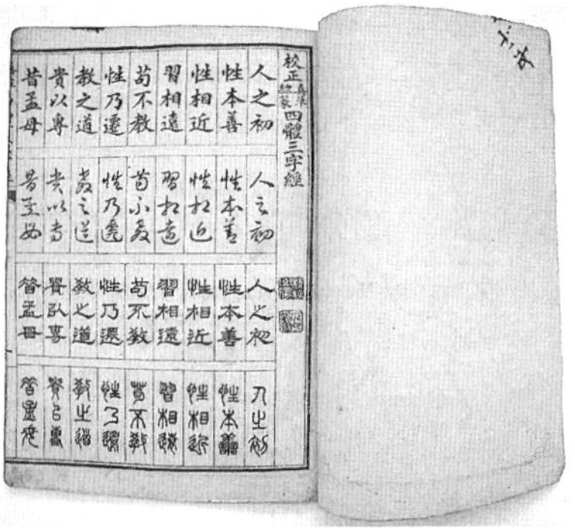

民国版真、草、隶、篆四体《三字经》（安徽歙县唐在田书）

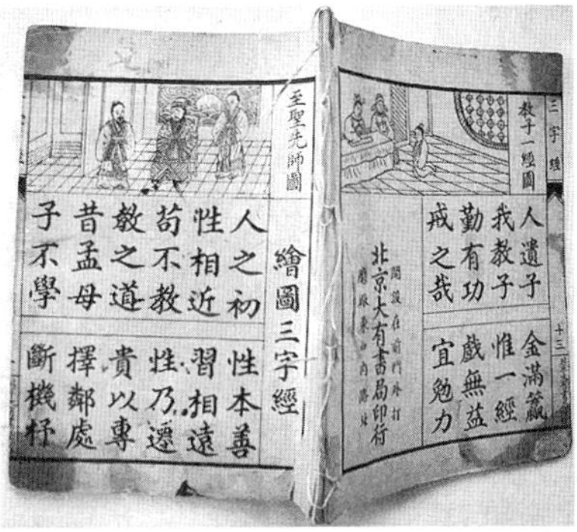

民国初年北京大有书局印行的《绘图三字经》

《三字经》相传为南宋王应麟（1223—1296）所撰。王应麟，字伯厚，号深宁居士，又号厚斋，祖籍河南开封，后迁居庆元府鄞县（今浙江鄞县），理宗淳祐元年（1241）进士，宝祐四年（1256）复中博学宏词科。博学宏词科是历代科举考试中最难的一科，王应麟认为中进士不足以彰显其才华，“今之事举子业者，沽名誉，得则一切委弃，制度典故漫不省，非国家所望于通儒”①。闭门发愤，假馆阁书读之，誓以博学宏辞科自见。历官太常寺主簿、台州通判，后召为太常博士，擢秘书郎。度宗即位后，摄礼部郎官，身兼数职，又曾做过徽州知府，官位最高时为礼部尚书兼给事中。王应麟为人正直敢言，屡次向皇帝进言，冒犯权臣丁大全、贾似道，颇有令名。王应麟涉猎经史百家、天文地理，熟悉掌故制度，长于考证，学术贡献远高于为官干政。《宋史》本传所记载的著作多达二十余种、六百多卷，影响较多的有《困学纪闻》《玉海》《汉艺文志考证》，蒙学教材方面有《蒙训》《补注急就篇》《姓氏急就篇》等。《宋史》所列王应麟的著作不含《三字经》，现在还不能

①《宋史·王应麟传》。

完全断定《三字经》就是王应麟的作品，也有人认为是宋末区适子所撰。我们从《三字经》的内容上不难看出，历代都有一些修订，可谓集结了众多人的教育智慧。

《三字经》的内容大致分为六个部分，每一部分有一个中心。第一部分从“人之初，性本善”到“人不学，不知义”，讲述的是教育和学习对儿童成长的重要性，后天教育及时，方法正确，可以使儿童成为有用之才。第二部分从“为人子，方少时”至“首孝悌，次见闻”，强调儿童要懂礼仪，要孝敬父母、尊敬兄长，并举了黄香和孔融的例子。第三部分从“知某数，识某文”到“此十义，人所同”，介绍的是生活中的一些名物常识，有数字、四时、四方、五行、六谷、六畜、七情、八音、九族、十义，方方面面，一应俱全，而且简单明了。第四部分从“凡训蒙，须讲究”到“文中子，及老庄”，介绍中国古代的重要典籍和儿童读书的程序，这部分列举的书籍有“四书”“六经”“三易”“四诗”“三传”“五子”，基本包括了儒家的典籍和部分先秦诸子的著作。第五部分从“经子通，读诸史”到“通古今，若亲目”，讲述的是从伏羲神农至清代的朝代变革。第六部分从“口而诵，心而维”至“戒之哉，宜勉力”，强调学习要勤奋刻苦、孜孜不倦，只有从小打下良好的学习基础，长大才能有所作为，“上致君，下泽民”。

《三字经》虽以识字为主，但在内容排列上非常讲究，体现了作者的精心构思。《论语》的“学而”，《荀子》的“劝学”，都是将教育问题置于全书的开篇，《三字经》也秉承了这一思想，开篇讲教育，让初入学者明白教育在人的发展中何其重要。最后又以强调学习的态度和目的作结，可将教育问题贯穿始终，让儿童在识字的同时，开启心智，精勤学业。

《三字经》是一部在儒家思想指导下编成的儿童读物，用典多，知识性强，流传时间长、范围广。章太炎在《重订三字经》的《题辞》里说：“其书先举方名事类，次及经史诸子，所以启导蒙稚者略备。观其分别部居，不相杂厕，以较梁人所集《千字文》，虽字有重复，辞无藻采，其启人知识过之。”近代西方传教士何天爵认为，《三字经》“实际上是一种打油诗之类的东西。它由一些传统的道德规范和广为流传的故事组成。本书的目的在于训导学生努力为父母争光，使祖宗显荣，光宗耀祖；要敬畏皇帝，做忠臣顺民；要锻炼良好的性格品德，不要与坏人为伍；要专心致志，一心只读圣贤书。这本书还包括做人应具有的其他方面的优秀品质，等等”①。

《百家姓》是一本关于姓氏的书，成于北宋初年，原收集姓氏 411 个，后增补到 504 个，其中单姓 444 个，复姓 60 个。《百家姓》以“赵钱孙李”开头，人们据此推断其形成于宋朝的吴越地区。首句以下各姓氏的排列并无规律可循，只是便于记诵。

《百家姓》采用四言体例，句句押韵，虽然它的内容没有文理，但读来顺口，易学好记。该书颇具实用性，与传统社会浓郁的宗法制度和宗族文化紧密关联，反映了人们对宗脉与血缘的强烈认同感。尤其是在褊狭的乡村社会，人们以家族为中心，按血缘远近区分嫡庶亲疏，每个姓氏都意味着一种宗派和血亲关系。诵习《百家姓》，可以帮助儿童体会中国独特的姓氏文化，强化宗族意识，形成血亲情结，建立种姓归属感。

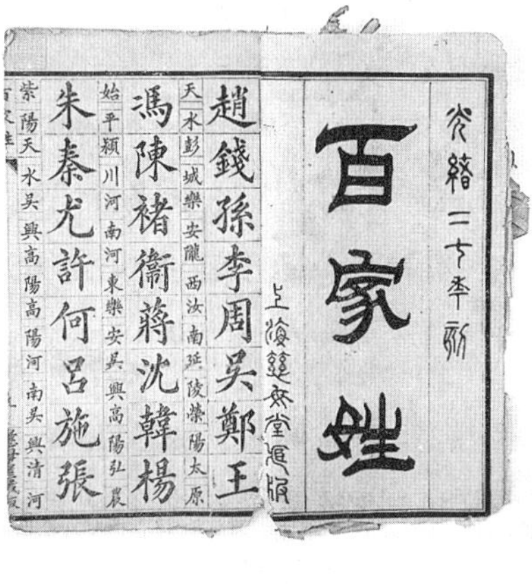

光绪二十年（1894）上海慈母堂刻的《百家姓》

---

① ［美］何天爵（Holcombe Chester）著，鞠方安译：《真正的中国佬》，光明日报出版社 1998 年版，第 179—180 页。

有关《百家姓》准确的编撰者和具体的成书年代，现在很难考证。南宋学者王明清《玉照新志》卷三有云："市井间所印《百家姓》，明清尝详考之，似是两浙钱氏有国时小民所著。何则？其首云'赵钱孙李'，盖钱氏奉正朔，赵乃本朝国姓，所以钱次之；孙乃忠懿之正妃。又其次，则江南李氏。次句云'周吴郑王'，皆武肃而下后妃，无可疑者。"意思是《百家姓》为江南钱氏所著，因为拥戴宋朝，故以"赵"姓居首。五代十国时期吴越的最后一位国王钱俶归顺大宋，谥号忠懿，其正妃为孙姓。李姓是因南唐国王为李姓之故。第二句"周吴郑王"，也是根据吴越王钱镠以下历代妃子们的姓氏而定的。明朱国祯《涌幢小品》卷十八《百千万姓编》云："今《百家姓》以为出于宋，故首以赵钱孙李，尊国姓也。我朝《千家姓》，亦以朱奉天运起文。然宋嘉祐中亦有《千姓编》，雁门邵思撰。汉颍川太守聊氏复有《万姓谱》，我郡凌氏因衍《万姓统谱》。"朱国祯告诉世人除了《百家姓》，还有《千家姓》《万姓谱》，可惜今已失传了。

赵元任的夫人杨步伟曾记录清朝末年在南京读私塾时，以《百家姓》为引子，编出几句背后逗笑先生的顺口溜：

赵钱孙李，先生没有米。
周吴郑王，先生没有床。
冯陈褚卫，先生没有被。
蒋沈韩杨，先生没有娘。①

《千字文》是由一千字组成的韵文，为南朝梁员外散骑侍郎周兴嗣奉梁武帝之命，从王羲之书法中选取1000个字，编成四言韵语，共250句。②《千字文》主要供儿童识字用，经过巧妙的构思，以"天地玄黄，

① 杨步伟：《一个女人的自传》，岳麓书社1987年版，第32页。
②《梁书·周兴嗣传》。

宇宙洪荒”开头，“谓语助者，焉哉乎也”结尾，穿插诸多有关天文、自然、修身养性、人伦道德、地理、历史、农耕、祭祀、园艺、饮食起居等方面的常识。《千字文》首尾连贯，音韵谐美，很适于儿童诵读，在识字的同时也兼有启蒙教育的意义。

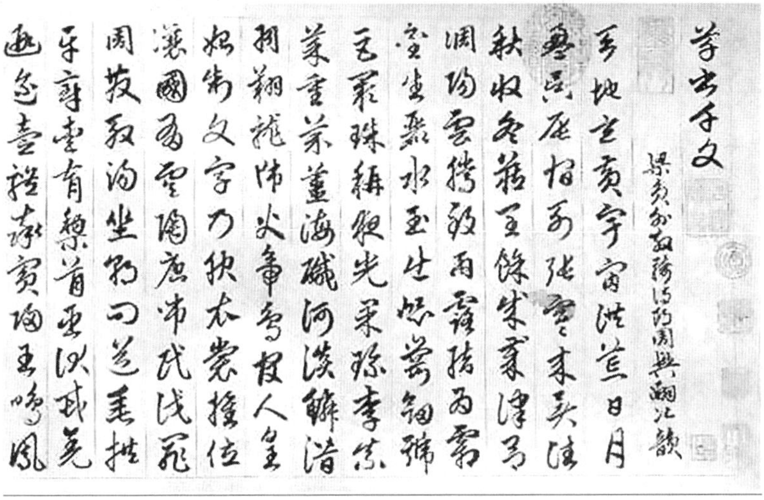

元代赵孟頫书法：草书《千字文》

《千字文》有句无篇，章法比较松散，清人汪啸尹、孙谦益的《千字文释义》将《千字文》分为四个部分，称之为四章。从第一句“天地玄黄”开始，至第三十六句“赖及万方”为第一部分，主要讲的是自然常识，如天地、日月、星辰、云雨、霜雾、四时、菜蔬瓜果、江河湖海、飞鸟游鱼等，附带讲述了中国上古史。

从第三十七句“盖此身发”开始，至第一百零二句“好爵自靡”为第二部分，重在讲述伦理道德和个人修养，指出人要孝亲，珍惜父母传给的身体，做人要“知过必改”，诚实守信，举止得体，谈吐温文，气量雅致。

自第一百零三句“都邑华夏”起，至第一百六十二句“岩岫杳冥”

为第三部分，讲述与古代政治有关的问题，首言京城形胜，再讲典籍和文化、历史典故，最后描述了国家疆域的广阔和风景的秀美。

自第一百六十三句“治本于农”起，至第二百四十八句“愚蒙等诮”为第四部分，主要描述田园风光和日常生活，充满了对乡村社会温馨人情的赞美与向往。最后还有两句“谓语助者，焉哉乎也”，没有特别含义。

《千字文》出现之后，很快取代了之前的字书，成为流传广泛的蒙学课本。《唐摭言》卷十记载：“顾蒙，宛陵人，博览经史……甲辰淮浙荒乱，避地至广州，人不能知，困于旅食，以至书《千字文》授于聋俗，以换斗筲之资。未几，遘疾而终。”

关于《千字文》的版本，清人顾炎武《日知录》卷二十一《千字文》说：

> 《千字文》原有二本。《梁书·周兴嗣传》曰：“高祖以三桥旧宅为光宅寺，敕兴嗣与陆倕制碑。及成，俱奏，高祖用兴嗣所制者，自是《铜表铭》《栅塘碣》《北伐檄》《次韵王羲之书千字》，并使兴嗣为之。”《萧子范传》曰：“子范除大司马南平王户曹属从事中郎，使制《千字文》，其辞甚美，命记室蔡薳注释之。”《旧唐书·经籍志》：“《千字文》一卷，萧子范撰；又一卷，周兴嗣撰。”是兴嗣所次者一千字文，而子范所制者又一千字文也。乃《隋书·经籍志》云：“《千字文》一卷，梁给事郎周兴嗣撰；《千字文》一卷，梁国子祭酒萧子云注。”《梁书》本传谓子范作之，而蔡薳为之注释；今以为子云注。子云乃子范之弟，则异矣。《宋史·李至传》言：“《千字文》乃梁武帝得钟繇书破碑千余字，命周兴嗣次韵而成。”本传以为王羲之，而此又以为钟繇，则又异矣。

> 《隋书》《旧唐书》志又有《演千字文》五卷，不著何人作。①

继周兴嗣《千字文》之后，还相继出现了其他以“千字文”为名的作品，如唐朝僧人义净《梵语千字文》、宋人胡寅《叙古千字文》、元人夏太和《性理千字文》、明人卓人月《千字大人颂》、清人何桂珍《训蒙千字文》等。明代人李登编过一本《正字千文》，特别注意偏旁部首的区别，形似字、音近字的辨认。《正字千文》还有一些书法技巧，意图是要把识字、习字合二为一。正文的前边有《楷书字法》，从执笔讲起，然后按“永字八法”讲基本笔画，再按偏旁部首讲基本字形、书法原则。正文的后边附《篆书字法》《草书字法》《隶书字法》，所以全书又总称《四体字法》。中国历代书法大师写《千字文》者甚多（见表4－1），著名的有怀素、宋徽宗、赵孟頫、文徵明等，这些书法作品影响很大，既促进了《千字文》的传播，也留下了宝贵的艺术遗产。

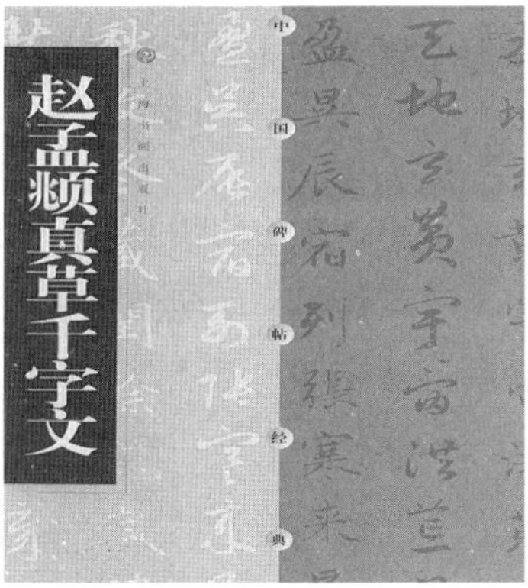

上海书画出版社 2000 年出版的《赵孟頫真草千字文》

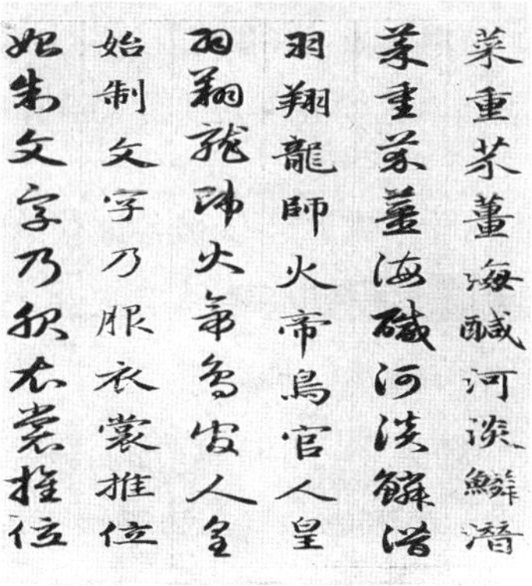

元代赵孟頫书法真草《千字文》

---

① 顾炎武著，黄汝成集释，秦克诚点校：《日知录集释》，岳麓书社 1994 年版，第 761 页。

表 4－1：历代书法家书写《千字文》举要

朝代	书法家	书体	朝代	书法家	书体
隋	智永	真书及草书	元	吴叡	篆书
唐	欧阳询	行书	元	边武	草书
唐	怀素	草书	明	程南云	行书
唐	高闲	草书	明	沈粲	草书
宋	梦英	篆书（碑）	明	文徵明	四体
宋	王升	草书	明	陈淳	草书
宋	徽宗赵佶	草书、真书各一	明	王宠	行草
元	赵孟頫	四体（正、草、隶、篆）	明	文彭	小楷
元	揭傒斯	真、草	明	苏眉阳	草书
元	赵雍	章草	清	张裕钊	楷书

资料来源：张倩仪《另一种童年的告别——消逝的人文世界最后回眸》，商务印书馆 2001 年版，第 30—31 页。

《千字文》不仅被各地蒙馆塾师用作儿童课本，亦为社会上诸多行业所采用，如考棚里的号房及试卷编号、商人的账册编号、大规模的藏书编号之类皆以《千字文》的字序排列，俗语有“天字第一号”。宋代真宗时，编成了一部 4359 卷的《道藏》，分装在 400 多函中，每一函都按《千字文》的顺序编号，起于“天地玄黄”的“天”字，终于“宫”字，所以人称这部《道藏》为《大宋天宫道藏》。《儒林外史》第二回描写周进到省城参观贡院时的情景：“到了龙门下，行主人指道：‘周客人，这是相公们进的门了。’进去两边号房门，行主人指道：‘这是天字号了，你自进去看看。’周进一进了号，见两块号板摆的齐齐整整，不觉眼睛里一阵酸酸的，长叹一声，一头撞在号板上，直僵僵不省人事。”

二、伦理道德读物

古人非常重视对青少年儿童的伦理道德教育，在灌输道德规训的同时，尤为强调良好行为习惯的养成。《大戴礼记·保傅》引用孔子的话："少成若性，习惯之为常。"宋代朱熹更是提出小学"教事"的主张，强调让儿童在日常生活中，通过具体行事，懂得基本的伦理道德规范，养成一定的生产习惯，他说："小学是事，如事君，事父，事兄，处友等事，只是教他依此规矩做去。"① 在《小学·序》中又说："古者小学，教人以洒扫、应对、进退之节，爱亲、敬长、隆师、亲友之道。皆所以为修身、齐家、治国、平天下之本，而必使其讲而习之於幼稚之时。欲其习与智长，化与心成，而无扞格不胜之患也。"

古代私塾代表性的伦理道德读物有宋代吕本中的《童蒙训》、吕祖谦的《少仪外传》、程端蒙的《性理字训》、袁采的《袁氏世范》、明代吕得胜的《小儿语》、不具名的《昔时贤文》、清代的《弟子规》等，下面摘要分析。

《童蒙训》，又称《吕氏童蒙训》，共三卷。作者吕本中（1084—1145），原名大中，字居仁，世称东莱先生，寿州（今安徽寿县）人。吕本中编写《童蒙训》的宗旨是为了光宗耀祖，使祖宗的德业能流芳千古，并以此勉励自己的后人，该书以他的曾祖父吕公著、祖父吕希哲、父亲吕好问为主线，凡涉及能颂扬其祖辈长处的有关人物的点滴事件及言论都加以汇集。书中侧重伦理道德教化，颂扬的是儒家提倡的正统思想，主要讲述了尽孝、明礼、诚信、风节、仁慈、谨慎、庄重、勤劳等方面的道德要求。《童蒙训》采用语录体，记录作者的所见所闻所思，具有浓厚的理学色彩，尤其推崇"二程"、张载。吕本中的祖父吕希哲

①《朱子语类》卷七。

曾以师礼事伊川先生（即程颐）。《四库全书总目提要》云：

> 是书，其家塾训课之本也。本中北宋故家，及见元祐遗老，师友传授，具有渊源。故其所记多正论格言，大抵皆根本经训，务切实用。于立身从政之道，深有所裨。中间如申颜、李潜、田腴、张琪、侯无可诸人，其事迹史多失传，赖此犹可以考见大略。固不仅为幼学启迪之资矣。考朱子《答吕祖谦书》，有“舍人丈所著《童蒙训》，极论诗文必以苏、黄为法”之语，此本无之。其他书所引论诗诸说，亦皆不见于书内。故何焯跋疑其但节录要语而成，已非原本。然删削旧文，不过简其精华，除其枝蔓，何以近语录者全存，近诗话者全汰？以意推求，殆洛、蜀之党既分，传是书者轻词章而重道学，不欲以眉山绪论错杂其间，遂刊除其论文之语，定为此本欤？

《少仪外传》为吕本中家族的后人吕祖谦所撰，取名自《礼记·少仪》，专供训课幼学之用。全书不专于洒扫进退之末节，中间杂引前哲之懿行嘉言，兼及立身行己、应世居官之道，不与《礼记·少仪》中的经义相比附，故命之曰“外传”。犹如韩婴引事说《诗》，而自题作《韩诗外传》一样。《少仪外传》的体例与朱熹的《小学》相近，但影响不及《小学》，亦不及《童蒙训》。据马端临《文献通考·经籍考十七》记载，此书“首命其名曰《帅初》，次更其名曰《辨志》，而其终则定以是名焉”。

吕祖谦（1137—1181），字伯恭，南宋婺州（今浙江金华）人，原籍寿州，与朱熹、张栻一道被尊为“东南三贤”。吕氏家学深厚，科甲兴旺，学人多称吕本中为“东莱先生”，吕祖谦则称为“小东莱先生”。到了后世，一般均称吕祖谦为“东莱先生”。据《宋史》本传所载，吕祖谦为吕好问之孙，以荫补入官，后举进士，复中博学宏词科，曾任太学博士、国史院编修官、实录院检讨官。“祖谦学以关、洛为宗，而旁稽载籍，不见涯涘。心平气和，不立崖异，一时英伟卓荦之士皆归心焉。少卞急，一日，诵孔子言‘躬自厚而薄责于人’，忽觉平时忿懥涣然冰释。朱熹尝言：‘学如伯恭，方是能变化气质。’其所讲画，将以开物成务，既卧病，而任重道远之意不衰。居家之政，皆可为后世法。”① 清代学者全祖望校补《宋元学案》时，非常推崇吕祖谦，他说：“宋乾、淳以后，学派分而为三：朱学也，吕学也，陆学也。三家同时，皆不甚合。朱学以格物致知，陆学以明心，吕学则兼取其长，而复以中原文献之统润色之。门庭径路虽别，要其归宿于圣人则一也。”他还说：“小东莱之学，平心易气，不欲逞口舌以与诸公角，大约在陶铸同类以渐化其偏，宰相之量也。”②

《少仪外传》采择精当，语言明畅，主张“持心以清洁，处心以公平”，提倡“立身以力学为先，力学以读书为本”，以为后世学者若能览读此书，便会“各因其所得而有自立之地”。书中的一些观点和论断，对后人有很高的警鉴意义。兹引一段：

> 幼学之士，先要分别人品之上下，何者是圣贤所为之事，何者是下愚所为之事，向善背恶，去彼取此，此幼学所当先也。颜子、孟子，亚圣也，学之虽未至，亦可为贤人。今之学者若能知此，则颜、孟之事，我亦可学。言温而气和，则颜子之不迁渐可学矣；过而能悔，又不惮改，则颜子之不贰渐可学矣。知埋鬻之戏不如俎豆，念慈母之爱始于三迁，自幼至老，不厌不改，终始一意，则我之不动心亦可如孟子矣。若夫立志不高，则其学皆常人之事，语及颜、孟，则不敢当也。其心曰：“我为

①《宋史·吕祖谦传》。

② 黄宗羲：《宋元学案·东莱学案》，全祖望案语。

孩童，岂敢学颜孟哉?”此人不可以语上矣。先生长者见其卑下，岂肯与之语哉。先生长者不肯与之语，则其所与语者皆下等人也。言不忠信，下等人也；行不笃敬，下等人也；过而不知悔，下等人也；悔而不知改，下等人也。闻下等之语、为下等之事，譬如坐于房舍之中，四面皆墙壁也，虽欲开明不可得矣。《书》曰：“不学，墙面。”孔子曰：“其犹正墙面而立也。”言人不可以不学也。杨子曰：“吾为开明哉。”言学圣贤然后心开而意明也。

除《少仪外传》，吕祖谦还编有两本重要的读物，一为《东莱博议》，乃诸生课试之作，选《左传》文66篇，又称《左氏博议》。二为《近思录》，乃与朱熹合编。淳熙二年（1175），吕祖谦从浙江到福建与朱熹会晤，两人在寒泉精舍相与读周敦颐、张载、程颢、程颐等著作，感其“广大闳博，若无津涯”，初学者不易把握其要义，于是精选622条，辑成14卷，名为《近思录》，朱熹和吕祖谦分别作序。“近思”二字取自《论语》：“博学而笃志，切问而近思，仁在其中矣。”《近思录》在理学史上具有重要地位，为确立儒家道统、传播理学思想起过重要作用，成为后人研习宋代理学的首选和必读之书。

《袁氏世范》，共三卷，分《睦亲》《处己》《治家》。《睦亲》凡60则，论及父子、兄弟、夫妇、妯娌、子侄等各种家庭成员关系的处理，具体分析了家人不和的原因、弊害，阐明了家人族属如何和睦相处的各种准则，涵盖了家庭关系的各个方面。《处己》计55则，纵论立身、处世、言行、交游之道，对人一生当中经常遇到的富贵贫贱、成败得失等都作了哲理性的阐述。《治家》共72则，基本上是持家兴业的经验之谈，甚至还有置办田产，公平交易；经营商业，不可掺杂使假；借贷钱谷，取息适中，不可高息；兄弟亲属分割家产要公正免争；尼姑、道婆之类人等不可延请至家；税赋应依法及早交纳等。

作者袁采，字君载，信安（今浙江常山县）人，宋孝宗隆兴元年（1163）进士，曾任乐清县令，为官刚正，并重建县学，纂修《乐清县志》十卷。宋代以前的家训，虽数量不少，但大多意求“典正”，不以“流俗”为然。而袁采的这部家训，却一反前人，立意“训俗”。故书成之后，取名为《俗训》，明确表达“厚人伦而美习俗”的宗旨。后来，刘镇为之序，云：“其言则精确而详尽，其意则敦厚而委曲，习而行之，诚可以为孝悌、为忠恕、为善良，而有士君子之行矣。”他认为这部家训可以“垂诸后世”“兼善天下”，成为“世之范模”，建议改名为“世范”，《袁氏世范》由此而得名。

《袁氏世范》论述立身处世之道不同于一般著述，其语颇有见地，且深入浅出，清新雅致，极具趣味，少了许多道学气，极易领会和学习，传世之后，很快便成为私塾里的训蒙课本。《四库全书总目提要》云：

> 是编即其在乐清时所作。分睦亲、处己、治家三门，题曰《训俗》。府判刘镇为之序，始更名《世范》。其书于立身处世之道，反覆详尽，所以砥砺末俗者，极为笃挚。虽家塾训蒙之书，意求通俗，词句不免于鄙浅，然大要明白切要，使览者易知易从，固不失为《颜氏家训》之亚也。

《小儿语》，明代吕得胜、吕坤父子编选。吕得胜，字近溪，河南宁陵人，主要活动在嘉靖年间。此书宣传做人的道理，涵养儿童心性，语言浅近，清新明快，以四言为主，亦有六言、杂言，如：“一切言动，都要安详。十差九错，只为慌张。沉静立身，从容说话。不要轻薄，惹人笑骂。先学耐烦，快休使气。性躁心粗，一生不济。能有几句，见人胡讲。洪钟无声，满瓶不响。自家过失，不须遮掩。遮掩不得，又添一短。无心之失，说开罢手。一差半错，哪个没有。”

《昔时贤文》又名《古今贤文》，作者不详，可能是民间创作的结

晶，经历很长时间累积而成，书名最早现于汤显祖《牡丹亭》第七回《闺塾》：“《昔时贤文》，把人禁煞，恁时节好教鹦哥唤茶。”汤显祖为明代万历时期人物，人们便据此推断《昔时贤文》最迟写成于明朝万历年间。经过明清两代文人的不断增补，书名也发生变化，改为《增广昔时贤文》，简称《增广贤文》。

《增广贤文》以韵文的形式，集结了古代的各种格言、谚语，阅读起来抑扬顿挫，朗朗上口。这些格言是古人为人处世经验的结晶，生活气息浓烈，具有很强的实用性。与其他蒙学读物迥异的是，《增广贤文》比较接近于口语，无须注解，浅显易晓，这也使得它成为民间广泛流传的通俗读物。该书明显的缺憾是编排上略显散乱，逻辑性不强。

《增广贤文》的内容大致有这样几个方面：一是谈人及人际关系，二是谈命运，三是谈如何处世，四是表达对读书的看法。不像一般的道德说教以正面引导为主，《增广贤文》有不少消极的内容，显示出成年人对世事极为冷峻的洞察力——亲情被金钱污染，“贫居闹市无人问，富在深山有远亲”；友情只是一句谎言，“有茶有酒多兄弟，急难何曾见一人”；尊卑由财富来决定，“不信但看筵中酒，杯杯先劝有钱人”；法律为权贵所操纵，“衙门八字开，有理无钱莫进来”；人性被利益扭曲，“山中有直树，世上无直人”；圆滑世故导致人心叵测，“画虎画皮难画骨，知人知面不知心”；世态炎凉叫人善恶难辨，“入山不怕伤人虎，只怕人情两面刀”。

《增广贤文》杂糅百家，儒家、道家、佛家思想并列不悖，反映出中国封建社会后期思想界三教归一的历史特点。儒家的如：“责人之心责己，恕己之心恕人。守口如瓶，防意如城。宁可人负我，切莫我负人。再三须慎意，第一莫欺心。”道家的如：“知足常足，终身不辱；知止常止，终身不耻。”佛家的如：“救人一命，胜造七级浮屠。”“善恶到头终有报，只盼来早与来迟。”“杀人一万，自损三千。”“善有善报，恶有恶报。不是不报，时候未到。”作为童蒙读物，《增广贤文》非常强调读书的重要性，如“读书须用意，一字值千金”“积金千两，不如明解经书”“有田不耕仓廪虚，有书不读子孙愚”“黑发不知勤学早，转眼便是白头翁”“十年寒窗无人问，一举成名天下知”等。

《弟子规》原名《训蒙文》，为清朝康熙年间秀才李毓秀所作，其内容采用《论语·学而》第六条文义：“子曰：‘弟子入则孝，出则悌，谨而信，泛爱众，而亲仁，行有余力，则以学文。’”列述学童在家、出外、待人、接物与学习上应该恪守的规训，三字一句，两句或四句连意，合辙押韵，朗朗上口。《弟子规》有360句，先为“总叙”，然后依次分为“入则孝、出则悌、谨、信、泛爱众、亲仁、余力学文”七个部分。《弟子规》深得儒家道德教育的精髓，后来居上，迅速成为儿童接受伦理道德教育的最佳读物，几乎与《三字经》《百家姓》《千字文》有同等影响，甚至有取代《三字经》之势。①

作者李毓秀（1647—1729），字子潜，号采三，山西新绛人，终身为秀才，科名不显，以训蒙处馆为业。李毓秀根据传统社会对童蒙的要求，结合他自己的教学实践，写成《训蒙文》，后经山西浮山人贾存仁修订，改名《弟子规》。兹录第一部分“入则孝”如下：

父母呼，应勿缓；父母命，行勿懒。父母教，须敬听；父母责，须顺承。

冬则温，夏则凊；晨则省，昏则定。出必告，反必面；居有常，业无变。

事虽小，勿擅为；苟擅为，子道亏。物虽小，勿私藏；苟私藏，亲心伤。

① 清人周保璋在《童蒙记诵篇·节增三字经》中说：“近李氏《弟子规》盛行，而此书（指《三字经》）几废。”参见陈来：《蒙学与世俗儒家伦理》，载袁行霈主编：《国学研究》第三卷，北京大学出版社1995年版，第56页。

亲所好，力为具；亲所恶，谨为去。身有伤，贻亲忧；德有伤，贻亲羞。

亲爱我，孝何难；亲憎我，孝方贤。亲有过，谏使更；怡吾色，柔吾声。

谏不入，悦复谏；号泣随，挞无怨。亲有疾，药先尝；昼夜侍，不离床。

丧三年，常悲咽；居处变，酒肉绝。丧尽礼，祭尽诚；事死者，如事生。

三、历史读物

历史读物主要介绍中国历史知识，如政治典章、朝代更迭、思想学说、人物掌故等，让儿童在读书识字的过程中掌握必备的文史知识，为后续的阅读和作文打基础。著名的历史教材有唐代李翰的《蒙求》，宋代王令的《十七史蒙求》、胡寅的《叙古千文》、黄继善的《史学提要》，元代陈栎的《历代蒙求》、吴化龙的《左氏蒙求》、明代萧良有的《龙文鞭影》、程登吉的《幼学琼林》等。

古代图绘《蒙求》

《蒙求》重在介绍历史上的人物故事，编为四言对偶韵语，带有激励劝勉意味，书名取《易经·蒙卦》：“匪我求童蒙，童蒙求我”，唐朝诗人李翰所作，又称“李氏蒙求”。李翰，赵郡赞皇（今属于河北省石家庄市赞皇县）人，诗人李华之子，生卒年不详，擢进士第，天宝年间，寓居阳翟（今河南禹州市），累迁翰林学士。据《新唐书·艺文志》载，李翰有文集三十卷，《蒙求》被收录在《全唐诗》卷881，属于四言古诗，兹录前面数段：

王戎简要，裴楷清通。孔明卧龙，吕望非熊。
杨震关西，丁宽易东。谢安高洁，王导公忠。
匡衡凿壁，孙敬闭户。郅都苍鹰，宁成乳虎。
周嵩狼抗，梁冀跋扈。郗超髯参，王珣短簿。
伏波标柱，博望寻河。李陵初诗，田横感歌。
武仲不休，士衡患多。桓谭非谶，王商止讹。

嵇吕命驾，程孔倾盖。剧孟一敌，周处三害。
胡广补阙，袁安倚赖。黄霸政殊，梁习治最。
墨子悲丝，杨朱泣歧。朱博乌集，萧芝雉随。

李翰之后，人们纷纷模仿，在私塾历史读物中产生了众多的以“蒙求”为名的读物，如北宋诗人王令作《十七史蒙求》，明代姚光祚在《十七史蒙求》为基础上扩充为《广蒙求》。南宋张洽专治《春秋》，著有《左氏蒙求》。元代吴化龙亦有《左氏蒙求》传世。

《历代蒙求》一卷，元代陈栎（1252—1334）撰。陈栎，字寿翁，安徽休宁人。此书当是陈栎在家乡教书时为童蒙而作，共236句，不到1000字。全书用四字韵语的形式，简述中国从三皇五帝到元代的朝代更迭，每个朝代大致述其开国与亡国之君，再有选择性地提及其他皇帝。《历代蒙求》在简短的篇幅中历述古今朝代、帝王世系及治乱之迹，做到繁而不紊，简而有要，易于掌握，是一部较好的童蒙读物。兹录其中两段：

秦并六国，狼吞虎噬。谓兼三五，始称皇帝。尽扫良法，焚书坑儒。二世而亡，咸阳为墟。汉高勃兴，宽仁大度。诛秦蹙项，光启炎祚。当时股肱，萧何曹参。萧与张韩，人杰为三。文景恭俭，休养生息。武帝穷黩，孝宣总核。元成柔弱，哀平短祚。王莽篡窃，实开光武。同符高帝，西汉遂东。三世贤主，显宗肃宗。传十二世，终于灵献。汉祚四百，人心未厌。

曹操子丕，篡汉为魏。帝室之胄，蜀主刘备。吴主孙权，开国江东。三分鼎峙，各为长雄。孰能一之？晋司马氏。历懿师昭，炎为武帝。开基肇乱，子愚妇逆。怀愍孤立，擒于刘石。元帝渡江，国曰东晋。十世而亡，宋武应运。

明刻本《龙文鞭影》内页

《龙文鞭影》直接仿效李翰《蒙求》，以四字韵语的形式，在不足5000字的篇幅中浓缩了1000多个著名历史人物的故事或典故，具有很强的趣味性、知识性，署名为明代萧良友撰，杨臣诤增订。萧良友，字以占，号汉冲，湖北汉阳人，明万历年间进士，生平不详，曾官至国子监祭酒。杨臣诤，字古度，安徽桐城人，幼时刻苦攻读，钻研古籍。明清改朝，遂绝意科场，隐居不仕，著有《禹贡笺》、《礼经会元》等。

萧良友最初编撰该书时，取名《蒙养故事》，非常直白。为便于儿童理解记诵，夏广文为之注。后来杨臣诤在教学过程中对之进行增补修订，更名为《龙文鞭影》，寓意深刻，令人耳目一新。龙文是一种古代骏马，源于《汉书·西域传赞》："薄梢、龙文、鱼目、汗血之马充于黄门。"讲的是汉代与西域关系和睦，西域送来各种宝马供皇帝御用。后来引申为俊秀子弟，《北齐书·杨愔传》："愔从父兄黄门侍郎昱特相器重，曾谓人曰：‘此儿驹齿未落，已是我家龙文。更十岁后，当求之千里外。’”鞭影，即马鞭的影子，语出《景德传灯录·天台丰干禅师》：“佛云：‘如世间良马，见鞭影而行。’”后有宋陆游《村居》诗：“生憎快马随鞭影，宁作痴人记剑痕。”金元好问《怀益之兄》诗：“鞭影惊疲马，钟声急暮禽。”杨臣诤以“龙文鞭影”为书名，意在勉励儿童自我鞭策，发奋图强，快速成长为“千里马”。他在“叙言”中说：

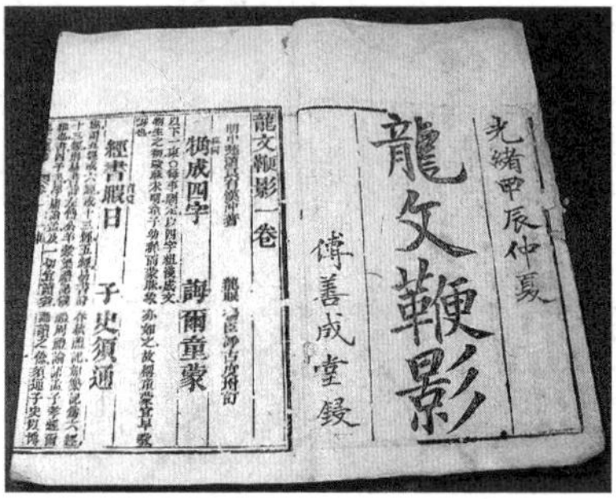

光绪三十年（1904）傅善成堂刻印的《龙文鞭影》

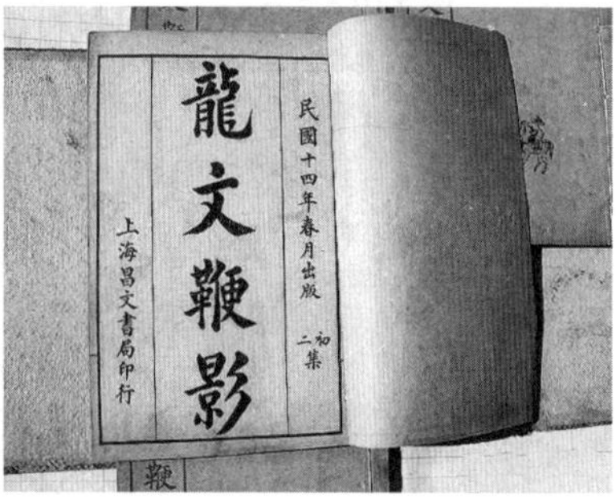

民国十四年（1925）上海昌文书局印的《龙文鞭影》

《蒙养故事》，明中楚萧汉冲先生为加惠幼学而作，取古事之相类者摘而成偶，又各谐之以韵，聪慧者日可数十事，迟钝者亦日可数事，不似声杂无伦者之难可强记也。为父为师，欲其逸而功倍，此乌可以废焉？惜其征事过少，而夏广文注又多舛谬疏略，是亦不可以已乎！

岁丙申，授经沙堤，偶有暇晷，因取次一为更定，复益以安平李瀚《蒙求》对偶及江右俞文彬续集，然亦嫌征事多无味，而注更疏舛，其可存才千百之什一耳。庚子春，息影城西，朝来爽气，恒惬心情，缘取囊书，复为增订，迄秋尽而告竣，遂不止倍差于前，益思以博学为先人，自不禁其幅之溢也。友人王子、陆子与有同好，俱不辞搦管襄事，且怂恿余曰：“君家龙文，又加一鞭影矣。”因更名《龙文鞭影》，付诸剞劂。凡属驹齿未落者，皆当见鞭影而驰，以无负不佞较雠之苦志，期可矣。

《龙文鞭影》四字一句，每句讲一典故，上下两句对偶，逐联押韵。全书按韵编排，读起来抑扬顿挫，朗朗上口。《龙文鞭影》共计四卷、十五目，目首以韵名，如第一卷为一东、二冬、三江、四支。以“一东”为例：“粗成四字，诲尔童蒙。经书暇日，子史须通。重华大孝，武穆精忠。尧眉八彩，舜目重瞳。”蒙、通、忠、瞳韵脚与东相同，其余以此类推。

四、文学读物

在解决基本的识字问题，形成必要的道德观念，养成良好的行为习惯，掌握一定的文史知识之后，私塾教学程度逐渐加深，初步的文学训练摆上案头。中国古典文学的基本形式是诗、词、文，文学训练多从掌握韵律、练习属对开始，其次习诗，最后才是作文。唐代是一个诗歌的国度，不但著名诗人成群结队，底层民众也广泛习诗、歌诗。元稹《白氏长庆集序》云：“予尝于平水市中，见村校诸童竞习诗，召而问之，皆对曰：先生教我乐天、微之诗。”① 乐天即白居易，微之即元稹本人，二人诗作被私塾先生编入教材。皮日休《伤进士严子重诗序》云：“余为童在乡校时，简上抄杜舍人牧之集，见有与进士严恽诗。”② 元稹、皮日休的记载说明，元稹、白居易、杜牧等人的诗作曾被选入唐代的私塾教材，供学童吟诵。

唐代有些文人摘录名家名篇中的佳句、警句、奇句，编选成适合儿

① 白居易著，顾学颉校：《白居易集》第一册，中华书局 1979 年版。

② 计有功：《唐诗纪事》卷六十六《严恽》，中华书局 1965 年版，第 994 页。

童诵读的诗歌读物，名以“秀句”。《新唐书·艺文志四》载有“元思敬《诗人秀句》二卷”“王起《文场秀句》一卷”“黄滔《泉山秀句集》三十卷”“元兢《古今诗人秀句》二卷”等，当属此类。《旧唐书》卷一百六十四《王播传》附《王起传》记载：“庄恪太子登储，欲令儒者授经，乃兼太子侍读……为太子广《五运图》及《文场秀句》等献之。”王起为太子李永师，编《文场秀句》以教太子。

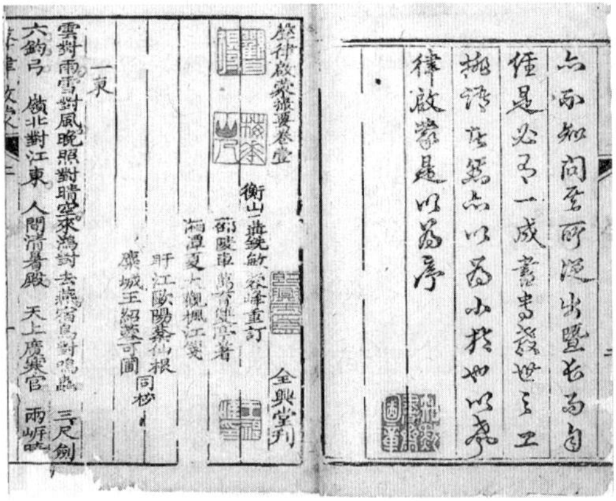

清代全兴堂刊刻的《声律启蒙撮要》

宋以后私塾里常用的文学读物得到了较好的流存，影响较大的主要有如宋代汪洙的《神童诗》、朱熹的《训蒙诗》、宋明时期的《千家诗》、清代李渔的《笠翁对韵》、车万育的《声律启蒙》、蘅塘退士的《唐诗三百首》等，下面分而述之。

《神童诗》，北宋汪洙撰。汪洙，字德温，鄞县人，元符三年（1100）进士，官至观文殿大学士。汪洙幼年颖异，九岁能诗，号称汪神童，故后人称其训蒙诗为《神童诗》。全书辑诗 34 首，皆为五言绝句，可分为三部分。第一部分为前 14 首，都是劝学诗，极力宣扬读书可以做官；第二部分 5 首，表现科举及第的得意；第三部分篇幅最多，通过对四时景致的描写，表达读书人的怡然自得。

《神童诗》文词通俗易懂，非常适合儿童记诵，而且开篇就讲读书做官，激励儿童精勤学业，具有很强的励志作用：

天子重英豪，文章教尔曹。
万般皆下品，惟有读书高。

少小须勤学，文章可立身。
满朝朱紫贵，尽是读书人。

学问勤中得，萤窗万卷书。
三冬今足用，谁笑腹空虚。

自小多才学，平生志气高。
别人怀宝剑，我有笔如刀。

朝为田舍郎，暮登天子堂。
将相本无种，男儿当自强。

《训蒙诗》，亦称《性理绝句百首》，南宋朱熹撰。此书是以诗歌的形式宣扬朱熹的理学思想，其用意是使儿童在讽诵吟咏中体悟理学之真谛，达到熏陶渍染、发其志意的目的。为了适应儿童记诵，朱熹巧妙地将艰深的理学命题以浅显的诗化语言表达出来，在一定程度上淡化了说教意味，可谓将文学教育与道德教育完美结合。兹举两首：

致知

此心原自有知存，气蔽其明物有昏。
渐渐剔开昏与蔽，一时通透理穷源。

良知

孩提自幼良知发，此亦心蒙尚未开。
既壮蒙开超万欲，良心反丧亦哀哉。

《千家诗》是由南宋谢枋得《重定千家诗》（皆七言律诗）和明末清初王相所选《新镌五言千家诗》合并而成，所选的诗歌大多是唐宋时期的名家名篇，易学好懂，题材多样：山水田园、赠友送别、思乡怀人、吊古伤今、咏物题画、侍宴应制等，较为广泛地反映了唐宋时代的社会现实，所以广泛流传，影响深远。《千家诗》实际选录了 122 位诗人的作品，按朝代分：唐代 65 家，宋代 52 家，五代 1 家，明代 2 家，年代不可考的无名氏 2 家。其中选诗最多的是杜甫，共 25 首，其次是李白，共 8 首。卷首之作乃孟浩然《春晓》："春眠不觉晓，处处闻啼鸟。夜来风雨声，花落知多少。"

《笠翁对韵》是由熟悉的韵语、典故组成的启蒙读物，两两对仗工整。作者李渔（1611—1680），生于江苏如皋，籍贯浙江兰溪，初名仙侣，字谪凡，后改名渔，号笠翁，故名《笠翁对韵》。全书分为上下卷，按韵分编，包罗天文、地理、花木、鸟兽、人物、器具等，有单字对、双字对、三字对、五字对、七字对、十一字对，从易到难，由简到繁，声韵协调，层层叠叠，朗朗上口。兹摘录第一节：

天对地，雨对风。大陆对长空。山花对海树，赤日对苍穹。雷隐隐，雾蒙蒙。日下对天中。风高秋月白，雨霁晚霞红。牛女二星河左右，参商两曜斗西东。十月塞边，飒飒寒霜惊戍旅；三冬江上，漫漫朔雪冷渔翁。

《声律启蒙》，作者车万育（1632—1705），字双亭，号鹤田，湖南邵阳人，康熙甲辰（1664）进士，官至兵科给事中。《四库全书总目提要》记载由元祝明撰，潘瑛续，明刘节校补的《声律发蒙》，说是为初学发蒙而作，“其书每一韵先列韵字与注，而后列杂言对属之语”。学界中人据此推测，车万育的《声律启蒙》是在《声律发蒙》的基础上整理、增删、修改而成。然而从体例和行文上看，《声律启蒙》完全袭用《笠翁对韵》，连韵目也一样，只是用词不同。兹摘录第一节：

> 云对雨，雪对风，晚照对晴空。来鸿对去燕，宿鸟对鸣虫。三尺剑，六钧弓，岭北对江东。人间清暑殿，天上广寒宫。两岸晓烟杨柳绿，一园春雨杏花红。两鬓风霜，途次早行之客；一蓑烟雨，溪边晚钓之翁。

对联是中国古代文学的基础形式，掌握相关的音韵格律是进行诗词创作和练习八股文的基本功。对对子的训练对于激发文学兴趣、提高文学修养十分重要，《笠翁对韵》和《声律启蒙》在这方面的功用相当，但后者比前者要浅显通俗，清新雅正，灵活优美，贴近生活，更为儿童所喜爱。

《唐诗三百首》，清蘅塘退士选编。唐代是中国诗歌发展的巅峰，名家辈出，名作蜂拥，历代关于唐诗的选本也层出不穷。蘅塘退士有感于唐诗选本良莠不齐，精选唐诗名篇，按诗歌体例编排，辑录成《唐诗三百首》，取名源于“熟读唐诗三百首”，其自序云：

> 世俗儿童就学，即授《千家诗》，取其易于成诵，故流传不废。但其诗随手掇拾，工拙莫辨，且止五七律绝二体，而唐宋人又杂出其间，殊乖体制。因专就唐诗中脍炙人口之作，择其尤要者，每体得数十首，共三百余首，录成一编，为家塾课本，俾童而习之，白首亦莫能废，较《千家诗》不远胜耶？谚云：“熟读唐诗三百首，不会吟诗也会吟。”请以是编验之。

蘅塘退士（1711—1778），原名孙洙，字临西，别号蘅塘退士，江苏无锡人（祖籍安徽休宁）。孙洙自幼性敏好学，早年入国子监肄业，乾隆九年（1744）中举，授景山官学教习，后出任江苏上元（民国时已废，现属南京）县学教谕。乾隆十六年（1751）中进士，历任顺天府大城县知县、直隶卢龙县知县、山东邹平县知县、江宁府学教授等职。

《唐诗三百首》收录了77家诗，共313首，数量上以杜甫最多，为38首，其次是王维29首、李白27首、李商隐22首。《唐诗三百首》刊印后，逐渐成为流传最广、影响最大的唐诗普及读本，“风行海内，几至家置一编”。

五、常识读物

此类教材重在介绍各种粗浅的实用知识，内容多而杂，包括人事、器物、天文、地理、鸟兽、花木等，类似今天小学里的社会常识与自然常识。这方面比较有影响的读物有宋代方逢辰的《名物蒙求》、明代程登吉的《幼学琼林》等。

方逢辰（1221—1291），原名梦魁，学者称蛟峰先生，淳安（今属浙江）人，历任秘书省正字、著作郎、瑞州知府、兵部侍郎、吏部侍郎等职。方逢辰曾数度被罢官，去职后开讲授徒。方逢辰年轻时就留心教育，《名物蒙求》即针对儿童知识启蒙而作，其序云：

> 童蒙未识宇宙内事，虽此身不识其所从来，况同胞同与者乎，法当从事物上起。予弱冠时，业书馆，苦于初学聪明不开，为作《蒙求》一卷。教之以天高地下，万物散殊，人物之大原，人伦之大本，次及其饮食、衣服，切己日用处，使之先识其名，次通其义。积习既久，虽木石之愚者，亦豁然为之开明，然后知天地间无不可教之人。伊川程先生曰：今日格一物，明日格

一物，然后当脱然有贯通处。初学之学，虽与大学之格物不同，然太极之冲漠无朕①者，岂在万象森然之外哉？此之所教特先其近者小者，而所谓远者大者，亦不离乎此而已矣。丙子后有朋友拾得此本，于兵革煨烬之余者，持示予，问所为作之意，遂为道其所以然。

《名物蒙求》以四言韵语的形式，通俗易懂地向儿童介绍各种常见、常用的自然和社会知识，依次为天文地理、人事、花木、鸟兽、器物、耕种等，言简意赅，广而不繁。兹录第一节数段：

天尊地卑，乾坤定位。轻清为天，重浊为地。
丽乎天者，日月星辰。润以雨露，鼓以风霆。
云维何兴？以水之升。雨维何降？以云之烝。
阳为阴系，风旋飚回。阳为阴蓄，迸裂而雷。
惟霁斯虹，惟震斯电，散为烟霞，凝为雹霰。
日中则昃，月满则亏。往来进退，消息盈虚。

《幼学琼林》，原名《幼学须知》，明末西昌人程登吉（字允升）撰。清朝嘉庆年间邹圣脉对之作了一些补充，更名为《幼学故事琼林》。邹圣脉序云：

程允升先生《幼学》一书，诚多士馈贫之粮，而制科度津之筏也。但碎金积玉，原属无多；则摘艳熏香，应增未备，庶

① “冲漠无朕”语出《庄子·应帝王》“吾乡示之以太冲莫胜”“体尽无穷，而游无朕”。“冲漠［莫］”与“无朕”分属两段话，并无直接并联。把“冲漠无朕”连贯为一个词语始自程颐，《二程遗书》卷十五：“冲漠无朕，万象森然已具，未应不是先，已应不是后。”自程颐以后，“冲漠无朕”常被宋明理学家们用来描述无极与太极，即天地未判时的宇宙原始状态。

几文人足供驱使。奈坊刻所补，殊不雅驯者，老成能知去取，固诮续貂。若初学未识从违，反云全璧，一经习染，俗不可医，即用针砭，难痊痼疾矣。爰采汇书，各增编末，文必绝佳，片笺片玉，语期可诵，一字一缣。并汰旧注之支离，易新诠之确当，详所当详而不厌其繁，略所当略而不嫌其简，务归明晰，一阅了然，如蓝田之琬琰，元圃之琳琅，能令见者宝之，各欲私为枕秘，因颜之曰“琼林”。览是书者，其以余言为不谬否？

《幼学琼林》属骈体文，全部用对偶句写成，收录了大量常用的词语、成语，容易诵读，便于记忆，可谓名物教材与声律教材为一体。比起《名物蒙求》，《幼学琼林》语言更丰富、内容更全面，增加了政治制度、风俗礼仪、历史典故、文事科第等方面的知识，还有许多警句、格言，催人奋进。《幼学琼林》堪称中国古代一部儿童版的百科全书，代表了蒙学教材发展的顶峰，人称“读了《增广》会说话，读了《幼学》走天下”。兹录第一段数语：

混沌初开，乾坤始奠。气之轻清上浮者为天，气之重浊下凝者为地。日月五星，谓之七政；天地与人，谓之三才。日为众阳之宗，月乃太阴之象。虹名螮蝀，乃天地之淫气；月里蟾蜍，是月魄之精光。

以上讨论的主要是古代私塾里最初阶段的读物，到了中高级阶段，私塾学生开始读经书，如“四书”（《大学》《中庸》《论语》《孟子》）、“五经”（《诗》《书》《礼》《易》《春秋）之类。这些经书既是私塾教材，更是儒家典籍，自汉代以来地位神圣，教师只能带领学生背诵体悟，不能有所更改发展。儿童何时开始读经为宜，没有固定标准，有的在识字之后，也有的与识字同步进行。三国时钟会“年四岁授《孝经》，七岁诵《论语》，八岁诵《诗》，十岁诵《尚书》，十一诵《易》，十二诵《春秋左氏传》《国语》，十三诵《周礼》《礼记》，十四诵成侯《易记》，十五使入太学问四方奇文异训。”① 唐代刘知几自述：“予幼奉庭训，早游文学。年在纨绮，便受《古文尚书》。每苦其辞艰琐，难为讽读。虽屡逢捶挞，而其业不成。尝闻家君为诸兄讲《春秋左氏传》，每废《书》而听。逮讲毕，即为诸兄说之。因窃叹曰：‘若使书皆如此，吾不复怠矣。’先君奇其意，于是始授以《左氏》，期年而讲诵都毕。于时年甫十有二矣。所讲虽未能深解，而大义略举。”② 近现代教育家蔡元培，“6 岁（以阴历记，若按新法止四岁余）入家塾，读《百家姓》《千字文》《神童诗》等。本来初上学的学生，有读《三字经》的，也有读《千家诗》或先读《诗经》的，然而我没有读这些。我读了三部‘小书’以后，就读‘四书’。‘四书’读毕，读‘五经’。读‘小书’、‘四书’的时候，先生是不讲的，等到读‘五经’了，先生才讲一点。然而背诵是必要的。无论读的书懂不懂，读的遍数多了，居然背得出来。”③

熟读经书之后，便要作文，为应举作准备。明清时期私塾高年级的作文教材主要是八股文读本（即科举考试的范文），这是一种典型的应试教育。八股文读本又称制艺、时文，其传世性较差。明清时期八股文读本主要有四类：一是政府出面组织编写，以正文风，如乾隆皇帝曾命桐城派文学家方苞等人选编从明到清的制艺文集，名为《钦定四书文》。乡会试结束后，会有一些中式文稿流出刊印。会试“刻有大小题房稿，改称京稿”。乡试程文“汇刻印订成本，两主考为前序，监临为后序”④。二是热心教育的地方官选编优秀的八股文集结成本，如康熙年

① 《三国志》卷二十八《魏书·钟会传》，裴松之注引钟会为其母所作传。

② 刘知几：《史通》卷十《自叙》，辽宁教育出版社 1997 年版，第 85 页。

③ 蔡元培：《我所受旧教育的回忆》。参见中国蔡元培研究会编：《蔡元培全集》第七卷，浙江教育出版社 1997 年版，第 552 页。

④ 叶梦珠：《阅世编》卷二《科举五》，中华书局 2007 年版。

间湖南巡抚丁思孔和其他几位地方官员一起编辑《岳麓书院试牍》。三是课馆塾师为帮助弟子博取功名，往往自编八股文讲义，如常熟贡生施吕宾，“精于四子书，撰数卷，有发先儒所未及者以教授”①。四是学者选文，如吕留良编撰有《江西五家稿》《晚村天盖楼偶评》《晚村时文》《大题观略》等，非常受考生欢迎；王步青编有《天崇十家文钞》《国朝制义所见集》《历科程墨所见集》《塾课小题分编》《直省考卷所见集》《塾课八集》等八股文系列。

八股文再优秀，也不过是士子们人生路上的敲门砖，转瞬即逝如过眼云烟，唯有这些蒙学读物能在历史发展中不断完善，将儿童启蒙与社会伦理道德、政治文化等密切结合在一起，产生了广泛和深远的社会影响。

① 施若霖：《璜泾志稿》。参见《中国地方志集成·乡镇志专辑》，江苏古籍出版社1992年版。

第五章　塾师

夜晚寻思千条路，惟有开垦几亩砚田，以笔为犁，以舌作耒，自耕自凿的过度。雨少不怕旱干，雨多不怕水溢，不特饱了八口之家，自己且还要心广体胖，手舞足蹈的快活。且更度脱多少凡人成仙作佛，次者亦见性明心。使那有利没害的钱，据那由己不由人的势，处那有荣无辱的尊。那官府衙役，大叔管家，除非他寻上我的门来算计作践，这是说不得的，却不是我寻上他的门去求他凌辱。所以千回万转，总然只是一个教书，这便是秀才治生之本。

——西周生：《醒世姻缘传》第三十三回

科举时代，“朝为田舍郎，暮登天子堂”的美梦激励了无数的读书人，而残酷的考试制度给多数人带来的是无穷无尽的失意。“百无一用是书生”，这些身无长物的失意举子步入成年后，首先便急需解决生计之忧。做什么呢？第一个答案便是塾师。唐宋以后，私塾教育日渐兴盛，遍布城乡的私塾造就了一个数量庞大的塾师阶层。士子们从读书到教书，很容易实现个人身份转换，尽管这份职业相对清贫，但对于备考的举子来说，能够很好地兼顾学业与事业，侥幸高中即可光宗耀祖，飞黄腾达；再不济也能终老乡里，不辱斯文。

一、为什么做塾师？

著名教育史家陈东原有一个观点：汉代以前教师不成为一种职业。他说：“汉代做官，是一种职业，教书却不是职业。教书的先生虽收学生费用，但当时风气，教师是不尽恃学生费用以维持生活的。换句话说，教书只是读书人的副业。读书人或出而为仕，或退而耕种，并不以教书为谋生工具。”① 当然读书人并非都要亲自到田间劳作，其实多购置田产，为小地主。后世所谓耕读传家，差不多也是这个意思。教书育人成为一种独立的职业，可能是魏晋以后的事情。而塾师是伴随唐代私塾教育兴起而出现的职业群体，至明清时期尤多。

上述《醒世姻缘传》所言“千回万转，总然只是一个教书，这便是秀才治生之本”，是在仔细分析、比较了穷秀才的几种治生方法（开书铺、拾大粪、卖棺材、结交官府）后，做出的一个判断。其实此处提到塾师职业的自由（心广体胖，不受官府节制）、简便（以笔为犁，以舌作耒）、轻松（雨少不怕旱干，雨多不怕水溢），这些都是相对于底层百姓的其他生计而言，并未击中塾师职业的要害。而且，把塾师职业与卖书、拾粪、打棺材进行比较显然是不恰当的，小说家之言，聊博一笑耳。

根据陈宝良对明代生员出路问题的研究，真正摆在读书人面前的职业选择分别是训蒙处馆，养家糊口；入幕，成为幕宾；儒而医，成为职业医生；弃儒就贾，甚而士商相混；包揽词讼，成为讼师；弃巾，成为山人或名士。② 这六种职业都需要有一定的文化教育背景，比较符合读书人的身份，只有通过比较这些职业的不同，才能深刻地揭示底层士子为什么要选择以塾师为业。

---

① 陈东原：《中国教育史》上册，福建教育出版社 2009 年版，第 196 页。
② 陈宝良：《明代儒学生员与地方社会》，商务印书馆 2005 年版，第 297 页。

位于山东淄博的蒲松龄塑像

入幕即到官府做幕僚。古代官员秘书制度不健全，许多地方官不得不借助他人来处理政务，这些人就是幕僚，一般是久试不第的读书人，或者赋闲在家的举人。入幕者必得他人引荐，或者与幕主情深谊厚，才会有机会。做了人家的僚属，就得熟悉官场之道，机智应对一些棘手的事务，如果处理不当，不但没有颜面寄人篱下，甚至还会影响幕主的仕途。事实上有不少塾师经常在入幕与教馆之间徘徊。山东淄川蒲松龄1665年教塾，1670年因同乡好友孙蕙出任江苏宝应县令，蒲松龄应邀游幕。后蒲松龄因看不惯官场丑恶，对“无端而代人歌哭”的文牍生活渐生厌倦，便趁回家赴乡试而离幕。焦循1787年开始教塾，1795年入山东学政阮元幕。1797年复为塾师，1800年又入浙江抚军阮元幕，1803年再度居家授徒。① 湖北沔阳塾师刘兴悌，咸丰时举人，在两江总

① 刘瑾辉：《焦循评传》，广陵书社2005年版，第177—208页。

督陆建瀛家坐馆，后入湖北巡抚胡林翼幕，办理厘金局。① 湖南湘阴塾师左宗棠咸丰年间被湖南巡抚骆秉章招入幕府，“倚之如左右手。僚属白事，辄问：季高先生云何?”②

左宗棠像

当职业医生需要熟悉中医理论，中医是一种实践性智慧，不但需要

① 张仲礼著，费成康、王寅通译：《中国绅士的收入》，上海社会科学院出版社2001年版，第267页。

②《清史稿·左宗棠传》。

研习医书，更需要有人指点，反复练习。因此，医术的传习带祖传或师傅带徒弟性质，并非初识文墨的士子所能随意执业。湖南长沙徐特立最初的职业便是江湖郎中，因为徐的祖父曾以中医为业，兼卜卦算命和堪舆，他便将祖父遗留下来的中医、卜卦和堪舆等书籍全都翻了出来，仔细研读，以医病、算命、看风水谋生。可是他分不清细脉和弱脉的差别，卜辞常不灵验，只好在三年后放弃医生去当塾师。①

从商需要经济头脑，具备一定资本和承担风险的能力。虽然由士而商不失为一条出路，但商人在传统社会的地位并不高，许多人有了经济实力，还是想回到读书应举的老路。

成为讼师或隐居，属于一些边缘人物，自觉偏离了社会主流，一般读书人除非迫不得已，不会如此选择。清顺治年间颁布《训士卧碑文》，内有“不许干与他人词讼，他人亦不许牵连生员作证”，② 读书人行止端正，以德化邻，最好能使乡党息讼，而成为专职讼师则有违读书人的本分。

相比较而言，训蒙处馆能成为低层知识分子的首选职业，一定有其独特的深层次原因。我们可以从两个方面来分析：第一，在科举时代，塾师一般兼具举子身份，且以中举入仕为人生追求。做塾师不仅可以有较充裕的时间准备读书应举，而且其教学内容也往往与举业相关，至少不会产生冲突。进而言之，馆东和家长也往往以塾师得科第为荣，甚至鼓励、资助塾师赴科场猎取功名。很明显，相对于他种职业，塾师更有利于个人前途。张仲礼分析说：“塾师教授的内容和他们自己的学习内容密切相关。因此，教学基本上不影响他们自己对参加高一级科举考试

① 陈桂生：《徐特立教育思想研究》，辽宁教育出版社 1993 年版，第 5 页。
② 孙培青：《中国教育史》第三版，华东师范大学出版社 2009 年版，第 264 页。

的准备。”① 第二，塾师的社会需求量大，职业门槛低，做塾师是底层士子解决生计问题最为便捷的途径。中国古代政府没有建立公共教育服务体系，普通民众子弟的受教育问题由家庭自行解决，随着社会和教育的发展，聘请塾师或送子入塾的人越来越多，塾师的需求量相当大。而社会对于塾师的从业人员，没有制度化的规定，也没有专门的职业培训，任何人只要读过书，有人聘请或能招到学生，就可以开始教学活动。因此，塾师成为底层读书人唾手可得的职业。明末杭州人周揖编的《西湖二集》卷三描写有位叫甄龙友的塾师，某日“写了一张红纸，贴于门首道：‘某日开学，经蒙俱授。’过了数日，果然招集得一群村学童纷纷而来”。

底层士子选择以塾师为职业，也有部分无奈，因为社会能提供给他们的职业选择空间相当有限，许多人思前想后，最终还是舌耕乡里。宋人袁采曾勉励子弟习儒业，云：“士大夫之子弟苟无世禄可守，无常产可依，而欲为仰事俯育之计，莫如为儒。其才质之美，能习进士业者，上可以取科第致富贵，次可以开门授徒，以受束脩之奉。其不能习进士业者，上可以事笔札，代笺简之役，次可以习点读，为童蒙之师。”② 清蒲松龄《学究自嘲》云：“再盼明年，再盼明年，又想新馆接旧馆，不教书也是无的干。”

当然，塾师队伍并非清一色的底层士子，有些在儒学政治化时代中被边缘化的士人，如隐士、遗民、辞官者，也甘居乡里，授徒为生。儒家学者对教育有独特的偏好，在人生不得志时，多从事教学活动，既可解衣食之忧，又能在精神上有所寄托。隋代李密，辅佐杨玄感起兵，兵

① 张仲礼著，费成康、王寅通译：《中国绅士的收入》，上海社会科学院出版社2001年版，第102页。张仲礼的研究还发现：“很多官员的传记表明，那些直到中老年时才被任命为官员的人们原来都是塾师。”参见《中国绅士的收入》，第88页。

② 袁采：《袁氏世范》卷二《子弟当习儒业》，中华书局1985年版，第40页。

败被捕，设计逃脱，“诣淮阳，舍于村中，变姓名称刘智远，聚徒教授”①。唐代颜师古“少博览，精故训学，善属文”，失职后归长安，“不得调，窭甚，资教授为生”。②《中州人物考》记载：薛瑄“祖仲义，通经史，值元乱，教授乡里，不求仕进”③。周晖《金陵琐事》卷三记载，明代“南垣刘公，罢嘉兴太守，发蒙以自给。远庵李公，罢江西副使，殊无活计，教授生徒于高淳、溧阳之间”④。明代亡覆后，许多遗民不仕清朝，隐居乡里授徒。福建华安县进士陈天定，清初隐居花山教塾，传授儒经。⑤ 著名学者浙江张履祥入清后绝意仕进，授徒终老。河北蠡县诸生彭之灿，“甲申后，携妻寓饶阳，作村塾师。未几，妻、子相继死，至苏门，与孙奇逢游。然性不谐俗，爱静坐。有人延于家，以市嚣，辄避去。尝渡河南游，韩鼎业为馆之僧舍，年余，又弃去。”⑥

二、塾师的延聘

古人入私塾读书，解决师资问题有两种主要方式：一是生徒自愿到塾师自设的散馆（门馆）入学；二是请塾师上门执教，家塾、族塾、村塾、义塾皆是。前者属来学，不存在选聘老师的问题，家长与生徒觉得哪位老师合适，前去就读即可。一般的生徒在家庭附近入学，如果当地

---

①《隋书·李密传》。

②《新唐书·颜师古传》。

③《中州人物考》卷一《薛文清瑄》。参见李国钧主编：《中国教育大系·历代教育制度考》下卷，湖北教育出版社 1994 年版，第 1221 页。

④《官贫授徒》。参见李国钧主编：《中国教育大系·历代教育制度考》下卷，湖北教育出版社 1994 年版，第 1222 页。

⑤ 福建省地方志编纂委员会编：《福建省志·教育志》，方志出版社 1998 年版，第 50 页。

⑥《清史稿·彭之灿传》。

散馆较多，可以稍加选择，如果散馆太少，选择老师的机会就小一些。有些学生（年龄稍长者）为了跟随名师，常常负笈远游，专心举业与学问。后者属往教，由于塾师队伍数量庞大，鱼龙混杂，请谁上门就得细细斟酌一番。当然，选择空间与所能开出的薪酬高度相关，延请名师，自然得多付些身价。《礼记·曲礼上》云："礼闻取于人，不闻取人；礼闻来学，不闻往教。"个别有名望的老师墨守古礼，只收"来学"，不与"往教"，并非有权有势就能请上门来。《明史》卷二百八十二《周蕙列传》记载："周蕙，字廷芳，泰州人。为临洮卫卒，戍兰州。年二十，听人讲《大学》首章，惕然感动，遂读书……恭顺侯吴瑾镇陕西，欲聘为子师，固辞不赴。或问之，蕙曰：'吾军士也，召役则可。若以为师，师岂可召哉？'瑾躬送二子于其家，蕙始纳贽焉。后还居泰州之小泉，幅巾深衣，动必由礼。州人多化之，称为小泉先生。"又如朱国祯《涌幢小品》卷十一："刘昂，字孟俯，祥符人，性狷介，与众寡谐。家贫，绩学勤苦。成化间，江浦张瑄巡抚河南，聘为子师。公曰：礼闻来学，不闻往教。辞之。"

由于子弟的学业成就关乎家庭的兴衰，请得起塾师的家庭对教师的选择非常慎重，德行、学识、才华都会提出要求。元代孔齐《至正直记》卷四云："村馆先生，惟乡中有德行者为上，文章次之。不得已则容子弟游学从师，求真实才学者，亦在德行为先也。"① 不同历史时期，人们对塾师选聘的偏好不太一样，有时重德，有时重才学，所谓"经师易遇，人师难遭"。宋明清以后，经济发展致使功利化世俗渗透到社会各个领域，劝人读书则诱之以"千钟粟、黄金屋"，塾师选聘也渐由重"德"转向重"文"，希望子弟能科场扬名。明代何景明有云："尝见今之为其子弟求师，及其子弟之愿学者，口访耳采。有告之曰某高官也，

① 李国钧主编：《中国教育大系·历代教育制度考》上卷，湖北教育出版社1994年版，第855页。

其前高第也，其举业则精也，其师之！于是，虽千里从之也。又告之曰，某未有高官也，未有高第也，其道德则可师也。于是，虽比舍弗从之矣。”① 清初张履祥亦曰：“今日父兄之坏子弟，只是计近功逐小利。当其就学即欲能文字取世资，不思树木者犹用于十年之后……为之师者莫不以鄙夫患失之心逢其主人。譬如庸医担囊入门，惟计药资之厚薄，不恤病者之死生。其所用药温凉泄补，只顾目前一刻之效而不求其病本之所在。”②

私家延请塾师一般具有较大的随意性，一些具有公益性的义塾、族塾则会通过制定章程条规之类，来规范塾师选聘行为。清道光年间襄阳知府周凯手定《义学章程十条》，其一专讲择师，云：

> 《礼》曰：“师严而道尊”，未有师不严、道不尊而可以教子弟者。各学首士每年延请本地生员品行端方、经书熟习之人以为义学之师，方为有益。如无生员，附近童生中之有品行常考试高取者，亦不妨延订。不得滥延外来无名童生，及测字、相命、打卦之人。盖本地生童，其平日品行易于访问，与童蒙声音相习，字句易晓；若外来之人，无从知其底细，而言语不通，遂致童蒙字句不清。③

同治年间杭州《宗文义塾条规》云：“延师务取学问淹贯、品行端方之士，由各绅士公同保举，不得徇情引荐。如有督课懈弛、时有作辍者，随时辞。复此系栽培寒素之区，为师者果能尽心训诲，功德莫大。

---

① 何景明著，李淑毅等点校：《何大复集》卷三十三《师问》，中州古籍出版社1989年版，第588页。

② 张履祥著，陈祖武点校：《杨园先生全集》卷三十七《初学备忘》，中华书局2002年版。

③ 李国钧主编：《中国教育大系·历代教育制度考》下卷，湖北教育出版社1994年版，第1468页。

稽核过苛，各宜原谅。关书按季致达，不以年计。”① 蒋丹林《义学规条》亦云：“塾师有关人才风化，必须敦品砥行之士。正心术，修孝弟，尚廉节，肃威仪，以为立教之本；正学业，分句读，明训迪，考勤惰，以尽立教之方。轻浮佻达之必戒，举动言论之必端，师道立则善人多。”②

日本中川忠英编著的《清俗纪闻》所载“招饮先生图”

① 李国钧主编：《中国教育大系·历代教育制度考》下卷，湖北教育出版社 1994 年版，第 1475 页。

② 李国钧主编：《中国教育大系·历代教育制度考》下卷，湖北教育出版社 1994 年版，第 1477 页。

选好塾师，商定束脩，东家就得出具聘书，以为凭据。聘书当时称“关聘”“关书”或“关约”。吴敬梓的小说《儒林外史》第46回记载了一则塾师聘书，上写：“愚表弟虞梁，敬请余大表兄先生在舍教训小儿，每年脩金四十两，节礼在外。此订。”古代塾师基本一年一聘，大致在年底下聘书，来年元宵后到馆就职。如果塾师不能在过年前获得聘书，来年就有失业之忧。一般而言，如果东家不准备续聘现任塾师，会在年底留出时间让塾师重新谋职。由于塾师队伍庞大，东家往往乐得一年一换，让子弟能接触到不同风格、不同学识的塾师。因此，我们查阅古人年谱、日记时，经常会发现其早年受教育时，塾师更换频繁。如清代嘉庆至道光年间，湖南湘乡罗泽南，从6岁到18岁接受私塾教育的12年间，共从师6人次，几乎没有连续超过三年的，有时一年一换。① 同治至光绪年间，河南汲县（今卫辉市）王锡彤，在10年（从6岁到15岁）的私塾求学中追随过8位塾师，长则一两年，短则数月。② 江苏太仓唐文治，1870年受业于外叔祖胡啸山先生之门，至1881年共从师6人。③

家长频繁更换塾师，致使塾师职业极不稳定，工作经常变换，并常常有失馆之忧。明末清初的著名学者张履祥，浙江嘉兴府桐乡县人，23岁开始馆于友人颜士凤家，后工作不停变更，计有甑山钱飞雪家、菱湖丁友声家、炉镇族兄张彬家、杨园徐忠可家、半逻钱厚庵家、语水某家，至61岁复有课诵之劳。有些人家是隔几年又来请张履祥前去坐馆，如颜家、钱家，详见表5－1。

---

① 郭嵩涛编：《罗忠节公年谱》，同治二年（1863）刻本。参见北京图书馆编：《北京图书馆藏珍本年谱丛刊》第155册，北京图书馆出版社1999年版，第473—477页。

② 王锡彤著，郑永福、吕美颐点注：《抑斋自述》，河南大学出版社2001年版，第18—24页。

③ 唐文治：《茹经先生自订年谱正续篇》。参见沈云龙主编：《近代中国史料丛刊》第三编第九辑，（台湾）文海出版社1986年版，第2—6页。

表5-1：张履祥职业活动简表

年龄	职业活动	备注
23—24岁	馆友人颜士凤家	东南文社方兴，张履祥与颜士凤严约毋滥赴。
25—29岁	馆甑山钱飞雪家	29岁应乡试不举。
30—32岁	馆菱湖丁友声家	32岁应乡试不举。
33—34岁	复馆甑山钱氏	甲申五月，闻李自成之乱，去馆归里。
35岁	未就馆	夏，携家避乱吴兴水乡。刘宗周绝食而卒。
36岁	馆炉镇族兄彬家	
37—40岁	馆颜士凤家	士凤卒，士凤之父楚先延张履祥课孙辈。
41—44岁	僦居炉镇教授	租钱氏房屋训兄子及里中来学者。
45岁	馆甑山钱一士家	钱一士乃钱飞雪之子，与张履祥相友善。
46岁	馆澉浦	东家不详。
47岁	是否就馆不详	居炉镇。
48岁	馆嘉兴徐忠可家	不拜客，不与筵席，不赴朔望之会。
49岁	未就馆	家居。
50—58岁	馆半逻钱厚庵家	订十年之约，实际坐馆九年。
59—60岁	馆语水	东家不详。
61岁	不复课诵	往来语水、半逻间，相与讲论，住留任便。

资料来源：苏惇元《张杨园先生年谱》。参见陈祖武点校：《杨园先生全集》，中华书局2002年版，第1489—1517页。

清代许瀚（1797—1866）出生于教读世家，父亲许致和系秀才，常年奔波于外，每家处馆1—2年，据许瀚统计，乃父从教30余年，处馆不下于20家。① 罗泽南19岁授徒于石冲萧宅，21岁坐馆椿树坪，22岁坐馆新塘刘宅，23岁馆石灰塘匡宅，24岁又馆新塘刘宅，25至27岁馆江家塘张宅，28至29岁馆新泽李宅，30至32岁时馆流南塘陈宅，35至36岁授徒洲上朱宅，37岁又馆新泽李宅，38至39岁馆善化贺修龄宅，40岁又馆洲上朱宅，41至43岁馆左刺史辉春家，44岁馆汪家冲孔宅，45至46岁，馆善化贺长龄宅（贺长龄卒后，遗命其子延罗泽南为师）。② 19至46岁的28年间，罗泽南除了曾有几次到书院短期求学（20岁肄业涟滨书院，23岁就读双峰书院，34岁在城南书院，35岁游石门、永丰、双峰书院）的经历外，一直在家乡一带授徒。

清代八旗子弟英和（1771—1840），其父德保，官至礼部尚书、都察院左都御史。英和6岁进入家塾读书，22岁中举，23岁中进士。由于出身显赫，英和受过良好的教育，所从塾师皆举人、进士之流，18年间共换了14位老师，详见表5-2。

表5-2：英和塾师简表

时间	英和年龄	塾师	塾师功名
乾隆四十一年	6岁	刘坤	直隶孝廉
乾隆四十二至四十三年	7—8岁	程在嵘	安徽进士
乾隆四十四年	9岁	李阳林	直隶孝廉
乾隆四十五年	10岁	田大椿	江苏进士
乾隆四十六年	11岁	刘肇虞	江西孝廉
乾隆四十七年	12岁	董猷定	山东进士

① 许瀚：《许致和年谱》，参见许瀚著，崔巍整理：《许瀚日记》，河北教育出版社2001年版，第347—352页。

② 郭嵩涛编：《罗忠节公年谱》，同治二年（1863）刻本。参见北京图书馆编：《北京图书馆藏珍本年谱丛刊》第155册，北京图书馆出版社1999年版，第479—494页。

（续表）

乾隆四十八至五十年	13—15 岁	侯坤	安徽拔贡
乾隆五十一年	16 岁	卢登俊	浙江优贡生
乾隆五十二年	17 岁	方体	安徽进士
乾隆五十三年	18 岁	萧大经	湖南孝廉
乾隆五十四年	19 岁	陶仲冕、罗廷彦	皆湖南进士
乾隆五十五年	20 岁	侯坤	安徽拔贡
乾隆五十六至五十八年	21—23 岁	李深源	江苏孝廉

资料来源：肖立军、秦贤宝《英和及其所受家塾教育》，《满族研究》2008 年第 3 期。

也有少部分塾师能够凭借自己的才华，与东家建立长期的聘任关系，省去年年辞旧馆、觅新馆的烦恼。清康熙年间，山东塾师蒲松龄在毕际有家教塾 30 余年，兼有塾师和秘书双重身份，教书之余，经常代毕际有处理一些日常事务。① 道光年间，湖南湘阴左宗棠曾在安化陶家当塾师，弟子陶桄（陶父为两江总督陶澍），坐馆时间长达 8 年，直到陶家移居省城长沙。②

就塾师而言，要找到好工作，除了个人因素以外，如能得到他人引荐，成功率会大大增加，因此塾师还有必要建立良好的社会关系。清道光时期山东日照许瀚曾做成了好几桩职业介绍，《日记》记载：在道光

① 盛伟编《蒲松龄全集·聊斋文集》卷四辑有《代毕刺史际有答陈翰林书》《代毕刺史先生迎新邑侯赵公履任启》，卷八辑有《为毕刺史祭王陇西文》《代毕刺史祭王长人夫人》，等等。

② 左宗棠子孝同《先考事略》云：“庚子（1840）馆安化陶氏，其地曰小淹。文毅子桄受业。府君携世父嗣子世延从读。自是岁至丁未（1847），均馆于陶氏。”参见罗正钧：《左宗棠年谱》，岳麓书社 1982 年版，第 19 页。

十六至十七年，许瀚先后为孟芝楼、曹焕森等 3 人求馆，为 1 人辞馆，事皆成。① 上述左宗棠到陶家坐馆，就是由长沙贺熙龄介绍。1905 年，山西太原塾师刘大鹏为同行郝济卿荐馆，东家开出束脩高达 240 两。② 一些不正当的职业竞争（抢馆）偶有所现。明代市井小说《鼓掌绝尘》第三十七回有金陵相公王端与江南秀才李八八抢馆一事：袁州府陈府判署理九龙县事，要为儿子请先生，张秀向他推荐寄寓此地的金陵秀才王端。此事被江南秀才李八八知晓，意欲先下手为强，求杨乡宦引荐，许诺用半年的束脩作荐馆费。然而陈府判因请王端在先，并不买账。李八八又生一计，蒙骗王端说："这馆是三府公请我小弟坐的，是何人又作成了老兄?"王端拿出请帖给他看，他接手就撕了个粉碎，二人一时闹得不可开交，陈府判差人将李八八撵走。李八八怎会善罢甘休，便纠集一班无赖来闹馆。陈府判命皂隶捉了两个人便打，一伙人见势不妙，作鸟兽散，李八八只好溜之大吉。③

三、富不教书?

谚云："家有四斗粮，不做孩子王。"塾师之穷，在历史书中是出了名的，连许多民间故事和笑话都以此为题材。聊举数例：《太平广记》卷一五七《李生》：唐代咸通末年，洛阳城有李生开馆授徒，"有学童十数辈，生有一女一男。其居甚贫窭，日不暇给"。李生辞世后，李家因丧葬欠人一千钱，后在宗人李义范帮助下，才还清债务。《太平广记》卷三〇九《蒋琛》："霅人蒋琛，精熟二经，常教授于乡里。每秋冬，

① 许瀚著，崔巍整理：《许瀚日记》，河北教育出版社 2001 年版，第 96、第 128、第 146 页。

② 刘大鹏著，乔志强标点：《退想斋日记》，山西人民出版社 1990 年版，第 137 页。

③ 金木散人：《鼓掌绝尘》，江苏古籍出版社 1990 年版，第 439—444 页。

于霅溪太湖中流，设网罟以给食。”教学之外，尚赖捕鱼充饥，艰辛可知。明代陆容《菽园杂记》卷二：“沈质文卿居太仓，家甚贫，以授徒为生。一夕，寒不成寐，穿窬者穿其壁，文卿知之，口占云：‘风寒月黑夜迢迢，辜负劳心此一遭。只有破书三四束，也堪将去教儿曹。’穿壁者一笑而去。”① 蒋一葵《尧山堂外纪》卷八十四也记有此事。明末晋江王命岳中秀才后做塾师，除了供饭，几乎没有经济报酬，生活之穷困，堪称极端，他自撰《家训》云：

正在训斥学童的私塾先生

吾十九岁入泮，二十岁有友以午饭邀余伴读，晨昏则自家吃饭，又无束脩。其明年，此友再邀余教子，初约云：每月米三斗、蔬菜银三钱，无束脩；子弟则自教，只藉看文章，不敢禁先生出入。馆虽凉薄，余私自计算：我应二社，一月可六日在外，至过从知友，或东家留客相陪，月亦可数次。计一月之内，止二十日自爨耳。每日用米七合五勺，二十日可用米一斗

① 陆容：《菽园杂记》，中华书局1985年版，第21页。

五升。余一斗五升，可供吾家二日半之粮。其三钱之金，可得钱一百二十文。吾每日买柴一文，三日共菜脯一文，计二十日可用二十七文而足，存九十三文，可买米一斗五升，足家中二日半之粮。计算已定，欣然就馆。而友人忽变前说，欲饭余。余固请，辄欲弃予，悒悒就之。教读之余，并日夜佣书，日可得七八分，籴米供亲。①

鲁迅先生早年就读于“三味书屋”，塾师“寿镜吾先生生活很简朴，他和他的儿子两人合穿一件长衫，在家里，长衫挂在书屋里，谁出门就穿上它，回来即脱下挂起来”。②晚清来华的西方传教士明恩溥对乡间塾师之穷有如此记载：

三味书屋的塾师寿镜吾

真正有能力的教师，或者那些能够通过其他方式取得高名望的教师，可以要求适当的比例薪水。但那些只能在小区域内竞争位置的乡村教师，常常只有一点点微薄的收入。这种收入不过是：仅够吃饭的谷物，一些作燃料的干柴禾，一小笔钱，一般一年不超过 10 元钱（可

① 王命岳：《家训》。引自贺长龄辑：《皇朝经世文编》卷六十。参见沈云龙主编：《近代中国史料丛刊》第一编第七十四辑（第 731 册），（台湾）文海出版社 1966 年版，第 2208—2209 页。

② 周建人：《回忆鲁迅的学习和教育活动》，参见顾明远等著：《鲁迅的教育思想和实践》“代序”，人民教育出版社 2001 年版。

> 能是指10两银子)。有时，那些只有一两个学生的教师，除了供饭，很少甚至根本没有什么报酬。自然，有人会问，这样收入微薄的事情还值得去做吗？这个阶层的一位教师回答说，总比待在家里什么都没有吃要好。①

今日经常见到某地拖欠或克扣中小学教师工资的报道，对于私塾教师来说，这种情形也不算稀奇。北魏时贾思伯、贾思同两兄弟“师事北海阴凤，业竟，无资酬之，凤遂质其衣物。时人为之语曰：‘阴生读书不免痴，不识双凤脱人衣。’及思伯之部送缣百匹遗凤，因具车马迎之，凤惭不往，时人称叹焉”②。有的塾师自己办学，遇到学生家长赖交束脩，塾师还得在年底亲自上门催讨。李虹若有诗曰：“蒙馆舌耕不自由，读书人到下场头。每逢年节先生苦，亲去门前要束脩。”③ 有的坐馆塾师遇到东家刁钻吝啬，非但平常日子不好过，得不到应有的尊重，甚至连微薄的薪水都难以悉数到手。蒲松龄《聊斋志异·爱奴》曾记有一事：

> 长山某，每延师，必以一年束金，合终岁之虚盈，计每日得若干数；又以师离斋、归斋之日，详记为籍。岁终则公同按日而乘除之。马生馆其家，初见操珠盘来，得故甚骇；既而暗生一术，反嗔为喜，听其复算不少校。翁大说，坚订来岁之约。马辞以故。遂荐一生乖谬者自代。及就馆，动辄诟骂，翁无奈，悉含忍之。岁杪，操珠盘至。生勃然忿极，姑听其算。翁又以途中日，尽归于西，生不受，拨珠归东。两争不决，操戈相向，

---

①［美］明恩溥著，午晴、唐军译：《中国乡村生活》，时事出版社1998年版，第73页。

②《北史·贾思伯传》。

③ 李虹若：《朝市丛载》卷七《都门杂咏》，北京古籍出版社1995年版，第154页。

两人破头烂额而赴公庭焉。①

塾师之穷，甚至连生活都难以维持，这种情况虽然有（如王命岳），但并非普遍反映。现在有不少材料可以具体地研究明清时期塾师收入的大致情况，一般在50两银子上下，低的可能只有10来两（甚至更低），高的则可达100余两（甚至更高）。以明代社学师来说，多属训蒙师，其束脩一般为每年20两银子，少者则为15两。《儒林外史》第二回，周进在薛家集谋了个蒙馆，“每年馆金十二两银”。第三十六回，虞博士进了学，被“二十里外杨家村一个姓杨的，包了去教书，每年三十两银子”。清代前期也差不多，钱泳《履园丛话》记载：“常州某学究者，以蒙馆为生。有子才三岁，妇忽死，家无他人，乃携其子于馆舍中哺之。至四五岁，即教以识字读书。年十五、六，“四书”“五经”俱熟，亦可为蒙师矣。每年父子馆谷合四、五十金，稍有蓄积，乃为子联姻。”② 父子课蒙，合计四五十两银子，每人每年收入为20至25两。唐鉴《兴立义学示》云：“塾师即本乡村中生监及童生之有品者，公为聘延，每年束脩薪水以二三十金为约。”③ 一金即为一两银子。一则《社学章程》首条即云：“塾师一人，课徒以十人为率，每月酌给束脩膳金五千文，月费一千文，按月支领。”④ 每月6两，一年下来为70两左右。栗毓美《义学条规》云：“脩金四十两为大学，三十两并二十五两为中学，二十两，十数两为小学。”⑤

① 蒲松龄：《聊斋志异·爱奴》。

② 钱泳：《履园丛话》卷十五《鬼神·讨债鬼》，中华书局1979年版，第413页。

③ 李国钧主编：《中国教育大系·历代教育制度考》下卷，湖北教育出版社1994年版，第1463页。

④ 李国钧主编：《中国教育大系·历代教育制度考》下卷，湖北教育出版社1994年版，第1464页。

⑤ 李国钧主编：《中国教育大系·历代教育制度考》下卷，湖北教育出版社1994年版，第1471页。

晚清似乎略有提高，张仲礼的研究表明，清末塾师阶层的人均从业年收入，有功名在身的（如举人、秀才）约为100两银子，没有功名的（即所谓童生）的则不足50两银子，仅相当于前者的一半。1889年河南汲县塾师王锡彤坐馆于徐氏家，一年也是30多两银子；1895至1898年，山西举人刘大鹏坐馆于晋商富户之家，一年束脩恰好是100两银子。① 当时一个普通劳动者为10两银子一年，比起他们，塾师似乎算是高收入群体了。

贫穷并非塾师们的追求，有的塾师从教多年，也可以发家致富，购地买宅。清代蒲松龄当了一辈子塾师，早年十分窘迫，经常叫苦叫穷，中年以后经济状况大大改善，50多岁时小兴土木，造了一座院落。儿子们长大成人后，也子承父业，各谋一馆。70岁时蒲松龄撤帐归家，已有“养老之田五十余亩”，可见他劳苦多年，积了一份不大不小的家产。以研究中国绅士著称的张仲礼为我们提供了不少塾师由穷到富的案例：福建闽侯人何青芝出身贫苦，两度会试不第，便在家乡教授生徒。何是有名的八股文行家，教出了多位举业成功的学生，他的教学收入不断攀升，一年高达几百两银子。江苏苏州人王晋阶1802年得中生员，此后直至1841年教了40年书，是一个有100多名学生的塾师。王原本家境贫寒，结婚后都不得不住在妻子家中，但他当塾师积攒了一笔束脩，最终为自己建造了新的宅第。浙江萧山人黄庭是一位廪生，以擅写八股文而著名，萧山人和邻县会稽很多人士以高薪聘请他去做塾师，在嘉庆后期和整个道光年间，有好几百名生员和30多名举人做过黄的学生。② 贵州人黎安力出身贫穷，父亲是个塾师。黎安力白天砍柴，晚上读书。在

① 刘大鹏著，乔志强标点：《退想斋日记》，山西人民出版社1990年版，第55、88页。

② 张仲礼著，费成康、王寅通译：《中国绅士的收入》，上海社会科学院出版社2001年版，第94—96页。

首应童生试落第后，经常受到父亲的体罚，他觉得苦海无边，有一次几乎要上吊自尽。18 岁时，黎安力考中秀才，继承父业开始教书，第一年收入只有 10 两银子。21 岁时，他有 8 个学生，除伙食外年薪有 24 两银子。29 岁时，他的年薪达到 50 两，同时靠兼职行医获益 40 两，家境逐渐改善。后来他中了举人，学生更多。到 48 岁时，他已有 20 个学生，并能拿出 300 多两银子来嫁女和修缮房屋。①

有些塾师性情高洁，以教书育人为乐，自甘于“君子固穷”。北宋叶梦得记载了一则早年就读私塾时的逸事：

> 乐君，达州人，生巴峡间，不甚与中州士人相接，状极质野，而博学纯至。先君少师特爱重之，故遣吾听读。今吾尚略能记“六经”，皆乐君口授也。家贫甚，不自经理，有一妻、二儿、一跛婢。聚徒城西，草庐三间，以其二处诸生，而妻子居其一。乐易坦率，多嬉笑，未尝见其怒。一日过午未饭，妻使跛婢告米竭，乐君曰：“少忍，会当有饷者。”妻不胜忿，忽自屏间跃出，取案上简击其首。乐君袒而走，仆于舍下，群儿环笑，掖起之。已而先君适送米三斗，乐君徐告其妻曰：“果不欺汝，饥甚，幸速炊。”俯仰如昨日，几五十年矣。②

明代焦瑞，不妄收束脩——“镜川焦先生瑞为人清正，动以古道自律。家虽甚贫，容貌词气不见一丝毫贫窘之状。藉受徒为生计，然来请业者，既较其旷日旷月之殊，又视其讲解文词之进益，有终岁不受一钱者。门人虽众，束脩自少，家以屡空，先生不恤也。其克志励行、苦于

---

① 张仲礼著，费成康、王寅通译：《中国绅士的收入》，上海社会科学院出版社 2001 年版，第 99 页。

② 叶梦得：《避暑录话》卷下，中华书局 1985 年版，第 81—82 页。

安贫类如此。"① 再如《明史·文苑传·王行》："王行，字止仲，吴县人。幼随父依卖药徐翁家，徐媪好听稗官小说，行日记数本，为媪诵之。媪喜，言于翁，授以《论语》，明日悉成诵。翁大异之，俾尽读家所有书，遂淹贯经史百家言。未弱冠，谢去，授徒齐门，名士咸与交。富人沈万三延之家塾，每文成，酬白金镒计，行辄麾去曰：'使富而可守，则然脐之惨不及矣。'洪武初，有司延为学校师。已，谢去，隐于石湖。其二子役于京，行往视之，凉国公蓝玉馆于家，数荐之太祖，得召见。后玉诛，行父子亦坐死。"

四、不只是束脩

塾师的收入并非完全依赖具有合同关系的束脩，还有一些其他渠道增加收入，比如学生家长送的礼节性收入，如初入师门学生家长送的贽见、② 逢年过节送的赠仪、③ 夏天防暑降温的冰敬、冬季烤火取暖的炭敬等。这些收入多寡无定准，等于是一些聊胜于无的补贴。

还有一种收入是塾师可以凭借个人劳动去攒的，家长们也不至于太

---

① 周晖：《金陵琐事》，卷三。参见李国钧主编：《中国教育大系·历代教育制度考》下卷，湖北教育出版社 1994 年版，第 1222 页。

② 见面礼的多寡与家长经济状况有很大关系，如《红楼梦》第八回（中华书局 2005 年版，第 62—63 页）："秦邦业五旬之上方得了秦钟，因去岁业师回南，在家温习旧课，正要与贾亲家商议附往他家塾中去；可巧遇见宝玉这个机会，又知贾家塾中司塾的乃贾代儒，现今之老儒，秦钟此去，可望学业进益，从此成名，因十分喜悦。只是宦囊羞涩，那边都是一双富贵眼睛，少了拿不出来；儿子的终身大事，说不得东并西凑，恭恭敬敬封了二十四两贽见礼，带来秦钟到代儒家来拜见，然后听宝玉拣的好日子，一同入塾。"再如《儒林外史》第二回，周进坐馆第一日，"晚间，学生回去。把各家的见面礼拆开来看：只见荀家是一钱银子，另有八分银子代茶；其余也有三分的；也有四分的；也有十来个钱的。合拢了，不够一个月饭食"。

③ 每逢重要的传统节日如清明、端阳、中元、中秋、冬至等，家长一般会给塾师少量馈赠，或是实物（如糕点），或是银两。

反对，比如为他人提供笔墨服务、看风水、行医、说媒、到书院或县学考课等。这些收入没有保障，极不稳定，但一旦有机会，报酬还是比较可观的。

其一，笔墨服务，主要包括代写信函、讼词、祭文、碑文、对联等。由于古代教育普及程度低，普通百姓遇到文字方面的问题，通常求助于三家村的教书先生。《儒林外史》第三十六回中有个“虞博士”，当过塾师，中山王府里死了一个烈女，托他作一篇碑文，给了八十两银子的报酬，胜过他招学生两年的学费。清代塾师蒲松龄，年少时就中了秀才，文学才华逐渐为周围的人所赏识、称道，名公巨卿，乡里乡亲，都来请蒲松龄代笔捉刀。业务多了，蒲松龄也乐于以此生财，寿屏锦幛、叙跋疏表等日用文体，无所不写，《蒲松龄全集》中收录了大量的应请代笔之作。清代江西赣县有一塾师，“为两家部署婚礼”，婚书“咸出塾师手”。① 清末李虹若《书春》诗云：“教书先生腊月时，书春报贴日临池。要知借纸原虚话，只为些须润笔资。”② 周作人曾记《捧腹集诗钞》中有《青毡生随口曲》14 首，其一云：“一岁脩金十二千，节仪在内订从前。适来有件开心事，代笔叨光夹百钱。”③ 塾师替人代笔得了一百枚铜钱，十分开心。有些塾师的笔墨收入甚至会超出职业收入。如现代出版家、商务印书馆总经理王云五早年受业于一位李塾师——

李老师的字写得非常好，因为常常有人请他写对联和名片（那时候的名片字体是方寸左右，木刻后印在红纸上；刻名片的

① 陈宝良：《“富不教书”：明清塾师之生存状态及其形象》，《福建论坛·人文社会科学版》2010 年第 4 期。

② 李虹若：《朝市丛载》卷七《都门杂咏》，北京古籍出版社 1995 年版，第 153 页。

③ 周作人：《浮世风吕》，载刘应争选编《知堂小品》，陕西人民出版社 1991 年版，第 401 页。

店多请善于书法之人代写，视写字者的声望和程度定其酬金的高低，与现在用铅字排印的小名片不同)，听说每年由此收入的报酬不比教书所得的脩金为少。①

《点石斋画报》之“疑主为鬼”。某翁儿子不读诗书，族人常揶揄他。某翁不乐，便请塾师来家中上课。一天拂晓，教师起床小解，见门帘有人影在行拜礼，疑为鬼神，以后又遇见几次。教师平时注重科名，以为遇鬼是福，于是早起捉鬼，不料却是某翁。原来某翁盼子读书成名，多年来一直这样祈求圣人。

其二，风水占卜。古人建房或葬坟时常常请人看风水，遇到身世不顺或举棋不定时喜欢算一卦。古代塾师队伍中不少人于堪舆、术数之学

① 王云五：《旧学新探·我的学校生活》，学林出版社1997年版，第7页。

颇有心得，正好借此捞些外快。《儒林外史》第三十六回：常熟县塾师虞育德，十四岁就在祁太公家教书。祁太公知道他出身寒门，单靠些诗文难以在社会上立足，主动教他两件吃饭的本事——地理和算命，留着救急之用。后来有一个姓郑的人家，请他去看葬坟。虞老师带了罗盘去，用心用意地看风水，郑家给了他十二两银子作为报酬，而他一年的工资才三十两银子。这位虞老师是菩萨心肠，在回家的小船上见到有人因无钱葬父而跳水寻短见，当即解囊，拿出四两银子救人之急。

其三，悬壶济世。一些塾师略通医术，教学、行医二者或兼顾或轮换，被人称为儒医，不仅可以增加收入，还可以赢得社会尊重。如《牡丹亭》第四出，塾理陈最良自述云："因我医、卜、地理，所事皆知，又改我表字'伯粹'做'百杂碎'。明年是第六个旬头，也不想甚的了，有个祖父药店，依然开张在此。'儒变医，菜变齑'，这都不在话下。"① 明代张煊《西园闻见录》中"为里中弟子师"的昆山人李常，医术高明，医德高尚，"多施药以活贫者"。近现代文人郑逸梅回忆 20 世纪初在上海的幼年生活时说："后来进了私塾，那位私塾教师顾慰若，苏州人，是位儒医，逢到出诊，同学们总是闹着玩，捉迷藏、踢毽子，甚至扭斗，我却读我的书，从不参加，老师很赞许我。"② 可见即使在开风气之先的上海，传统塾师照样还可以做着兼职医生。

其四，说媒。古代塾师社会结交广泛，信誉度较高，加上门下弟子来来去去，不少人家娶亲嫁女，喜欢找个塾师来说媒。清代李绿园的通俗小说《歧路灯》第四回，塾师娄潜斋得到东家谭孝移的盛情款待，寻思着为学生做媒，在酒桌边和女家有一番对话——

孝移回家去，潜斋问耘轩道："耘老几位姑娘、相公？"耘

① 汤显祖：《牡丹亭》，齐鲁书社 2004 年版，第 7 页。

② 高德增、丁东编：《世纪学人自述》第一卷，北京十月文艺出版社 2000 年版，第 88 页。

> 轩道：“你岂不知，一个小儿四岁，一个小女今年十一岁了。”潜斋道：“令爱曾否许字？”耘轩道：“尚未。”潜斋道：“我斗胆与令爱说宗媒罢？”耘轩道：“潜老作伐，定然不错。”问是谁家，潜斋道：“耘老与孝移相与何如？”耘轩道：“盟心之友，连我与程老都是一样的。”潜斋道：“你二人结个朱陈何如？”耘轩道：“孝老乃丹徒名族，即在祥符也是有声望的门第，我何敢仰攀？”潜斋笑道：“这月老我做得成，你说不敢仰攀，他怕你不肯俯就。我从中主持，料二公也没什么说。”话犹未完，孝移已进门来。问道：“你两个笑什么？”潜斋道：“做先生的揽了一宗事体，东翁休要见责，少时告禀。”孝移已猜透几分，便不再问。①

所谓“结个朱陈”，就是结亲家，语出白居易《朱陈村》诗：“徐州古丰县，有村曰朱陈……一村唯两姓，世世为婚姻。”塾师娄潜斋举止得体、言行有度，只三两句话，这桩婚事差不多就谈成了。

其五，书院考课。到县学或书院中去考课的塾师一般是进学的秀才，借此领取一些廪膳费或膏火钱，以补贴家用。晚清河南塾师王锡彤每月至淇泉书院考课，直至1895年，王在《自述》仍有赴淇泉书院考课的记载，云：“惟淇泉书院月课以关系一宗收入，不能不作八比。”②山西塾师刘大鹏曾先后到桐封书院、崇修书院应课，日记云：“吾邑应桐封书院课者，生有30余人，童生10余人，尽心作文者不过数人而已。或直录成文窃取奖赏，或抄袭旧文侥得膏火”。③ 这些拥有生员或举人头衔的塾师还可以给应童生试的考生作保，收取数目不菲的“担保

① 李绿园：《歧路灯》，中华书局2004年版，第26页。

② 王锡彤著，郑永福、吕美颐点注：《抑斋自述》，河南大学出版社2001年版，第46页。

③ 刘大鹏著，乔志强标点：《退想斋日记》，山西人民出版社1990年版，第21页。

费”。

有些塾师学识文博，可能会从事多项职业，为自己赢得更多的生活资源，现代作家陆文夫（1928—2005）回忆幼时读私塾的老师云：

> 秦老师是个杂家，我觉得他什么都会。他写得一手好字，替人家写春联，写喜幛，写庚帖，写契约，合八字，看风水，念咒画符，选黄道吉日，还会开药方。他的桌子上有一堆书，那些书都不是课本，因为《论语》《孟子》之类他早已倒背如流，现在想起来可能是属于医卜星相之类，还有一只罗盘压在书堆的上面。秦老师很忙，每天都有人来找他写字、看病，或是夹起个罗盘去看风水。经常有人请他去吃饭，附近的人家有红白喜事，都把老师请去坐首席。①

五、社会活动

塾师的活动范围不只是私塾，社会角色不只是教育者，经常以教化者、调停者、公益人士等身份出现在基层社会，扮演基层社会的绅士角色，直接参与地方的社会活动。

（一）教化劝善

“塾”最初的教育含义就是一种社会教化，之后也常常兼有社会教化的职能，维系一方风俗。尤其一些具有公益或慈善性质的义塾，通常也是地方社会教化的重要场所。元末浙江龙渊义塾“月旦、十五日鸣鼓，集多士，以申饬五伦之教”。② 即每月月初和中旬集合乡里儒士，

---

① 陆文夫：《我的塾师》，《人民教育》1987 年第 9 期。

②《龙渊义塾记》。参见李国钧主编：《中国教育大系 · 历代教育制度考》上卷，湖北教育出版社 1994 年版，第 857 页。

宣扬人伦。清代余治《得一录》卷五有《变通小学义塾章程》，云："每月必宣讲《乡约》一次，定期月朔，即于社庙宽广公所，董士耆老等率同地方人众，环立敬听。主讲者登台宣读，须引古证今，多方鼓舞，凛之以天地神明，惕之以王法清议，庶几激励奋发，必有挽回补救之妙。""子弟将所读书携归吟诵，及将所闻语互相传说，可使一方老幼男妇，无一人不闻善言善行，即无一人不在教育之中……将小学乡约一时并举，人心自然可正，风俗自然还醇，教化之功，于斯为大，天下不难平也。"①

古代民间有宣讲善书的传统，先流行于华中地区，尤其是湖北、湖南，后发展至上海、重庆、河南、四川等地。善书的内容，主要是以民间传说故事的形式，向平民百姓宣传孝敬父母、和睦家庭、友善邻里、救难救急等传统道德观念。宣讲之人，既有民间说唱艺人，也有私塾师生们的身影。民国时期，武汉有位私塾教师杨麟，在汉口办了一所"六言私塾"，每逢阴历七月初七（乞巧节）之前，都会应附近一些商号、住户的敦请，弟子前去讲善书。宣讲善书时两两配对：一个讲，一个宣。"讲的是地道汉腔白话，宣的是悲怆的拖腔"，"宣讲的内容多是孝顺节义、劝善惩恶、因果报应，如《六月雪》（窦娥冤）、《珍珠塔》、《马前泼水》、《高山流水》……"宣讲时间多则七天，少则三天。"六言私塾"讲善书在汉口有一定的声誉，从来都是分文不收，只需为弟子们招待一顿夜宵就行了。②

有些塾师会根据当地民风，有针对性地实施教化。比如近代徽州，随着徽商经济的衰弱，社会风气有所败坏，赌博、嫖娼、吸食鸦片乃至坑蒙拐骗等社会不良行为盛行，塾师们便将《戒为非》《戒赌诗》《戒

① 李国钧主编：《中国教育大系·历代教育制度考》下卷，湖北教育出版社 1994 年版，第 1473 页。

② 贷石：《老汉口的六言私塾》，《武汉文史资料》2004 年第 12 期。

嫖诗》等劝善诗引入教学内容，提高少年儿童明辨是非的能力。

《戒赌诗》云：

凡人百艺好随身，赌博门中莫去亲。
能使英雄为下贱，顿教富室作饥贫。
衣衫褴褛亲朋笑，田地消磨骨肉嗔。
不信但看亲党内，眼前衰败几多人。①

《戒嫖诗》云：

少年休去被花迷，失足青楼甚惨凄。
散尽钱财诚可惜，惹来疾病更难提。
几多疯染身俱腐，亦有疔侵鼻忽低。
狗彘岂堪同枕席，君家何必独无妻。②

《戒食鸦片烟》诗云：

劝君切勿食洋烟，一食洋烟累百年。
日月半从灯下过，功夫多为引来捐。
销精铄髓形先瘦，荡产倾家疾久延。
莫到儿孙皆学样，始知流毒恨终天。③

还有一副对联形象地描绘了吸食鸦片的危害：一根烟枪，杀死豪杰

① 刘伯山：《徽州文书（第二辑）》第八册，广西师范大学出版社 2006 年版，第 481 页。

② 刘伯山：《徽州文书（第二辑）》第八册，广西师范大学出版社 2006 年版，第 481 页。

③ 刘伯山：《徽州文书（第二辑）》第八册，广西师范大学出版社 2006 年版，第 481 页。

英雄不见血；半盏擎灯，烧尽田园屋宇并无灰。

（二）调停息讼

古代社会，底层劳苦大众一般没有多少文化知识，经济能力也相当有限，一旦发生纠纷，为了避免打官司，就得有人居中调停。因为打官司不但路途遥远，程序复杂，而且成本非常高，对当事人双方都不利，所以日常的争执摩擦，人们就会想到找读书人帮助调解，乡村里巷的私塾先生自然是最好的人选。而且，调解息讼是中国传统社会民间处理纠纷的重要方式，也是读书人应尽的社会责任。子曰：“听讼，吾犹人也，必也使无讼乎。”① 连孔子都以消灭诉讼、追求和谐为乐事，塾师们当然会感到义不容辞。

《宋史》载有一则塾师息讼的案例，云：“王昭素，开封酸枣人。少笃学不仕，有志行，为乡里所称，常聚徒教授以自给。李穆与弟肃及李恽皆常师事焉。乡人争讼，不诣官府，多就昭素决之。”②

清代有许多塾师息讼的案例：河南睢州李其华，光绪时生员，家贫，以教书为业，他还善于调解诉讼。睢州孙坼，嘉庆时生员，是个塾师，培养了很多人才，并有过很多济贫、息讼的义举。广东茂名梁应元，嘉庆时生员，家贫，以教书为业，后来成为贡生，担任训导，凡修学宫、修书院、纂方志等，他都不惮烦劳，还乐于为地方调解息讼。③

（三）公益赈济

中国古代缺乏完善的社会公益制度，塾师在地方社会公共事务中扮演了非常重要的角色，一些公共性事务如修桥铺路、抚恤孤寒、济贫赈灾等能经常发现塾师们的身影。尤其是在战乱或饥荒年代，一些并不富

①《论语·颜渊》。

②《宋史·王昭素传》。

③ 张仲礼著，费成康、王寅通译：《中国绅士的收入》，上海社会科学院出版社2001年版，第254、第270页。

裕的塾师往往倾其所有，为在生死边缘挣扎的平民百姓提供弥足珍贵的人道主义帮助。

山东平原董芸，嘉庆时举人，他饱读经史，教授生徒时，终日无倦容。中年时，他热心参与地方慈善活动，为当地创建景颜书院出力甚大。河南祥符吕祥荣，太平天国时期的生员，是位塾师，他将教学所得多用于救济穷困。祥符李卓祥，嘉庆时生员，是位塾师。他经理过当地的慈善机构，并曾救灾恤难。陕西汉阴蓝田玉，嘉庆时贡生，他靠教书及经理地方事务而逐渐致富，曾为当地百姓修建了一条河堤。甘肃通渭刘廷瑚，太平天国的贡生，塾师，有学生百余人，只收通常学费的一半，并常常接济他人。甘肃隆德李向荣，太平天国的生员，塾师，当地回民起事时期，他在堡寨内建造一些房屋安置贫民，并给他们分发粮食。江苏江宁陈授，是个生员，以教书为业。他募集资金来修建学宫，并倡建了一个慈善机构。在 1814 年的饥荒时期，他用历年束脩的积蓄共 200 两银子购买大米，减价出售，并散发了几百件棉衣。江宁朱养烈，将教书所得收入的一半用于抚养孤儿、寡妇。在 1814 年的旱灾期间，他和其他人士一起经理赈灾事宜。四川珙县罗九霄，道光时廪生，教书 10 余年，从不计较学生所交学费的多少，对于修桥、铺路之类的善事，他都慷慨解囊。①

六、日常生活

塾师属于底层文化人，小部分人拥有生员或举人身份者，社会地位、经济报酬相对较高，应当衣食无忧；大部人乡间蒙师社会地位低、职业收入不高，生活十分清苦。

---

① 张仲礼著，费成康、王寅通译：《中国绅士的收入》，上海社会科学院出版社 2001 年版，第 252、第 254、第 256、第 260、第 262、第 268 页。

民以食为天，先看塾师们的吃饭问题。外出坐馆塾师，一般由雇主供膳，其费用不在馆金之内，族塾或村塾里的塾师也有由学生家长轮流供膳的。除非在达官富豪家坐馆，塾师膳食一般不会太好，但也不至于太差。每逢端午、中秋等传统佳节，家长都会设宴款待塾师。如遇馆东家有私宴，亦必请坐馆西宾作陪。《宋史·欧阳守道传》记载："少孤贫，无师，自力于学。里人聘为子弟师，主人瞯其每食舍肉，密归遗母，为设二器驰送，乃肯肉食，邻媪儿无不叹息感动。年未三十，翕然以德行为乡郡儒宗。"明末福建晋江塾师王命岳每逢有吃的，就借故将送饭人支开，将肉和饭带回家里给老人吃。"偶闻是餐匮，东家进饭，余以他事遣去苍头，急将饭与肉裹巾中。少选，携至家奉亲。如东家陪饭不能携，则余故推病，竟自不食，不忍独饫吾父母也。"① 同样的故事近代还出现过，湖南湘乡罗泽南（1807—1856）年轻时在离家10里外坐馆，"每夕携学徒所馈肴馔，归供大父"②。说明学生家长的供膳比起塾师自家的生活水平还是要好很多。

外出坐馆的塾师对伙食拙劣的抱怨也挺多，蒲松龄《学究自嘲》："早饭东南晌午歪，粗面饼卷着曲曲菜。吃的是长斋，吃的是长斋，今年更比去年赛。南无佛从今受了戒。鱼肉谁买，鱼肉谁买？也无葱韭共蒜薹，老师傅休把谗癖害。"③《儒林外史》第二回中的周进，在薛家集谋了个蒙馆，每餐吃的不过是一碟老菜叶，一壶热水，外加一碗干饭而已。《笑林广记》有一则笑话《七德》云："一家延师，供馔甚薄。一日，宾主同坐，见篱边一鸡，指问主人曰：'鸡有几德？'主曰：'五德。'师曰：'以我看来，鸡有七德。'问：'为何多了二德？'答曰：

① 王命岳：《家训》。参见贺长龄辑：《皇朝经世文编》卷六十。沈云龙主编：《近代中国史料丛刊》，第731册，（台北）文海出版社1966年版，第2208—2209页。

② 郭嵩涛编：《罗忠节公年谱》。参见北京图书馆编：《北京图书馆藏珍本年谱丛刊》第155册，北京图书馆出版社1999年版，第479页。

③ 盛伟编：《蒲松龄全集》，学林出版社1998年版，总第3343—3348页。

‘我便吃得，你却舍不得。’”① 塾师嫌东家伙食不好，想吃只鸡，便随意调侃一番。

开门授徒的塾师可能生活还要清苦一些。《笑林广记》有一则笑话《咬饼》：一蒙师见徒手持一饼，戏之曰：“我咬个月湾与你看?”既咬一口，又曰：“我再咬个定胜与你看?”徒不舍，乃以手掩之，误咬其指。乃呵曰：“没事，没事，今日不要你念书了。家中若问你，只说是狗夺饼吃，咬伤的。”②

坐馆教师身处异地，受雇于人，凡事总得小心谨慎，以免惹人闲话。要想随便走亲访友，都得反复权衡，真可谓人在江湖，身不由己。南宋周辉《清波杂志》卷五云：“典家塾难，其人严则利于子弟，而不能久；狎则利于己，而负其父兄之托”。③ 坐馆教师应当谢绝一切交友、文会、庆吊、晏饮之类的社会活动，全心全意教人子弟。如果随便走动，一则会影响学生的功课，二则会引起东家的非议，三则败坏自己的职业操守。著名学者张履祥中年时曾馆于嘉兴徐忠可家，除了严格要求自己，还与馆东约曰：“某向以三事自持，能悉如愿乎?”忠可请目，曰：“不拜客，不与筵席，不赴朔望之会。”④

明代嘉靖年间江南一士人王姓，未第时，尝设馆吴下，作长诗《屈屈歌》自叹，曰：

> 屈屈复屈屈，仰天难诉乖造物。人皆读书多显达，何我读书成抑郁。

---

① 游戏主人辑：《笑林广记》，中国戏剧出版社 1999 年版，第 119 页。

② 游戏主人辑：《笑林广记》，中国戏剧出版社 1999 年版，第 24 页。

③ 李国钧主编：《中国教育大系·历代教育制度考》上卷，湖北教育出版社 1994 年版，第 888 页。

④ 苏惇元：《张杨园先生年谱》。参见陈祖武点校：《杨园先生全集》，中华书局 2002 年版，第 1504 页。

叹昔吾年二八时，优游学读诗与书。初心只说教书好，谁知教书无了期。

人生百岁能几何，在家日少离日多。春来倏忽赴东馆，岁暮欲还犹蹉跎。

今年已去复明年，寒毡冷凳俱坐穿。寂寞一饭小窗下，冷落三杯孤灯前。

先生学问且莫论，主人供膳难云云。一愿先生不嗜酒，二愿先生不茹荤。

先生更莫出门首，出门唯恐招朋友。友人不觉寻访来，欲见主人如泄柳。

先生先生独坐闷，始得虚名依本分。有时散步舒精神，主人遂为轻薄论。

愚顽之子功难成，晨昏费尽千万情。

…………

不愿主人广读书，只愿主人多富足。先生虽读万卷书，一字不堪疗饥腹。

物薄礼微为束脩，受他便作无罪囚。鸟不高飞遽入笼，鱼不远跃轻吞钩。

束脩况复多虚花，秕谷腐米如丹砂。输租偿债两无用，此物如何能养家。

先生此屈何可当，天覆地载空昂昂。青云万里在何处，十年空对槐花黄。

高堂白发缺甘旨，贫贱糟糠歌扊扅。白云满目雁南飞，落日青山啼子规。

此恨绵绵怎生可，此心错用将奈何！年年去教他家子，自家儿子谁琢磨？

七情纵不随吾身，五味亦且由他人……

先生自此永相别，收拾清风与明月。长揖主人出门去，回首无劳再相谒。

信知先生自有家，何须落魄度年华。教书不遂平生志，早期他业作生涯。①

清代有一则村学先生的自传，对塾师教学环境之差的刻画堪称淋漓尽致。为人之师，不管言论，还是行为，无不都需要小心谨慎。如“唤人家亲友小小心心，犹恐怠慢了宾客；叫人家奴婢，哥哥嫂嫂，犹恐冲撞了那厮”。功课少了，主人则嫌塾师懒惰；功课多了，弟子又道难为。塾师不敢轻易发表自己的意见，必须主人“议之而后言”；塾师在东翁与弟子面前，必须步履安详，居处镇静，衣冠肃整，容貌端庄，不可懈怠离披。拘拘束束，循规蹈矩，半点不敢差池，确乎好似“严姑手里无缘的媳妇”，又似“晚母身边失爱的孩儿”。②

蒲松龄坐馆一辈子，对此有深刻体会，他创作了戏曲《学究自嘲》，诉说为师之苦、为师之贱。其中有诗一首：“暑往寒来冬复秋，悠悠白了少年头！半饥半饱清闲客，无锁无枷自在囚。课少东家嫌懒惰，工多子弟结冤仇。有时随我生平愿，早把五湖泛轻舟。”在他看来，做老师过的简直就是囚徒一般的日子，只不过是没有枷锁在身罢了。郑板桥在《教馆诗》中也有同样的感慨：“教馆本来是下流，傍人门户度春秋。半饥半饱清闲客，无锁无枷自在囚。课少父兄嫌懒惰，功多子弟结冤仇。而今幸得青云步，遮却当年一半羞。”幸好由科举入仕，总算摆脱了当年的羞怯与苦闷。

① 余永麟：《北窗琐语》，中华书局 1985 年影印本，第 17—23 页。

② 钱德苍辑：《解人颐》下册《寓意集·村学先生自叙》，岳麓书社 2005 年版，第 15—19 页。

舌耕最是不自由，塾师整天闭门教书，闹出一些迂腐尖酸的笑话来。明代冯梦龙《笑府》收录了许多以塾师为题材的笑话，归之为“腐流部”，其中一则名为《余姚先生》，云：“余姚师多馆吴下，春初即到，腊尽方归。本土风景，反认不真。偶见柳丝可爱，向主人乞一枝寄归种之。主人曰：‘此贱种，是处俱有，贵处宁独无耶?’师曰：‘敝地是无叶的。’”①

塾师如果每年都有人聘请，或能自己招来学生，基本的日常生活还是能够维持。若不幸失了馆地，教书不成，便生活无着，处境堪虞。蒲松龄的戏曲《闹馆》，训蒙先生上台有一段表白，云：“沿门磕头求弟子，遍地碰腿是先生。君子受艰难，斯文不值钱；有人成书馆，便是救命仙。”② 然而，总难免有些塾师因种种原因临时失业，陷入困境。《牡丹亭》第四出塾师陈最良自述云：“十二岁进学，超增补廪。观场一十五次。不幸前任宗师，考居劣等停廪。兼且两年失馆，衣食单薄。这些后生都顺口叫我‘陈绝粮’。”③

失馆塾师怎么办呢？实在走投无路的情况下，有两种顾不得颜面的方式求条活路：一是走访富裕人家，或打秋风，或假意求馆。主人见是失馆塾师，便留下吃顿饭，再赠些银两，算是打发了。清初李延昰《南吴旧话录》，记明代松江、上海一带士大夫言行，载有这样两件事：（1）王中翰居川沙堡，好结纳，宾至如归。有越人张其德，失馆，与中翰无一面，慕其名，姑往晤之。坐间意致萧索，中翰即问所需，曰：“得五十金，则经年八口之家可以免乱心曲。”中翰明日如数与之，张筵尽醉而别。（2）有郑姓者，布衣起，素封，亦善挥霍，每孝廉上公车，例以三金为贶。偶一生以不得馆谷浪游，从者亦以为孝廉也，误赠之。

① 冯梦龙：《笑府》，海峡文艺出版社 1992 年版，第 33—34 页。
② 盛伟编：《蒲松龄全集》，学林出版社 1998 年版，总第 2415—2419 页。
③ 汤显祖：《牡丹亭》，齐鲁书社 2004 年版，第 7 页。

其人持金踵门，面辞曰：“实以馆谷来，何敢冒长者赐？”郑即张乐留宴，立赠三十金。①

二是到附近的塾馆中寻求帮助，塾师看到失业的同行，心生怜悯，免不了要招待一番。湖南邵阳蒋廷黻（1895—1965）幼时就读私塾，他记载了当地塾师处理此类事情的做法：

> 在乡村，有一批人我们称之为“寒生”，事实上他们就是叫花子。他们受过一些教育，本可当老师。但是因为教书的人供过于求，人浮于事，因而他们失业，于是就揩那些已有职业的读书人的油。当这种寒生到我们私塾时，蒋老师要殷勤献茶。但他们希望至少能吃一餐饭，如果可能，还要再弄几文钱。对付这些寒生，要不失礼仪，这倒成了一种专门艺术。凭经验，每个老师都有他们自己的一套对付方法。以蒋老师说，如果他自己已穷于应付，就叫学生帮忙。学生不必像老师那样拘谨有礼。他们可以在古书中找一句冷僻的句子去考问寒生，或者出一副对联要寒生对下联。如果对方讲不出或对不上，就代表对方饾饤不文，不值敬佩，更谈不到帮忙了。遇此情形，寒生只好羞愤而去。反之，如果寒生能说明他确实有真才实学，蒋老师就要招待他饭，还可能送他一块银元当程仪。②

---

① 李延昰：《南吴旧话录》，上海古籍出版社 1985 年影印本，第 221—222 页。

② 蒋廷黻著，谢钟琏译：《蒋廷黻回忆录》，岳麓书社 2003 年版，第 26 页。

第六章　生徒

三斤糕，二斤糖，
送宝宝上学堂；
学堂上了三年整，
一中中了状元郎；
先拜天，后拜地，
拜拜先生与师娘。

——无锡民歌：《送宝宝上学堂》①

每一个有机会进入私塾读书的儿童，总是怀着对人生的无限向往和家人的殷切期待。由于中国社会在官员选拔上很早就完成了由世袭制向选举制的转换，② 读书做官的观念在汉代独尊儒术和察举制度的影响下逐渐深入人心，为教育的发展带来了广泛的社会基础。隋唐以后的科举制，更是让无数人心中燃起了“朝为田舍郎，暮登天子堂”的梦想，要美梦成真，途径只有一条：寒窗苦读。社会经济的发展和科学技术（如造纸、印刷术）的进步，为文化教育的不断下移提供了条件，让越来越

① 顾颉刚等辑，王煦华整理：《吴歌·吴歌小史》，江苏古籍出版社 1999 年版，第 499 页。

② 何怀宏：《选举社会及其终结——秦汉至晚清历史的一种社会学解释》，三联书店 1998 年版。古代的“选举”主要是指政府从民众中选拔官员，不同于现代公民社会的政治“选举”。

多的贫寒子弟有机会上学读书。即使不以入仕为追求，人们也会发现多读点书对个人和家庭总是有益的。因此，要多种因素的综合作用之下，中国古代的基础教育在近代社会到来之前已经处于相对不错的水平，私塾即是其主要推动力量，遍及城市和乡村，甚至一村之内多处设馆。

有研究认为，清代中国的识字率接近德川时期的日本，18 和 19 世纪大约 30%—45% 的男性和 2%—10% 的女性具有某种程度的读写能力，城市的识字率又比农村要高，总体识字率大致在 30% 和最低数 5% 之间。① 据何炳棣的研究，从 17 世纪末起到 18 世纪末，中国人口从一亿五千万增加到了三亿多，翻了一番多。而 1779 年至 1850 年人口又增长了 56%，在 19 世纪中叶大叛乱（指太平天国）爆发前夕人口已达四亿三千万左右。② 按照学龄人口占总人口的 15% 计算，18 至 19 世纪约有五六千万人需要接受教育，如果基础教育普及程度到达 20%，则中国近代社会新式教育发展之前私塾需要容纳近千万的生徒。

一、入学年龄

三代时期，学在官府，程度上有小学、大学之分，周代已有制度化的官办小学教育，对学生的入学年龄和教育内容有明文规定。《大戴礼记·保傅》："古者年八岁而出就外舍，学小艺焉，履小节焉。束发，而就大学，学大艺焉，履大节焉。"《礼记·内则》："子能食食，教以右手；能言，男'唯'女'俞'；男鞶革，女鞶丝。六年，教之数与方名。七年，男女不同席，不共食。八年，出入门户及即席饮食，必后长者，始

① ［美］吉尔伯特·罗兹曼（Gilbert Rozman）主编，国家社科基金"比较现代化"课题组译：《中国的现代化》，江苏人民出版社 1998 年版，第 234 页。

② 何炳棣：《中国人口的研究，1368—1953 年》。转引自［美］费正清、刘广京编，中国社会科学院历史研究所编译室译：《剑桥中国晚清史 1800—1911》上卷，中国社会科学出版社 1993 年版，第 115 页。

教之让。九年，教之数日。十年，出就外傅，居宿于外，学书计，衣不帛襦袴；礼帅初，朝夕学幼仪，请肄简、谅。十有三年，学乐诵《诗》，舞《勺》。成童，舞《象》，学射御。二十而冠，始学礼，可以衣裘帛，舞《大夏》，惇行孝弟，博学不教，内而不出。”① 《尚书大传》：“十有三年始入小学。”又曰：“余子年十五始入小学。”这些规定各不相同，是针对不同家庭出身的学生而言的：8 岁是王侯太子入国学之小学的年龄，10 岁或 13 岁是公卿之太子、大夫元士之适子入国之小学的年龄，15 岁是众子及部分平民子弟入小学年龄。小学的学习年限约为 7 年。②

东汉王充曾自述为“八岁出于书馆”。③ 唐代初级私学的入学年龄，主要看儿童成长的情况及家长的意愿，有早进行的在四五岁，有迟进行的在八九岁，较为通行的习俗是在六七岁开始入学受教。④ 北宋苏轼《东坡志林》说自己“八岁入小学，以道士张易简为师”。⑤ 王应麟《困学纪闻》则说：“今世男子初入学，多用五岁或七岁，盖俗有男忌双女忌只之说，以至笄冠亦然。”⑥ 南宋朱熹曾在总结前人教育经验的

① 杨宽认为：这里把贵族儿童教育分为三个阶段：（1）6 至 9 岁在家中学习，学习简单的数字、方名、干支等。（2）10 岁“出就外傅，居宿于外”，便是入小学，学习以书计、音乐（包括舞蹈等）为主；这和 8 岁入小学略有出入。（3）15 岁为成童，以学习音乐、射御为主。这时该已入大学，音乐、射御正是大学的主要课程。到 20 岁举行“冠礼”后，便为“成人”，开始学礼。参见杨宽：《我国古代大学的特点及其起源——兼论教师称“师”和“夫子”的来历》，《学术月刊》1962 年第 8 期，第 50—56 页。

② 孙培青主编：《中国教育史》（第三版），华东师范大学出版社 2009 年版，第 19 页。

③《论衡·自纪》。

④ 孙培青主编：《中国教育史》（第三版），华东师范大学出版社 2009 年版，第 170 页。

⑤《苏东坡八岁入小学》。参见李国钧主编：《中国教育大系·历代教育制度考》上卷，湖北教育出版社 1994 年版，第 854 页。

⑥《男孩入学忌双岁》。参见李国钧主编：《中国教育大系·历代教育制度考》上卷，湖北教育出版社 1994 年版，第 855 页。

基础上系统地提出了古代的“小学”和“大学”教育思想，将小学教育的年龄段定为8至15岁，他在《大学章句序》中说：“人生八岁，则自王公以下，至于庶人之子弟，皆入小学，而教之以洒扫、应对、进退之节，礼、乐、射、御、书、数之文。”15岁以后则接受大学教育。15岁后来成士庶之别的标志：普通平民子弟有机会接受教育的，一般在15岁之前就会结束学业，步入社会，他们所受的是基础教育；士阶层的子弟或立志上升为士人的平民子弟，需要在15岁之后继续接受高深学问的教育，参加科举考试以求仕进。安徽安庆陈独秀（1879—1942）有一段精彩论述——

> 贫苦农民的儿子，举人、进士、状元不用说，连秀才的好梦都不敢做，用尽九牛二虎之力。供给儿子读几年书，好歹能写出百而八十字，已经算是才子，如果能够跟着先生进城过一次考，胡乱写几百字交了卷，哪怕第一场就榜上无名，回家去也算得出人头地。穷凶极恶的地主们，对这一家佃户、便另眼看待。所以当时乡间有这样两句流行的谚语：“去到考场放个屁，也替祖宗争口气。”农民的儿子如果考取了秀才，便是—步登天，也就是立了将来做土豪劣绅的基础，一生吃著不尽。①

概而言之，私塾生徒一般8岁入学。由于私塾是民间办学，并无关于入学年龄的硬性规定，一些渴望科场功名的家庭会将子弟入塾的年龄提前到五六岁，一般只求识文断字的普通百姓子弟则无所谓，9至10岁才入塾的都有。清代一些学规中曾提到入塾年龄，《梁家园惜字馆义学

---

① 陈独秀：《实庵自传》。参见戚谢美、邵祖德编：《陈独秀教育论著选》，人民教育出版社1995年版，第388页。

条规》云："学生七岁以上方准来学。"① 陆世仪《思辨录辑要》卷一云："古者八岁入小学，十五入大学，此自是正理。然古者人心质朴，风俗淳厚，孩提至七八岁时，知识尚未开。今则人心风俗远不如古，人家子弟至五六岁，已多知诱物化矣，又二年而始入小学，即使父教师严，已费一番手脚，况父兄之教，又未必尽如古法乎？故愚谓今之教子弟入小学者，决当自五六岁始。"②

我们来具体看看一些著名人物的入塾年龄：张履祥，1611 年生，5 岁由父亲张明俊授《孝经》。③ 焦循，1763 年生，1768 年（6 岁）入塾，"从学于表兄范徵麟"。④ 罗泽南，1807 年生，6 岁时跟随"从父简拔公受学读书"。⑤ 罗振玉，1866 年生，5 岁"入塾，从山阳李岷江先生受学"。⑥ 蔡元培，1868 年生，1872 年（5 岁）进家塾读书。⑦ 王国维，1877 年生，1885 年（8 岁）入潘氏私塾。⑧ 徐特立，1877 年生，9 岁进蒙馆。⑨ 鲁迅，1881 年生，1886 年（6 岁）入私塾，塾师为周玉

①《梁家园惜字馆义学条规》。参见李国钧主编：《中国教育大系·历代教育制度考》下卷，湖北教育出版社 1994 年版，第 1467 页。

② 陆世仪：《思辨录辑要》。参见李国钧主编：《中国教育大系·历代教育制度考》下卷，湖北教育出版社 1994 年版，第 1497 页。

③ 苏惇元：《张杨园先生年谱》。参见陈祖武点校：《杨园先生全集》，中华书局 2002 年版，第 1489 页。

④ 刘瑾辉：《焦循评传》附一"焦循年谱"，广陵书社 2005 年版，第 177—178 页。

⑤ 郭嵩涛编：《罗忠节公年谱》，同治二年（1863）刻本。参见北京图书馆编：《北京图书馆藏珍本年谱丛刊》第 155 册，北京图书馆出版社 1999 年版，第 474 页。

⑥ 罗振玉著，黄爱梅选编：《雪堂自述》，江苏人民出版社 1999 年版，第 1 页。

⑦ 高平叔编著：《蔡元培年谱》，中华书局 1980 年版，第 2 页。

⑧ 袁英光、刘寅生：《王国维年谱长编（1877—1927）》，天津人民出版社 1996 年版，第 2 页。

⑨ 徐特立：《我的生活》，参见中央教育科学研究所编：《徐特立教育文集》（修订本），人民教育出版社 1986 年版，第 287 页。

田。① 胡适，1891 年生，3 岁入塾，从四叔父介如先生（名玠）学，自述云：“我的身体太小，他们抱我坐在一只高凳子上面。我坐上了就爬不下来，还要别人抱下来。”② 钱穆，1895 年生，7 岁入私塾。③ 今人陈桂生，3 岁入塾，在私塾中度过十载寒窗（1936—1946）。④ 综上所述，3 岁是我们从文献中能见到的最早上私塾念书的年龄。

儿童到了该入塾的年龄，家长一般会择吉日举行简单的发蒙仪式。仪式大都在学生家里举行，也有兄弟或堂兄弟在一起参加的。摆上香案（有的还挂孔子像或牌位），准备年糕、粽子、麻团等早点，及桂圆、荔枝、生葱、栗子等祭品。糕取“高”的谐音，粽取“中”的谐音，葱取“聪”的谐音。仪式开始前，学生穿戴一新待在内室，由先生点着灯笼引出来，预示前途光明。学生要先四跪四拜孔夫子，再四跪四拜先生。先生拿出朱砂盒，调好银朱，翻开新书，在书上写上“某年某月某日开卷迪吉”的字样，然后先生读一句，学生跟一句，一般教四句。发蒙的第一本书多为《百家姓》，也有用《三字经》开卷的。仪式结束后，家长一般会留先生用膳，并送少量现金或实物作为酬劳，塾师则回赠纸、笔、扇子等物。

日本中川忠英编著的《清俗纪闻》所载“书生礼拜之图”

① 许寿裳：《鲁迅先生年谱》。参见《鲁迅全集》第 20 卷，人民文学出版社 1973 年版，第 614—615 页。

② 胡适：《四十自述》。参见《胡适自传》，江苏文艺出版社 1995 年版，第 23 页。

③ 钱穆：《八十忆双亲 · 师友杂忆》，三联书店 2012 年版，第 49 页。

④ 陈桂生：《教育学苦旅》“代序 · 遭遇教育学”，华东师范大学出版社 2012 年版。

发蒙之后，学生即可在来年元宵节后入学。入学时，家长一般会准备葱、糕、灯芯草、爆米花、点心、水果等，送到塾中，象征聪明、高升、心窍开通等之意，期待子弟学有所成。江苏泰兴陆文夫回忆 1934 年上私塾的入学仪式说：

> 父亲送我入学，进门的第一件事便是拜孔子。“大成至圣先师孔子之位”的木牌供在南墙根的一张八仙桌上，桌旁有一张太师椅，那是先生坐的。拜时点燃清香一炷，拜烛一对，献上供品三味：公鸡、鲤鱼、猪头。猪头的嘴里衔着猪尾巴，有头有尾，象征着整猪，只是没有整羊和全牛，那太贵，供不起。
>
> 我拜完孔子之后便拜老师，拜完之后抬头看，这位老师大约四十来岁（那时觉得是个老头），戴一副洋瓶底似的近视眼镜，有两颗门牙飘在外面。黑棉袍、洗得泛白的蓝布长衫，穿一条扎管棉裤，脚上套一双“毛窝子”，一种用芦花编成的鞋，比棉鞋暖和。这位老师叫秦奉泰，我之所以至今还记得他的名字，那是因为我曾把秦奉泰读作秦秦秦，被同学们嘲笑了好长一阵，被人嘲弄过的事情总是印象特深。
>
> 秦老师受过我三拜之后，便让我站在一边，听我父亲交代。那时候，家长送孩子入学，照例要做些口头保证，大意是说孩子入学之后，一切都听先生支配，任打任骂，家长决无意见，决不抗议。那时的教学理论是“玉不琢不成器”，所谓琢者即敲打也。①

二、学规

中国古代基础教育非常注重从小培养学生良好的道德行为规范、生

① 陆文夫：《我的塾师》，《人民教育》1987 年第 9 期。

活和读书习惯，并认识到从小养成的品行、习惯对个人发展具有终身影响。《周易·蒙卦》曰：“蒙以养正，圣功也。”《礼记》中也记载了不少学生的日常行为规范，如《学记》中就有大量篇幅论述入学之礼、尊师之礼。如果说《礼记·学记》谈的是先秦大学教育之学规，《管子·弟子职》则是专门论述基础教育的学规，朱熹谓《弟子职》“言童子入学受业事师之法”。① 此篇所谈条规之多、之严，难以想象，包括受业、作息、进退、应对、洒扫等具体细节，如：“出入恭敬，如见宾客。危坐乡师，颜色毋怍。”“先生将息，弟子皆起。敬奉枕席，问疋何止。”② 学生在学校里、在老师面前小心翼翼，严肃端庄，毕恭毕敬，丝毫不敢松懈。

自宋代起，“学规”一词正式成为中国学校对学生行为进行规范的制度性名词，官学、书院和蒙学中均发展起相应的“学规传统”。③ 朱熹撰写的《童蒙须知》和《程董二先生学则》为私塾学规的代表性作品。以朱熹对学规的开创性贡献为基础，明清两代私塾都普遍重视订立学规，各种“塾规”“教约”比比皆是，内容包括言语、衣冠、读书、写字、起居、洒扫、尊师、敬长等，除对学生的学习和品行详加规定外，也对教师的教学活动提出了相应的要求。

（一）习惯的养成

良好的习惯一旦养成，可以让人终身受益，而初入学的童蒙无疑是习惯养成的最佳时期，古语云：“少成若天性，习惯成自然。”私塾通过学规的形式，要求儿童培养良好的生活习惯和学习习惯。

生活习惯，包括仪表仪态、言谈举止、个人卫生等都在学规中有明

① 孟宪承编：《中国古代教育文选》，人民教育出版社 1979 年版，第 1 页。

②《管子·弟子职》。参见孟宪承编：《中国古代教育文选》，人民教育出版社 1979 年版，第 6—8 页。

③ 李弘祺：《传统中国的学规：试论其社会性及角色》。参见高明士编：《东亚传统教育与学礼学规》，华东师范大学出版社 2008 年版，第 232 页。

确的要求。如朱熹《童蒙须知》:“夫童蒙之学，始于衣服冠履，次及言语步趋，次及洒扫涓洁，次及读书写文字，及有杂细事宜，皆所当知。”衣着上，要求爱护冠巾、衣服、鞋袜，常令洁净整齐，“男子有三紧：谓头紧、腰紧、脚紧”，头巾、腰带、鞋袜要紧束，不可宽慢。“宽慢则身体放肆，不端严，为人所轻贱矣。”言语上，要低声下气，不可高言喧哄，浮言嬉笑。要经常“洒扫居处之地，拂拭几案，常令洁净。文字笔砚，百凡器用，皆当严肃整齐，顿放有常处，取用既毕，复置原所”。① 清代周凯《义学规则十八条》有居处必恭、步立必正、视听必端、言语必谨、容貌必庄、衣冠必整、饮食必洁、出入必省等要求。②

三味书屋中鲁迅的座位

学习习惯，包括读书、写字的姿势与方式，文具的爱护与清洁。朱

① 朱熹：《童蒙须知》。参见李国钧主编：《中国教育大系·历代教育制度考》上卷，湖北教育出版社 1994 年版，第 857—858 页。

② 周凯：《义学规则十八条》。参见李国钧主编：《中国教育大系·历代教育制度考》下卷，湖北教育出版社 1994 年版，第 1469—1470 页。

熹《童蒙须知》："凡读书，须整顿几案。令洁净端正。将书册整齐顿放。正身体，对书册，详缓看字，仔细分明读之。须要读得字字响亮，不可误一字，不可少一字，不可多一字，不可倒一字，不可牵强暗记，只是要多诵遍数，自然上口，久远不忘。古人云：读书千遍，其义自见。谓熟读，则不待解说，自晓其义也。余尝谓读书有三到：谓心到、眼到、口到，心不在此，则眼不看仔细，心眼既不专一，却只漫浪诵读，决不能记，记亦不能久也。三到之法，心到最急，心既到矣，眼口岂不到乎？……凡写字，未问写得工拙如何，且要一笔一画，严正分明，不可潦草。"① 周凯《义学规则十八条》有读书必专一、写字必楷敬、几案必整齐、堂室必洁净、修业有余功、游艺以适性等语。②

（二）品性的陶熔

对于学生日常进退的礼节、待人接物的规矩、个人修养的陶冶，往往也是学规的重要内容，一言一行，非常详细。朱熹《童蒙须知》谈到修身、治心、事亲、接物，即意在品性的陶熔，其中说："父兄长上有所教督，但当低首听受，不可妄大议论。""凡行步趋跄，须是端正，不可疾走跳踯。若父母长上有所唤召，却当疾走而前，不可舒缓。""凡侍长者之侧，必正立拱手，有所问，则必诚实对言，不可妄。"③ 明代刘宗周《家塾规》"考德之要"云：

> 鸡鸣后，晨初醒，何思何虑，正是本心呈露时，即与葆任去，才动念，便须打点一日子勾当，不使闲过。于此愤然发个

① 朱熹：《童蒙须知》。参见李国钧主编：《中国教育大系·历代教育制度考》上卷，湖北教育出版社1994年版，第857—858页。

② 周凯：《义学规则十八条》。参见李国钧主编：《中国教育大系·历代教育制度考》下卷，湖北教育出版社1994年版，第1469—1470页。

③ 朱熹：《童蒙须知》。参见李国钧主编：《中国教育大系·历代教育制度考》上卷，湖北教育出版社1994年版，第857—858页。

志气曰：吾欲云云，当作何云云？转眼青山落红日，又蹉过一日矣。

晨起，且静坐，自证平旦之气果与人相近，好恶几希处。

每食必让，每饮必知节，首戒狺诳语及戏言戏动。

上堂扬声，入户下视，入市整容，处私亵必慎其独。

视勿窥，听勿倾，立毋跛，行毋翔，坐毋箕踞。凡无故，不得废衣冠。

出入则告，假则告，有闻则告。在学告于师，在家告于父兄。

凡出入遇长者于途，则趋而揖；遇相识则揖；过茶房酒肆戏场则避。尤杜足公庭，绝交淫比。

师长有事则服劳，有令则奔走，有言则书绅，有行则观摩，略子事父母之礼。遇朋友过误，则相规相劝，务必求有益，毋匿怨养交，毋小嫌致衅。

时察己过，力矫浮薄之态，务以敦厚温恭为载道之器。

毋议人短长，毋阐人私亵，毋传人流言，毋习市语。

尝念一日所行，不负三餐茶饭否？

伏枕后，追念一日之间某事有过，某言有过，俟明日谨书于册。①

（三）纪律的服从

学校教育作为一种制度化的教育，总伴随着一些教学纪律，需要师

---

① 刘宗周：《家塾规》。参见李国钧主编：《中国教育大系·历代教育制度考》下卷，湖北教育出版社 1994 年版，第 1234—1235 页。“平旦之气果与人相近，好恶几希处”语出《孟子·告子上》，原文是：“其日夜之所息，平旦之气，其好恶与人相近也者几希，则其旦昼之所为，有梏亡之矣。”

生共同遵守。这些具有强制性的纪律是维护正常教学秩序的有效手段，包括考勤、请假、课堂行为、师生关系等。如清代梁家园惜字馆规定：学生日出到馆，日落散学，每天巳刻（中午）放饭一次。上厕所要持“出恭牌”，且不准二人同去。学生不准自行告假，有事由父兄到校说明情况，不准妇女到校呼唤。学生告假销假及无故不到，均登记在册。每逢朔望，点名清查一次。①

清代周凯《义学规则十八条》有一条关于学生值日的规定，云：“每日生徒之值日者，早至学，以水洒堂上，良久，以帚埽去尘埃，以巾拭供桌及师傅几案，务须洁净。各生徒至学，先各拭净自己几案，方读书；别有污秽，随时扫除。”② 浙江天台陆蠡（1908—1942）回忆幼年读私塾时严苛的规矩：

> 那时我是一个很小的孩子，父亲把他的希望和他的儿子关在一起，在一座空楼内，叫这位兰畦先生督教。我过的是多么寂寞的日子啊！白天不准下楼，写字读书，读书写字。兰畦先生对我很严厉：破晓起床，不洗脸读书；早饭后背诵，点句，读书，写字，午饭后也是写字，读书；天黑了给我做对仗，填字。夜间温课，熬过两炷香。我读着佶屈聱牙的句子，解说着自己不懂而别人也不懂的字义。兰畦先生有时还无理地责打我，呵斥我，我小小的心中起了反感和憎恨。我恨他的人，恨他的长烟管，恨他的戒尺，但我最恨的是他的朱笔，它玷污了我的书，在书眉上记下日子，有时在书面上记下责罚。于是我便把

①《梁家园惜字馆义学条规》。参见李国钧主编：《中国教育大系·历代教育制度考》下卷，湖北教育出版社 1994 年版，第 1467 页。

② 周凯：《义学规则十八条》。参见李国钧主编：《中国教育大系·历代教育制度考》下卷，湖北教育出版社 1994 年版，第 1469—1470 页。

写上难堪字样的书面揉烂。①

（四）奖惩的措施

私塾学规中往往赋予塾师奖惩生徒的权力，学习成绩、品行表现优异者，可以得到一些物质奖励，如纸笔、糖果、糕点等。如果成绩低劣、品行欠佳，则会遭到惩罚，如记过、面壁、罚跪、打手心、打屁股等，一般不打头、脸，以免损人容颜，伤人自尊。明清不少塾规对于奖优罚劣的规定颇为详细，唐鉴《义塾条约六则》：“学生在塾，有不听先生约束，轻则训饬，重则责挞。如屡教之不改，即告知本司等察看，传其父兄，再加督责。督责不悛，逐之可也。”②《梁家园惜字馆义学条规》：“诸生字纸随时检入篓内，案头书籍，不许狼藉成堆，不许擅动栟笔涂抹墙壁及书卷上写字，违者重责。”“学生功课不完，疲顽滋事，轻则责手，重则责臀。”③ 崔学古《幼训》：“学堂设一册，记诸生功过，逢十会察，除功过相折外，行赏罚例，赏则纸、笔、扇之类，罚则立、跪、责三等，责亦分轻重三等。先是定赏罚例，悬之座隅，务期信赏必罚。”④ 华亭顾氏《家塾课程》：“诸生犯规误课应责惩者，初用申饬，再则记责，三则责手心。责时令诸生停读环观，四五犯则加倍重责。”⑤

奖励方面除了纸笔等实物之外，有的办学者已注意奖励的象征意义胜过实际意义，提出类似精神奖励的举措，如奖励花红、语言表扬。

① 陆蠡：《私塾师》。参见熊融编：《陆蠡集》，浙江文艺出版社 1984 年版，第 164 页。

② 唐鉴：《义塾条约六则》。参见李国钧主编：《中国教育大系·历代教育制度考》下卷，湖北教育出版社 1994 年版，第 1463 页。

③《梁家园惜字馆义学条规》。参见李国钧主编：《中国教育大系·历代教育制度考》下卷，湖北教育出版社 1994 年版，第 1467 页。

④ 崔学古：《幼训》。参见李国钧主编：《中国教育大系·历代教育制度考》下卷，湖北教育出版社 1994 年版，第 1504 页。

⑤ 周芳玲、阎明广编译：《中国宗谱》，中国社会出版社 2008 年版，第 1195 页。

《得一录》卷五收录一篇《义学章程》，其中说："董事于朔望日到塾，稽查功课，各生所读所讲，按名考其生熟勤惰。如书不成诵，讲解差错者，将本生名下记过一次。如二次不改，分别责处。如有能熟诵、能讲说、早夜勤劬、举止端重者，临时酌奖花红，以示优异。"① 清代张行简《塾中琐言》云："人生童年，得春令发生之气。善教者，总以诱掖奖劝为主，即施教刑时，亦须用诱掖奖劝语。""塾中奖功，须视其资质为衡。鲁钝者，锐气易衰，虽一知半解，亦不妨极言嘉许；聪颖者，骄心易启，虽日新月异，亦不可过于揄扬。"② 贺长龄还提出塾师要顺应儿童性情，循循善诱，赏多而罚少，"赏多则激其鼓舞之念，罚少则养其廉耻之心"。③

有的私塾对奖惩学生颇为讲究方法，将学生考试成绩和平时表现划分为若干等级，分别予以不同的奖励或惩罚，与现代学校的考评制度有点类似。《梁家园惜字馆义学条规》将学生考课情况分为四等，一等 4 名，奖赏纸笔双份；二等 8 名，纸笔单份；三等无赏；四等则受责罚。④ 等级怎么分呢？倒与现代学校的考评制度有点类似，将学生表现用符号作记录：背书纯熟的记○，需要提醒的记△，背不出的记 ×；能讲明书中道理的记○，含混不清的记△，讲不出的记 ×；做好事的记○，有劣迹的记 × 。有○无 × 列一等，○多 × 少列二等，○、× 各半及 × 多○少

① 《义学章程》。参见李国钧主编：《中国教育大系 · 历代教育制度考》下卷，湖北教育出版社 1994 年版，第 1472 页。

② 张行简：《塾中琐言》。参见李国钧主编：《中国教育大系 · 历代教育制度考》下卷，湖北教育出版社 1994 年版，第 1510—1514 页。

③ 贺长龄：《塾规》。参见李国钧主编：《中国教育大系 · 历代教育制度考》下卷，湖北教育出版社 1994 年版，第 1482 页。

④ 《梁家园惜字馆义学条规》。参见李国钧主编：《中国教育大系 · 历代教育制度考》下卷，湖北教育出版社 1994 年版，第 1468 页。

列三等，有×无〇列四等。① 任兆麟《任氏家塾规条十则》有“严考课”一条，也规定如下：“每逢文期，评定甲乙，三次居首者，议赏纸笔，以示优奖；三次居末者，议罚。”②

现在看来，私塾学规中的诸多条文均是将成人化的伦理道德、揖让言辞、洒扫应对、日常习惯等强加于儿童，教育变成了一种如何适应成人生活的训练。这种观念隐含的前提性假设是视儿童为小大人，并没有很好地顾及儿童的天性，从而在相当程度上导致教育生活与童年生活的疏离甚至矛盾。王守仁意识到了这个问题，对朱熹等人的儿童观进行批判：

> 大抵童子之情，乐嬉游而惮拘检，如草木之始萌芽，舒畅之则条达，摧挠之则衰痿。今教童子，必使其趋向鼓舞，中心喜悦，则其进自不能已。譬之时雨春风，沾被卉木，莫不萌动发越，自然日发月化。若冰霜剥落，则生意萧索，日就枯槁矣……
>
> 若近世之训蒙稚者，日惟督以句读课仿，责其检束，而不知导之以礼，求其聪明，而不知养之以善，鞭挞绳缚，若待拘囚。彼视学舍如图狱而不肯入，视师长如寇仇而不欲见，窥避掩覆以遂其嬉游，设诈饰诡以肆其顽鄙，偷薄庸劣，日趋下流。是盖驱之于恶，而求其为善也，何可得乎！③

但是，王守仁的批判并没有广泛持久地产生效力，私塾教育成人

①《梁家园惜字馆义学条规》。参见李国钧主编：《中国教育大系·历代教育制度考》下卷，湖北教育出版社 1994 年版，第 1467 页。

② 任兆麟：《任氏家塾规条十则》。参见李国钧主编：《中国教育大系·历代教育制度考》下卷，湖北教育出版社 1994 年版，第 1481 页。

③ 王守仁：《训蒙大意示教读刘伯颂等》。参见孟宪承编：《中国古代教育文选》，人民教育出版社 1979 年版，第 297—298 页。

化、机械化的问题一直未得以根本解决。有论者提出：明清塾规中多以生活习惯和日常礼仪的规范要求，代替深奥的道德理论和抽象的道德说教，蒙童易于操作，师长便于监督。然而，过于整齐划一的行为条规也会对蒙童的天真个性有所束缚，日常生活中处处谨小慎微，言谈举止不敢有丝毫“越轨”，往往使得蒙童丧失了本该有的朝气蓬勃和热情活力。斯文有礼的安行矩步固然是良好的行为习惯，生龙活虎的跳掷驰骋却也是儿童生活中不可或缺的一部分。① 今天来看，私塾学规并非完全没有价值，我们仍能从中小学生守则和各类校纪校规中隐约看到它的影子。

三、体罚

中国古代教育，体罚学生可谓传统悠久，《礼记·学记》云：“夏楚二物，收其威也。”② 东汉王充上书馆时，同学曾“皆以过失袒谪，或以书丑得鞭”。③ 塾师们常备竹木制的戒尺或竹片、藤条、棍棒等作为体罚之具，体罚方式主要是打手心、打屁股、敲脑袋。体罚一般不打脸，可以说在一定程度上顾及了儿童的颜面和自尊。广东人称私塾为“卜卜斋”，卜卜也者，广东话是象声词，指敲打的声音，因塾师常常打学生，故名。④ 福建民间有谚云：“一片无情竹，不打你不读。父母要纵容，莫要送来读。”⑤

---

① 吴小玮：《蒙以养正：论明清私塾学规对儿童的规训》，《河北师范大学学报》（教育科学版）2011 年第 5 期。

② 孟宪承编：《中国古代教育文选》，人民教育出版社 1979 年版，第 96 页。

③《论衡·自纪》。

④ 张倩仪：《另一种童年的告别——消逝的人文世界最后回眸》，商务印书馆 2001 年版，第 34 页。

⑤ 福建省地方志编纂委员会编：《福建省志·教育志》，方志出版社 1998 年版，第 57 页。

塾师体罚学生，原因大致分三个方面：（1）学习不努力或成绩不好。学生如不能按时背书、完成作业，塾师便施以体罚，学生为避免受罚，自然用功读书。两首儿歌云：“《大学》《大学》，屁股打得烂落！《中庸》《中庸》，屁股打得好种葱！”① “先生教我《大学》，我教先生赖学。先生教我《中庸》，我教先生屁股打得绯红。先生教我《公冶长》，我教先生困在大坟上。”②（2）违反学规。学生如有打架闹事、对教师不礼貌、逃学、偷盗等严重违背塾规之举，将被施以比背不出书更重度的体罚。（3）嬉戏玩耍。私塾学规繁琐而苛刻，对于嬉戏玩耍之事一向严厉禁止。

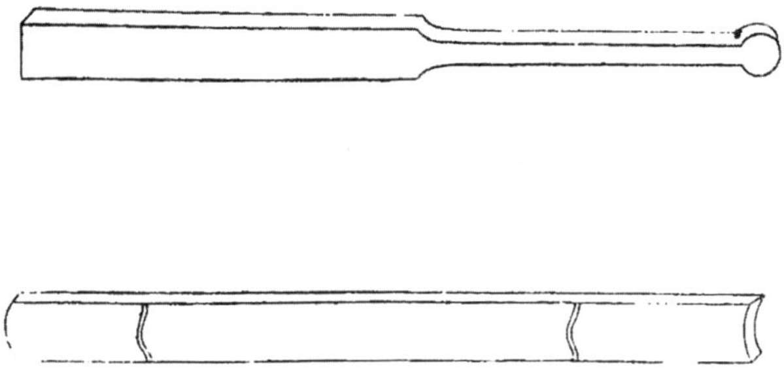

体罚学生用的戒方和竹片

四川乐山郭沫若对于幼年时在私塾里受到的体罚有着刻骨铭心的记忆：

> 我最忘记不了的是那“铁盔”的故事。
>
> 那在发蒙以后怕已经有一两年了，先生是爱用细竹打人的时候。小小的一个头脑打得一面都是疱块，晚上睡的时候痛得

---

① 周作人：《知堂回想录》，群众出版社 1999 年版，第 21 页。

② 无锡民歌：《先生教我人之初》，参见顾颉刚等辑，王煦华整理：《吴歌·吴歌小史》，江苏古籍出版社 1999 年版，第 536 页。

> 不能就枕，便只好暗哭。母亲可怜起来，她寻出了一顶硬壳的旧帽子给我，里面是有四个毡耳的。
>
> 这顶帽子便是一个抵御刑具的“铁盔”了。先生打起来只是震空价的响，头皮一点也不痛。我的五哥便和我争起这顶帽子来。有一天在进学堂的途中他给我抢去了，我便号啕痛哭起来。这使先生发觉了那个秘密，他以后打我的脑壳时，要揭去帽子再打了。
>
> 就这样又打得一头都是疱块，晚上又不能就起枕来。我们母亲这回也没有办法了。
>
> 像这样的刑罚我们叫做“笋子炒肉”，先生骂我们的时候就说是“牛皮子在痒”——其实何尝是痒和搔痒的那样轻快的事体呢。
>
> 除这“笋子炒肉”的刑罚之外，我们还要受各种各样的刑罚：罚站，罚跪土地。
>
> 跪土地是跪在“大成至圣先师孔老二”的神位面前的。我们家塾里的土地是三合土，那真是硬得难受。单跪土地还不要紧，先生不高兴的时候还要把一条板凳来顶在你的头上，家里的板凳多半是楠木的，而且还有牙齿，那真是又重又痛。但这还不够的时候，先生还叫你顶水。在板凳的两端一头放一碗满满的水，这是要使你伸直大腿、伸直腰、伸直颈子，长跪着动也不准一动的。动了一下，水如戾了一珠，那可不得了，那又要惨受“笋子炒肉”的非刑了。①

有的塾师甚至将体罚生徒演变成一种职业习惯。“他们以为‘严’

① 黄淳浩编：《郭沫若自叙》，团结出版社 1996 年版，第 26 页。

字是教师的无上职责，所谓‘严’，就是责斥、辱骂和体罚。”① 蒋梦麟回忆说：“如果我们背书时有些疙瘩，先生就会要我们一遍又一遍地再念，甚至念上一两百遍。碰上先生心情不好，脑袋上就会吃栗子。天黑放学时，常常有些学生头皮上带着几个大疙瘩回家。”② 周作人曾记载了两个以苛刻著名的塾师：一个是同族的叔辈，“据说曾经用竹枝抽打学生之后，再拿擦牙齿的盐来擦上，用了做腊鸭的法子整治学生，学生当然是受不了的，结果是被辞了馆完事。又有一个塾师，将学生的耳朵夹在门缝里，用力的夹，这是用轧胡桃的方法引申出来的，却不能确说是否他的故事了”。③ 一个姓王，用戒尺打手心，“要把手掌拗弯来，放在桌子角上，着实的打，有如捕快拷打小偷的样子……他又没收学生带去的烧饼糕干等点心，归他自己享用。他设用什么‘撒尿签’的制度，学生有要小便的须得领他这样的签，才可以出去”。④

也有不怎么体罚学生的塾师，如三味书屋的塾师“寿镜吾先生教学很严谨，他只收八个学生，认为多收了教不过来。他对学生要求严格，但是从不体罚学生”。⑤ 鲁迅先生回忆说：“他有一条戒尺，但是不常用，也有罚跪的规则，但也不常用，普通总不过瞪几眼，大声道：读书！”正因为如此，少年鲁迅的读书生活才有了些许乐趣：偶尔可以溜出去，“三味书屋后面也有一个园，虽然小，但在那里也可以爬上花坛去折腊梅花，在地上或桂花树上寻蝉蜕。最好的工作是捉了苍蝇喂蚂蚁，静悄悄地没有声音”。偶尔可以开小差，“先生读书入神的时候，于我们是很相宜的。有几个便用纸糊的盔甲套在指甲上做戏。我是画画

① 吴寄萍：《改良私塾》，中华书局 1939 年版，第 5 页。

② 蒋梦麟：《西潮 · 新潮》，岳麓书社 2000 年版，第 31 页。

③ 周作人：《知堂回想录》，群众出版社 1999 年版，第 17 页。

④ 周作人：《知堂回想录》，群众出版社 1999 年版，第 20 页。

⑤ 周建人：《回忆鲁迅的学习和教育活动》，参见顾明远等著：《鲁迅的教育思想和实践》“代序”，人民教育出版社 2001 年版。

儿，用一种叫作‘荆川纸’的，蒙在小说的绣像上一个个描下来，像习字时候的影写一样。读的书多起来，画的画也多起来；书没有读成，画的成绩却不少了，最成片段的是《荡寇志》和《西游记》的绣像，都有一大本。”①

鲁迅是幸运的，湖南邵阳蒋廷黻因私塾里读书生活枯燥乏味，因背着老师下棋，就遭到罚跪：

> 邓家私塾与其他私塾一样，没有运动和游戏。人们认为游戏有害于读书。换句话说，游戏和读书二者是不能并存的。某日有位客人来拜访蒋老师，晤谈甚久，我和哥哥就私下下起棋来。我们教室有一扇窗子正好对着竹林，竹林与窗子之间是一条小道，老师常从那儿过。我和哥哥把窗子用纸挡起来，窗角留个小洞，俾能看到窗外。出人意料的，客人还在房里，蒋老师竟到我们的窗下，他发现我们正在走棋。他回到房里立刻把我们叫去。他一问不问就说：“你们是要挨板子还是要罚跪？”我哥哥比我勇敢，他选择挨板子。可能他认为短时痛苦比长期受罪好。我自愿罚跪。老师打哥哥时几乎把板子都打断了才罢手，我在地上不晓得跪了多久。我在邓家私塾念了两年，只受过这一次罚。②

蒋梦麟小时候也有在私塾里嬉戏的经历，不知是否受到体罚，他说：

> 在我的家塾里，课程里根本没有运动或体育项目，小孩子

① 鲁迅：《从百草园到三味书屋》，参见《鲁迅全集》第 2 卷，人民文学出版社 1973 年版，第 388—389 页。

② 蒋廷黻著，谢钟琏译：《蒋廷黻回忆录》，岳麓书社 2003 年版，第 24—25 页。

们不许拔步飞跑，他们必须保持“体统”，一步一步慢慢地走。吃过中饭以后，我们得马上练字。我们简直被磨得毫无朝气。

村童闹学（明代仇英绘）

话虽如此，小孩子还是能够自行设法来满足他们嬉戏的本能。如果先生不在，家塾可就是我们的天下了。有时候我们把书桌搬在一起，拼成一个戏台在上面演戏。椅子板凳就成了舞台上的道具。有时候我们就玩捉迷藏。有一次，我被蒙上眼睛当瞎子，刚巧先生回来了，其余的孩子都偷偷地溜了，我轻而易举地就抓到一个人——我的先生。当我发现闯了祸时，我简直吓昏了。到现在想起这件事尚有余悸。①

塾里的读书生活枯燥乏味，少年儿童逃学的事情时有发生，有的家长不以为意。清代袁枚对儿子逃学之事似乎并不苛责，而是以调侃的方式记载道：

儿童逃学，似非佳子弟。然唐相韦端己诗云："曾为看花偷出郭，也因逃学暂登楼。"文潞公幼时，畏父督课，逃西邻张尧佐家，后有灯笼锦之贻；盖与贵妃本属世交，常通缟纻故也。可见诗人、名相，幼时亦尝逃学矣。阿通九岁，能知四声，而性贪嬉戏。重九日，余出对云："家有登高处。"通应声曰："人无放学时。"余不觉大笑，为请于先生而放学焉。其师出对云："上山人斫竹。"通云："隔树鸟含花。"②

四、人生出路

由于中国自汉代始就有从知识分子中选拔官员的传统，读书也就成为人们实现人生梦想的重要途径。知识改变命运，读书成就人生。对于中国人头脑中根深蒂固的"读书做官"的思想，早期来华的西方传教士们有过诸多记叙，即使在今天的社会生活中我们仍能感觉到这种传统教育观念的影子。

中国人笃信教育。不论是高官或是平民，是富的或是穷人，他们对教育的看法都是绝对一致的。而且，如果不是因为家里

① 蒋梦麟：《西潮·新潮》，岳麓书社 2000 年版，第 32 页。

② 袁枚著，顾学颉校点：《随园诗话》上册，人民文学出版社 1982 年版，第 264 页。

> 太穷或是因为父母没有足够的威慑力迫使孩子去学习的话，孩子们是必须要去上学的。人们不必对这种观点的一致性感到奇怪，因为受教育是通向由政府给予的荣誉与金钱的正统之路，而且它也是使得驰骋于年轻人头脑中的狂热野心得以最后实现的一种方式。①
>
> “念书做官”是每一位中国为人父母者常常挂在口头的一句话。那是他们对孩子的殷殷期望，因而也是每个孩子所孜孜追求的目标……在中国，读书求学的一切动机和最高期望，就是要步入仕途。当每一名孩子由懵懂无知到渐谙人事而进入学堂时，他首先被灌输和想到的，便是读书做官。而所有父母在为孩子提供受教育的机会时，他们念兹在兹的，也不过如此。②

传教士的叙述虽然形象生动，但并不完全可靠。由于能通过科举入仕的读书人非常少，考虑到家庭经济状况、子弟学业水平和职业选择，真正踏入科场的读书人只占受教育人口很小的一部分（见前述陈独秀的回忆），许多人可能读几年私塾就完成学业，到社会上自谋生计。私塾生徒的人生出路大致可分为以下几个方面：

第一，步入社会，开始职业人生。中国古代文化普及程度较低，作为初识文墨的知识分子，私塾生徒面临着多种职业选择：

（1）务农。这是农村大多数私塾学生毕业后的基本出路，有的可能是自耕农，有的可能是中小地主，一般佃户人家或长工奴仆的子弟是上不起学的。中国古代有耕读传家的传统，这其实主要是中小地主的家庭发展模式，进可以由科举入仕，退可以归园田自守。一些自耕农出身的

---

①［英］麦高温（D. J. Macgowan）著，朱涛、倪静译：《中国人生活的明与暗》，时事出版社 1998 年版，第 75 页。

②［美］何天爵（Holcombe Chester）著，鞠方安译：《真正的中国佬》，光明日报出版社 1998 年版，第 175 页。

子弟受了几年私塾教育，常常不甘心于田间劳作，会选择别的职业。

（2）经商。一些商业发达的市镇为底层知识分子的职业选择带来了从商机会，到商店当学徒或跟随长辈游走于市集之中的读书人在明清时期越来越多。河南汲县人王锡彤（1865—1938）从6岁到15岁读了10年私塾，追随过8位塾师。16岁开始选择职业，到修武县的盐店当学徒，不过数月后他便逃跑了，到淇泉书院做学生。①

（3）行医。一些塾生经过拜师学习或研习家传秘籍，以行医谋生。湖南长沙人徐特立（1877—1968）上了6年私塾，面临职业选择时，不愿随父辈务农。徐特立的祖父曾以中医为业，兼卜卦算命和堪舆。他便将祖父遗留下来的中医、卜卦和堪舆等书籍全都翻了出来，仔细研读，以医病、算命、看风水谋生。由于分不清细脉和弱脉的差别，卜卦又常常不灵验，他便断定“阴阳家都是走江湖的骗子”。于是两三年后决定改行当塾师。②

（4）业塾。有些塾生读书时间长，掌握了一定文史知识，加之对私塾教育的流程和方式相当熟悉，便干脆以塾师为职业，或出门坐馆，或招童蒙设教。其实，塾师职业队伍很大一部分本身就是私塾里培养出来的，即使那些业塾的秀才、举人、辞职或罢免的官员等，也曾经受过私塾教育。

（5）诉讼。古代没有专门的法律教育，人们因各种纠纷需要告官时，一般要委托掌握诉状写作技巧、具有口辩能力的文化人来帮忙打官司，于是讼师便成为塾生们一种不错的出路。据沈括《梦溪笔谈》记载：“世传江西人好讼，有一书名《邓思贤》，皆讼牒法也。其始则教

---

① 王锡彤著，郑永福、吕美颐点注：《抑斋自述》，河南大学出版社2001年版，第18—26页。

② 徐特立：《我的生活》。参见中央教育科学研究所编：《徐特立教育文集》（修订本），人民教育出版社1986年版，第287—288页。

以侮文，侮文不可得，则欺诬以取之；欺诬不可得，则求其罪劫之。盖‘思贤’，人名也，人传其术，遂以之名书。村校中往往以授生徒。”①说明有的私塾为了生徒出路，专门进行诉讼方面的训练，其手段方法不免下流。清代顺治九年（1652）曾发布《训士卧碑文》八条，其一云：“生员当爱身忍性，凡有司官衙门不可轻入。即有切己之事，止许家人代告。不许干与他人词讼，他人亦不许牵连生员作证。”② 政府严令禁止生员参与诉讼，基本排除了举子从事讼师的机会，“拱手”将这一职业群体让给了未得功名的底层读书人。

1888 年江南贡院乡试情景

（6）占卜。中国儒家思想里夹杂一些阴阳家和道家思想，塾生如果有兴趣，能获得一些星象、卜算、风水方面的知识和技能，再勤加研习，成年后混迹于卜卦算命之流，也是常有的事。

---

① 沈括：《梦溪笔谈》，岳麓书社 1998 年版，第 211—212 页。

② 孙培青主编：《中国教育史》（第三版），华东师范大学出版社 2009 年版，第 264 页。

第二，成为生员。私塾生徒通过初级科举考试（童试），获得秀才功名，可以到地方府学、州学、县学充任生员，甚至可以通过保送（贡生）、捐纳等途径升为中央官学（如国子监）生员。明清时期地方官学生员大致分廪膳生、增广生、附生三种，廪膳生享受政府提供的优厚生活津贴，增广生和附生虽无津贴，但享有同廪膳生一样的政治待遇，如免除赋税、徭役，见到官员可以不下跪等。各校廪膳生、增广生均有限额，初入学的秀才只能为附学生员（无限额），据岁考、科试，成绩优异者可递补增广生，再经考试升至廪膳生。

生员的目标是考举人、考进士，州学、府学、县学提供的津贴只够个人生活之需，尚不足以养活妻儿老小，因而有家庭负担的生员在就学应举的同时，还要到社会上自谋职业，主要就是训蒙处馆（即做塾师）。《儒林外史》第五回讲严致和的两位舅爷：“一个叫王德，是府学廪膳生员；一个叫王仁，是县学廪膳生员；都做着极兴头的馆，铮铮有名。”

第三，升入书院。地方官学的生员需要考取初级功名，但一些私人或官方举办的书院就没有那么严格，有功名的秀才、举人可以进来，没有功名的童生也可以申请入学。书院兴于唐而盛于宋，是从藏书机构逐渐发展为教育机构的。相比较私塾主要承担基础教育职能而言，书院则进行更高层次的教育，有点类似高等教育。书院一般有固定的经费来源，比如学田，非但不向学生收取费用，反而提供一定的补贴（膏火钱），因此到书院读书不仅可以解决学业之忧，还能弄点小钱以补家用，这对于那些不急于步入社会的私塾生徒非常具有吸引力。宋代开始，书院就有考试入学的制度，如建康（南京）明道书院招生“引疑义一篇，文理通明者，请入书院，以杜其泛”。① 明清时期政府加强了对书院的控制，书院对师长的选聘、学生的收录，规定越来越严格。乾隆元年（1736）上谕称：“书院之制，所以导进人才，广学校所不及……凡书院

① 邓洪波：《中国书院史》，东方出版中心（上海）2004 年版，第 171 页。

之长，必选经明行修，足为多士模范者，以礼聘请；负笈生徒，必择乡里秀异，沉潜学问者，肄业其中。”① 私塾生徒能进书院就读者非常少，要么通过童试，已成为秀才；要么只通过童试中前面的一两场考试，②而最终名落孙山者；要么就是童试不第，但成绩非常优异，好学上进，有培养前途的学生。

北京贡院考棚（1900年）

第四，进入仕途。由科举考试入仕一般是中国读书人的最高追求，但直接由私塾而入仕的较少，许多人是通过县学、书院等高层次教育之后才有机会中举人、中进士。明代曾规定“科举必由学校”，只有考中

① 邓洪波：《中国书院史》，东方出版中心（上海）2004年版，第436页。

② 明清两代童试共分三场：县试、府试、院试。县试由知县主持，录取者参加由知府主持的府试，府试录取者再参加由各省提学官（清代为学政）在府、州巡回举行的院试，院试录取者取得县学、州学、府学学生资格，称为生员，俗称秀才。

生员成为县学或府学的学生，有资格参加举人考试，从而使得私塾处于人才流动的基础环节，即培养生员。

也有些读书人特立独行，从未参加科举考试。宋初著名私学大师戚同文，年少时闻邑人杨悫教授生徒，过其学舍，因授《礼记》，随即成诵，日讽一卷，悫异而留之。不终岁毕诵《五经》，悫即妻以女弟（妹妹）。自是弥益勤励读书，累年不解带。戚同文虽然学的是科举之学，但他自己并未参加科举考试，悫尝勉之仕，同文曰："长者不仕，同文亦不仕。"意思是老师您不做官，学生我也不想做官。戚同文门下弟子甚众，筑室聚徒，请益之人不远千里而至，他的学生有很多步入仕途，登第者五六十人，宗度、许骧、陈象舆、高象先、郭成范、王砺、滕涉皆践台阁。①

还有些人因为参加几次科举考试，失败后就绝意仕进。晚清湖南长沙人杨昌济 1889 年考中秀才，1890 年首度乡试不第之后，当起了私塾教师，"余自弱冠，即有志于教育。"② 后来为了应乡试曾入长沙城南书院和岳麓书院短暂学习。戊戌变法失败后，杨昌济绝意仕进，主动舍弃举子身份，甘愿以授徒为业。

①《宋史》卷四五七《隐逸上·戚同文传》。

② 杨昌济：《余归国后对于教育之所感》。参见王兴国编：《杨昌济文集》，湖南教育出版社 1983 年版，第 52 页。

第七章　冲击

> 由书塾而到学堂！这一个转变，在当时的我的心里，比从天上飞到地上，还要来得大而且奇。其中的最奇之处，是我一个人，在全校的学生当中，身体年龄，都属最小的一点。
>
> 当时的学堂，是一般人的崇拜和惊异的目标。将书院的旧考棚撤去了几排，一间像鸟笼似的中国式洋房造成功的时候，甚至离城有五六十里路远的乡下人，都成群结队，带了饭包雨伞，走进城来挤看新鲜。在校舍改造成功的半年之中，“洋学堂”的三个字，成了茶店酒馆，乡村城市里的谈话的中心；而穿着奇形怪状的黑斜纹布制服的学堂生，似乎都是万能的张天师，人家也在侧目而视，自家也在暗鸣得意。
>
> ——郁达夫：《书塾与学堂》①

1934 年，风流才子郁达夫（1896—1945）应书商之约写一部自传，陆续在刊物上发表了 9 篇自传体散文，第一篇就叫《悲剧的出生》，《书塾与学堂》是第三篇。郁达夫自传的书没有完成，这些文章倒成了有关其生平的最佳资料。

郁达夫七八岁入私塾，到学堂念书时大概 10 岁，正好是清末兴堂、废科举之后。科举废除（1905），旧考棚自然拆除，富阳县的书院改为

① 郁达夫：《郁达夫文集》（第三卷），花城出版社、三联书店香港分店 1982 年版，第 374 页。

县立高等小学堂。学校里既有郁达夫一样的童蒙，也有进过学的 30 岁左右的秀才。① 这些秀才很可能原本就是县学里的生员，举业没得做了，倒成了第一批小学生。

近代社会以来，中国传统教育遭遇西方新式教育的强烈冲击，新旧教育的矛盾运动在一长一消中发展前行。随着晚清兴学堂、废科举，传统教育向新式教育转型的步伐加快，私塾逐渐退缩。然而，由于社会变革的进程错综复杂，加之政治形势动荡不已，导致私塾与学堂在一段时期内并行不悖，使中国教育呈现特有的二元结构。当然，这种二元结构并非简单的两分天下，亦非静止状态，而是有着鲜明的历史发展趋势：学校愈来愈多，私塾愈来愈少；学校愈来愈强势，私塾愈来愈衰败。

一、新式学校的发生发展

近代社会伊始，西方文化借助武力加紧向中国输出和渗透。私塾在 19 世纪中后期，遭遇到的两股异己力量：一是传教士开办的教会学校；二是中国人自办的新式学堂。早期教会学校以初等教育为主，无异于与民间私塾分食同一块蛋糕。1834 年传教士郭士立夫人在澳门开办一所女塾；1839 年马礼逊学校在澳门成立；1843 年英华书院从马六甲迁至香港；1844 年英国人阿尔德赛在宁波开设女子学塾；同年英国伦敦会在厦门开设英华

旅行传道的西方牧师

① 郁达夫：《郁达夫文集》（第三卷），花城出版社、三联书店香港分店 1982 年版，第 374 页。

男塾；1845 年美国长老会在宁波开设崇信义塾。① 尽管新式学校在鸦片战争后已经出现，但数量不多，规模不大，且零星分布于沿海地区，对私塾不会构成太大的影响。顾长声云：“传教士虽然采用免费入学办法，但进校学生不多，中途退学的也不少，尤其是女校更不易招收学生。如传教士于 1850 年在广州开办一所洋学堂，开学只有三名学生，不久，其中两名因不堪周围舆论的压力而退学。同年在广州由传教士开设的一所女子寄宿学堂，开学那天，本来报名上学的女生一个也不敢前来，后来总算动员来了几个，不久又全部退学。”②

早期的教会女子学校

① 参见孙培青主编：《中国教育史》（第三版），华东师范大学出版社 2009 年版，第 304—305 页。另见顾长声：《传教士与近代中国》（增补本），上海人民出版社 1981 年版，第 226 页。

② 顾长声：《传教士与近代中国》（增补本），上海人民出版社 1981 年版，第 227 页。

洋务运动时期，在自强、求富的口号下，情况有所变化。一是官方创办新式学堂，开始了体制内发展现代教育的探索。自 19 世纪 60 年代至 90 年代，洋务派创立洋务学堂约 30 余所，① 重在方言学堂、武备学堂和实业学堂。从表面上看，这些学堂具有高等教育的性质，“属于提供专门训练的专科性学校”，② 但实际上招收的学生从 13 岁至 20 岁不等，如天津水师学堂招收 13—17 岁已读过数年书的良家子弟，江南陆师学堂招收 13—20 岁之文理通顺、能知大义之聪颖子弟。③ 二是教会学校在向西方学习的氛围下发展迅速，1875 年教会学校总数约增加到 800 所，学生约 2 万人。④ 1899 年教会学校总数增加到约 2000 所，学生在 4 万人以上。⑤ 三是民间士绅开始创办新式小学堂，以光绪四年（1878）张焕纶在上海所办之正蒙书院为最早。该院有学生百余人，分小、中、大班。算数、礼仪、游戏、技艺列入课程之内。光绪二十一年（1895），钟天纬在上海办三等学堂，而以语体文编教本，为国语教科书之先河。⑥ 梁启超 1896 年评论说：“今沿江沿海各省，其标名中西学馆英文

---

① 孙培青主编：《中国教育史》（第三版），华东师范大学出版社 2009 年版，第 311 页。

② 孙培青主编：《中国教育史》（第三版），华东师范大学出版社 2009 年版，第 319 页。

③ 孙培青主编：《中国教育史》（第三版），华东师范大学出版社 2009 年版，第 312—313 页。

④ 顾长声：《传教士与近代中国》（增补本），上海人民出版社 1981 年版，第 227 页。

⑤ 顾长声：《传教士与近代中国》（增补本），上海人民出版社 1981 年版，第 228 页。

⑥（民国）教育部：《第一次中国教育年鉴》，开明书店 1934 年初版，丙编第 421 页。正蒙书院 1882 年改名为梅溪书院（其性质仍是新式学堂），1902 年又改名为梅溪学堂。1904 年胡适从安徽来上海，上的就是梅溪学堂。

书塾以教授者，多至不可胜数。”①

维新变法前后，官方兴办新式学堂逐渐多样化。变法前，著名的有天津北洋西学堂（1895）、上海南洋公学（1896）、上海经正女学（1897）、北京通艺学堂（1897）、杭州求是书院（1897）、绍兴中西学堂（1897）、湖南时务学堂（1897）、浏阳算学馆（1897）等。② 变法中，光绪于1898年7月10日发布上谕《书院改学堂》：“将各省府厅州县现有之大小书院，一律改为兼习中学西学之学校。至于学校等级，自应以省会之大书院为高等学，郡城之书院为中等学，州县之书院为小学，皆颁给京师大学堂章程，令其仿照办理，其地方自行捐办之义学、社学等，亦令一律中西兼习，以广造就。”③ 惜乎变法失败，只有京师大学堂得以保留。民间私人办学堂的积极性也有所提高，如1898年浙江新昌士绅筹设新知学堂。④ 1899年浙江富商叶澄衷在上海创办澄衷学堂（1901年蔡元培曾代理澄衷学堂校长）。1900年江苏太仓太镇学会在县城创办中西学堂。⑤

一个非常值得关注的现象是：在沿海一些风气渐开之地，民间还出现了自发将私塾改为学堂的行为，如：光绪十九年（1893）浙江萧山正性义塾改为蒙养小学。⑥ 绍兴陶堰镇陶氏家族延续100多年的惜荫义塾，

---

① 梁启超：《变法通议·论幼学》，参见梁启超：《饮冰室合集》，中华书局1988年版。

② 孙培青主编：《中国教育史》（第三版），华东师范大学出版社2009年版，第332—333页。

③ 汤志钧、陈祖恩编：《中国近代教育史资料汇编·戊戌时期教育》，上海教育出版社1993年版，第55—56页。

④ 张彬：《从浙江看中国教育近代化》，广东教育出版社1996年版，第90页。

⑤ 太仓县县志编纂委员会编：《太仓县志》，江苏人民出版社1991年版，第675页。

⑥ 张彬：《从浙江看中国教育近代化》，广东教育出版社1996年版，第89—90页。

于光绪廿四年（1898）改为浔阳学堂。①

京师大学堂遗迹

新式学堂给中国教育带来了新的元素（如分班教学、分学科按课程表上课、实行年级制等），为青少年提供了传统之外的教育机会。入教会学堂者如：福建龙溪林语堂（1895—1976）的父亲林至诚是位基督徒，林语堂及其兄长从小就在教会学校接受教育。② 入洋务学堂者如：福建侯官严复（1854—1921），因1866年父亲去世，“科举致仕的憧憬顿成泡影”，便考入福建船政学堂，改学洋务。③ 天津张伯苓（1876—

① 吴仁安：《明清江南望族与社会经济文化》，上海人民出版社2001年版，第203页。

② 万平近：《林语堂评传作》，重庆出版社1996年版，第7—8页。

③［美］本杰明·史华兹（Benjamin I. Schwartz）著，叶凤美译：《寻求富强：严复与西方》，江苏人民出版社1996年版，第20—23页。

1951），早年入家馆就读，后考入北洋水师学堂学习驾驶，1897 年毕业。① 浙江绍兴鲁迅（1881—1936），1898 年考入南京水师学堂，翌年即转入江南陆师学堂附设路矿学堂。② 入维新学堂者如：江苏无锡侯鸿鉴（1872—1961），早年熟读经史，1897 年入上海南洋公学师范院肄业。③ 湖南长沙人杨树达（1885—1956），原为塾生，光绪二十三年（1897）十月考入湖南时务学堂第一班。与他一道入时务学堂的还有慈利人李炳寰、邵阳人蔡艮寅（即蔡锷）等，共计 40 人。④

鲁迅后来在《呐喊》自序中回忆告别私塾去南京学洋务时的情形，他说：

> 有谁从小康人家而坠入困顿的么？我以为在这途路中，大概可以看见世人的真面目。我要到 N 进 K 学堂去了，仿佛是想走异路，逃异地，去寻求别样的人们。我的母亲没有法。办了八元的川资，说是由我的自便；然而伊哭了，这正是情理中的事，因为那时读书应试是正路，所谓学洋务，社会上便以为是一种走投无路的人，只得将灵魂卖给鬼子，要加倍的奚落而且排斥的，而况伊又看不见自己的儿子了。⑤

---

① 王鸿宾、武修敬等主编：《中国教育大系 · 历代教育名人志》，湖北教育出版社 1994 年版，第 480 页。

② 许寿裳：《鲁迅先生年谱》。参见《鲁迅全集》第 20 卷，人民文学出版社 1973 年版，第 616 页。

③ 王鸿宾、武修敬等主编：《中国教育大系 · 历代教育名人志》，湖北教育出版社 1994 年版，第 503 页。

④ 杨树达：《积微翁回忆录 · 积微居诗文抄》，上海古籍出版社 1986 年版，第 2—4 页。

⑤ 鲁迅：《〈呐喊〉自序》。参见《鲁迅全集》第 1 卷，人民文学出版社 1973 年版，第 270 页。

尽管有了一批接一批的青少年到新式学堂就读，但到 19 世纪末，读书应试依然是正路，中国普通民众的教育观念和教育生活，基本沿着历史的惯性向前发展，私塾虽然受到为数不多的新式学校的冲击，但冲击力度有限。

二、兴学堂废科举

1900 年 8 月，八国联军进京，慈禧太后、光绪皇帝、王公大臣仓皇出逃，一路向西，落脚于陕西西安。1901 年 1 月 29 日，光绪皇帝在西安颁布的改革上谕，拉开十年新政的序幕。1902 年“壬寅学制”颁布，未及施行又于 1904 年 1 月颁行“癸卯学制”，开始了从中央政府到地方政府的大规模兴学运动。1905 年废科举，成立学部，可以说从社会流动制度上抽掉了传统教育的存在根基。学制的颁行和科举的废除，强有力地推动了中国教育的现代转型，传统教育节节退缩，新式学堂迅速扩张，塾师阶层的职业活动遭到了颠覆性的冲击，尤其是高级私塾的应举教育，彻底烟消云散，可谓其亡也忽。

（一）清末学制的颁行

早在 1884 年，郑观应就提出中国应仿照西方，建立小学、中学、大学三级学制系统。《盛世危言·考试下》云：“窃谓中国自州县、省会、京师，各有学宫、书院，莫若仍其制而扩充之，仿照泰西程式，稍为变通，文武各分大、中、小三等，设于各州县者为小学，设于各府、省会者为中学，设于京师者为大学……延聘精通中西之学者，为学中教习。详订课程，三年则拔其尤者，由小学而升中学；又三年拔其尤者，由中学而升大学，然后分别任使，进用之阶，文武一律，无所轻重。各乡亦分设家塾、公塾，无论贫富，皆可读书习艺，即不入小学肄业者，

逢小学甄别之期，亦须赴试，必先由小学考取有名，三年后始准预试。”①

维新变法期间，康有为于 1898 年 7 月 3 日上书光绪《请饬各省改书院淫祠为学堂折》：“奏为请改直省书院为中学堂，乡邑淫祠为小学堂，令小民六岁皆入学，以广教育，以成人才……臣维古者国学之下，有乡塾、党庠、术序。泰西各国，尤崇乡学，其中等学校、小学校遍地，学校以数十万，生徒数万万，举国男女，无不知书识字，解图绘，通算学，知历史，粗谙天文地理之人。”② 康有为给光绪提出兴学办法，“莫若因省府州县乡邑公私现有之书院、义学、社学、学塾，皆改为兼习中西之学校，省会之大书院为高等学，府州县之书院为中等学，义学、社学为小学”。③

按理，康有为关于依托原有私塾建立小学，依托县城书院建立中学的设想比郑观应以县书院为小学要现实得多，但光绪皇帝似乎更乐于采用郑观应的主张，1898 年 7 月 10 日上谕《书院改学堂》云：“将各省府厅州县现有之大小书院，一律改为兼习中学西学之学校。至于学校等级，自应以省会之大书院为高等学，郡城之书院为中等学，州县之书院为小学，皆颁给京师大学堂章程，令其仿照办理，其地方自行捐办之义学、社学等，亦令一律中西兼习，以广造就。”④ 尽管皇帝注意到乡间的义学之类，但并没有将之纳入政府公共教育系统的打算，只不过鼓励性地提了“中西兼习”。然而，维新只持续了一百天，许多政令还没有

① 璩鑫圭、童富勇编：《中国近代教育史资料汇编 · 教育思想》，上海教育出版社 1997 年版，第 77—78 页。

② 璩鑫圭、童富勇编：《中国近代教育史资料汇编 · 教育思想》，上海教育出版社 1997 年版，第 144 页。

③ 璩鑫圭、童富勇编：《中国近代教育史资料汇编 · 教育思想》，上海教育出版社 1997 年版，第 145 页。

④ 汤志钧、陈祖恩编：《中国近代教育史资料汇编 · 戊戌时期教育》，上海教育出版社 1993 年版，第 55—56 页。

来得及推行。光绪书院改学堂之举也不过是平地一声惊雷，很快就偃旗息鼓了。

新政之初，清廷于 1901 年 9 月诏令各省设立学堂，要求“各省所有书院，于省城均改设大学堂，各府及直隶州均改设中学堂，各州、县均改设小学堂，并多设蒙养学堂”。① 这完全是维新的翻版。1902 年 8 月 15 日，清廷颁布京师大学堂校长兼管学大臣张百熙主持拟订的《钦定学堂章程》(即“壬寅学制”)，未及实施，又于 1904 年 1 月 13 日颁布一套重新拟订的学制系统文件，统称为《奏定学堂章程》(即“癸卯学制”)。

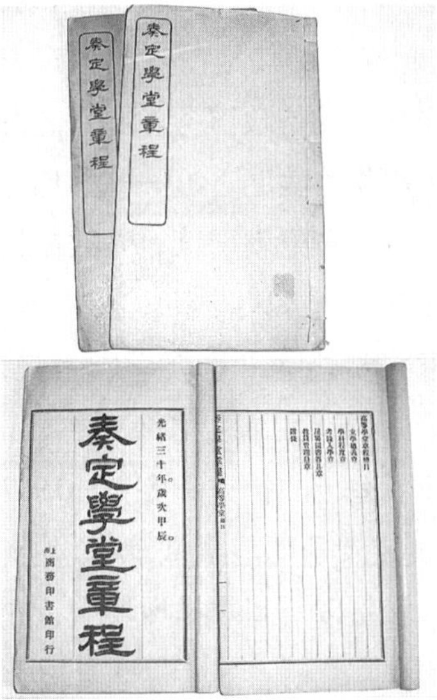

1904 年颁布的《奏定学堂章程》

清朝光绪年间《最新初等小学用国文教科书》第一册第一课为 8 个大字“天地日月、山水土木”，第二课则是“父母子女、井户田宅”。

《奏定初等小学堂章程》云：“小县城内亦必设初等小学二所，大

① 璩鑫圭、唐良炎编：《中国近代教育史资料汇编·学制演变》，上海教育出版社 1991 年版，第 5—6 页。

县城内必设初等小学三所，各县著名大镇亦必设初等小学一所，此皆名为初等官小学”。①《奏定高等小学堂章程》云：“城镇乡村均可建设高等小学堂，虽僻小州、县，至少必应由官设立高等小学堂一所以为模范，名为高等官小学堂。”②《奏定中学堂章程》云：“中学堂定章各府必设一所，如能州、县皆设一所最善。惟此初办不易，须先就府治或直隶州治由官筹设一中学堂，以为模范，名为官立中学。”③ “癸卯学制”在制度设计上沿袭分级办学的传统，县城设小学堂，府城设中学堂、省城设高等学堂、京师设大学堂，除京师大学堂是戊戌变法中新建立起来的之外，其他官立学堂一般是以书院为基础改建的。

学制及相关诏令的发布施行，掀起了政府层面的大规模兴学运动，从低到高的新式学堂迅速在全面各地建立起来。尤其是在基础教育方面，以前是民间办学的天下，现在成了政府部门的行政事务。更为值得注意的是，《奏定初等小学堂章程》有将私塾改为学堂之语——“凡有一人出资独立设一小学堂者，或家塾招集邻近儿童附就课读，人数在三十人以外者，及塾师设馆招集儿童在馆授业在三十人以外者，名为初等私小学，均遵官定章程办理。”④ 这是有意将私塾纳入到新学制中来，为后来的私塾改学堂提供了政策依据。

“癸卯学制”颁行后，清廷又对之进行了适当的补充和完善。1907年3月公布《奏定女子小学堂章程》和《奏定女子师范学堂章程》，女子教育的合法性在新式学堂中得到了确立。私塾以前基本排斥女生，在

---

① 璩鑫圭、唐良炎编：《中国近代教育史资料汇编·学制演变》，上海教育出版社1991年版，第292页。

② 璩鑫圭、唐良炎编：《中国近代教育史资料汇编·学制演变》，上海教育出版社1991年版，第307页。

③ 璩鑫圭、唐良炎编：《中国近代教育史资料汇编·学制演变》，上海教育出版社1991年版，第317页。

④ 璩鑫圭、唐良炎编：《中国近代教育史资料汇编·学制演变》，上海教育出版社1991年版，第292页。

女子学堂的影响下部分私塾也开始招收女生。1909 年 5 月学部奏请以小学简易科以补初等小学堂之不足，云："凡地方瘠苦、公私款项无多，不能多设初等小学者，以及民间自立私塾，教其子弟，不能仿照初等小学办理者，准其设立小学简易科。"简易科又分四年毕业和三年毕业两类，"听民间自为忖度"。① 这种降低办学门槛之举，其意就在于使新式小学能在各地大量建立起来。

（二）科举制度的废除

有关科举改革的呼声，在维新变法之前就时有显现。梁启超在甲午战争后即说："故欲兴学校、养人才，以强中国，惟变科举为第一义。大变则大效，小变则小效。"② 严复将八股取士之弊归纳为"锢智慧""坏心术""滋游手"，疾呼"痛除八股而大讲西学"，"不独破坏人才之八股宜除，举凡宋学汉学，词章小道，皆宜束之高阁也"。③ 1898 年 6 月，光绪下诏废除八股，改试策论，并设经济特科。尽管变法失败后科举考试恢复八股取士，但新政伊始，光绪即在 1901 年 5 月上谕开经济特科，8 月下令"不准用八股文程式，策论均应切实敷陈，不得仍前空衍剽窃"。④

新政兴学官员有一条普遍的共识，认为科举考试是新式学校发展的障碍，士人追求科举功名，便不愿入新式学校受教，要发展现代教育，必得废除科举考试，切断读书应举之路。1901 年，两广总督陶模、广东巡抚德寿联名上《奏请变通科举折》，云："俟学校齐备，课有成才，

① 璩鑫圭、唐良炎编：《中国近代教育史资料汇编·学制演变》，上海教育出版社 1991 年版，第 545 页。

② 梁启超：《变法通议·论科举》，参见陈学恂主编：《中国近代教育文选》，人民教育出版社 1983 年版，第 139 页。

③ 严复：《救亡决论》，参见陈学恂主编：《中国近代教育文选》，人民教育出版社 1983 年版，第 188—199 页。

④ 璩鑫圭、唐良炎编：《中国近代教育史资料汇编·学制演变》，上海教育出版社 1991 年版，第 4 页。

即将科举停止，俾天下向学之士归于一途，庶几真才蔚起，百废俱兴，扶危定倾之始基，实在于是。”① 1903 年 3 月，袁世凯、张之洞上《请递减科举折》，其言曰：

> 盖学校所以培才，科举所以抡才；使科举与学校一贯，则学校将不劝自兴；使学校与科举分途，则学校终有名无实。何者？利禄之途，众所争趋；繁重之业，人所畏阻。学校之成期有定，必累年而后成材；科举之诡弊相仍，可侥幸而期获售。虽废去八股试帖，改试策论经义；然文字终凭一日之长，空言究非实诣可比……今不入学堂，而亦能得科举，且入学堂反不能如此之骤得科举，又孰肯舍近而图远，避易而求难……是科举一日不废，即学校一日不能大兴；将士子永远无实在之学问，国家永远无救时之人才；中国永远不能进于富强，即永远不能争衡于各国……今宜略师乾隆时减裁中额之法，拟请侍万寿恩科举行后，将各项考试取中之额，预计均分，按年递减。学政岁科试分两科减尽，乡会试分三科减尽。即以科场递减之额，酌量移作学堂取中之额，俾天下士子，舍学堂一途，别无进身之阶，则学堂指顾而可以普兴，人才接踵而不胜用。②

1904 年 1 月，张百熙、荣庆、张之洞联名上《奏请递减科举注重学堂折》，云：“科举未停，天下士林谓朝廷之意并未专重学堂也。然则科举若不变通裁减，则人情不免观望，绅富孰肯筹捐，经费断不能筹，学堂断不能多。入学堂者恃有科举一途为退步，既不肯专心向学，且不肯

① 璩鑫圭、唐良炎编：《中国近代教育史资料汇编·学制演变》，上海教育出版社 1991 年版，第 25 页。

② 璩鑫圭、唐良炎编：《中国近代教育史资料汇编·学制演变》，上海教育出版社 1991 年版，第 524—526 页。

恪守学规……窃思就事理而论，必须科举立时停罢，学堂办法方有起色，学堂经费方可设筹。”①

先是改革科举考试的形式和内容，后是逐步递减名额，以“三科减尽”计，需要九年。新政当权的臣子不断就科举问题上奏，心情越来越迫切，急欲除之而后快。1905 年初秋，出现相当罕见的六位封疆大吏联名上奏《立停科举推广学校折》，云：“科举一日不停，士人皆有侥幸得第之心，以分其砥砺实修之志。民间更相率观望，私立学堂绝少，又断非公家财力所能普及，学堂决无大兴之望。就目前而论，纵使科举立停，学堂遍设，亦必须十数年后人材始盛。如再迟至十年甫停科举，学堂有迁延之势，人才非急切可成，又必须二十余年后，始得多士之用。强邻环伺，岂能我待？……故欲补救时艰，必自推广学校始；而欲推广学校，必自先停科举始。”② 此折署名的这六位大臣分别是直隶总督袁世凯、盛京将军赵尔巽、两湖总督张之洞、两江总督周馥、两广总督岑春煊、湖南巡抚端方。

光绪皇帝看了立停科举的奏折，觉得不无道理，于 1905 年 9 月 2 日发布上谕：自丙午科（1906）为始，所有乡会试一律停止，各省岁科考试亦即停止。③ 至此，癸卯学制颁行一年半之后，新政施行四年半之后，戊戌变法七年之后，延续了 1300 年的科举制度骤然停止。废科举对于兴学堂的重要意义，教育史家陈青之评论说：“当是时，全国舆论，皆以为阻碍学堂之进行的莫过于科举，科举一日不废除则人人怀着观望的态度，学堂即一日不能进行……自此年科举明令停止以后，昔日封建

① 璩鑫圭、唐良炎编：《中国近代教育史资料汇编·学制演变》，上海教育出版社 1991 年版，第 527 页。

② 璩鑫圭、唐良炎编：《中国近代教育史资料汇编·学制演变》，上海教育出版社 1991 年版，第 530—531 页。

③ 璩鑫圭、唐良炎编：《中国近代教育史资料汇编·学制演变》，上海教育出版社 1991 年版，第 533 页。

时代的教育于是一笔勾销，而新式的学校教育乃勃然而兴起。”①

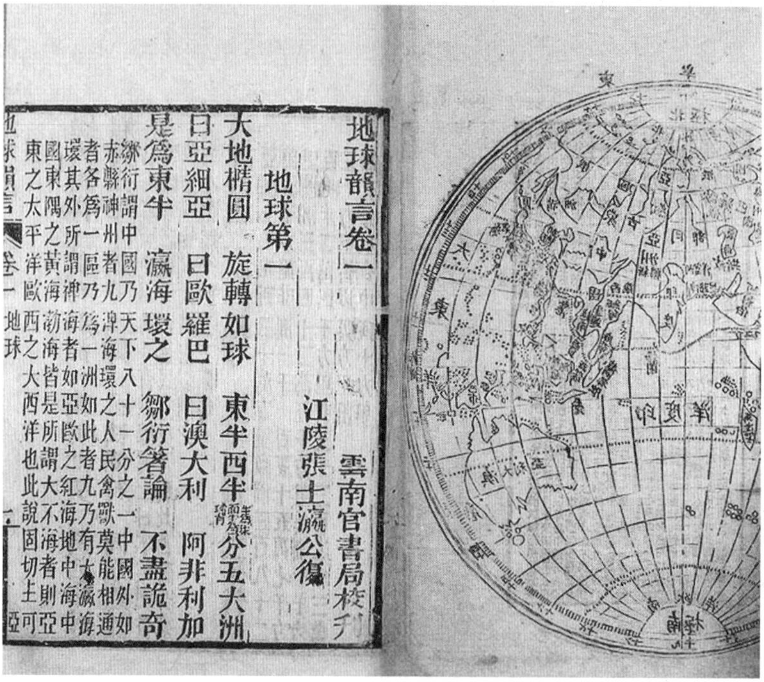

清末张士瀛编的《地球韵言》，以传统四言韵文的方式，普及地理学常识

由于读书求功名的思想观念深入人心，人们在设计新式学校制度时，自然想到将之与功名联系起来，以谋出路、广生源。1896 年 8 月，孙家鼐进呈《议复开办京师大学堂折》，提出“中国素重科目，不宽予以出身之路，终不能鼓舞人才。”② 1896 年 10 月，梁启超《变法通议·论科举》提出具体设想：“远法三代，近采泰西，合科举于学校；自京师以讫州县，以次立大学小学，聚天下之才，教而后用之。入小学者比

① 陈青之：《中国教育史》，福建教育出版社 2009 年版，第 606 页。

② 汤志钧、陈祖恩编：《中国近代教育史资料汇编·戊戌时期教育》，上海教育出版社 1993 年版，第 124 页。

诸生，入大学者比举人，大学学成比进士；选其尤异者出洋学习，比庶吉士。其余归内外户刑工商各部任用，比部曹。庶吉士出洋三年，学成而归者，授职比编检。”① 1898 年 7 月，《京师大学堂章程》正式将学堂毕业生奖励科举出身形成制度：“由小学卒业领有文凭者，作为经济生员升入中学；由中学卒业领有文凭者，作为举人升入大学；由大学卒业领有文凭者，作为进士引见授官。既得举人者，可以充各处学堂教习之职；既得进士者，就其专门，各因所长授以职事，以佐新政。”② 1904 年 1 月，癸卯学制系列文件中有《奏定各学堂奖励章程》：“大学堂程度甚高，应奖给进士；高等学堂程度次之，高等学堂及他学堂之程度相等者，均应奖给举人；中学堂又次之，中学堂及他学堂程度相等者，应奖给优、拔等贡生。”程度最高的是通儒院，毕业奖以翰林；最低是的高等小学，毕业最优等为廪生，优等为增生，中等为附生，下等为佾生，最下等遣回原籍。③ 由于当时科举未废，一些求功名的接受新式教育的学生也出现在科举考场里，如就读浙江高等学堂的蒋梦麟从杭州到绍兴参加郡试，顺利考取余姚县学附生，之后依然回浙江高等学堂就读。④ 1905 年朝廷宣布科举废除之后，学堂也就成了获得功名的唯一途径。1911 年 9 月，学部奏请停止有名无实的出身奖励制度。民国成立以后，对大、中、小学毕业生授予毕业证书，对大学毕业生还根据程度授予相应的学位。

---

① 梁启超：《饮冰室合集》第一册，中华书局 1988 年版，第 27—28 页。

② 汤志钧、陈祖恩编：《中国近代教育史资料汇编 · 戊戌时期教育》，上海教育出版社 1993 年版，第 131 页。

③ 璩鑫圭、唐良炎编：《中国近代教育史资料汇编 · 学制演变》，上海教育出版社 1991 年版，第 514—523 页。

④ 蒋梦麟：《西潮 · 新潮》，岳麓书社 2000 年版，第 59—65 页。

（三）新政兴学对私塾的影响

紧随兴学堂、废科举，1905 年 12 月，清廷成立学部作为中央教育行政机关，1906 年 4 月，省级政府设立提学使司、县级政府设立劝学所，作为地方教育行政机构。这一系列举措，从体制上实现了中国教育从传统到现代的转型。各级地方官学在兴学中纷纷改为高等学堂、中学、小学，政府办学在短时间内就完成了现代转型，传统教育机构只剩下了民间私塾。而且，由于废科举消解了青年士人的举子身份，私塾中以举业为中心的经馆戛然而止，因此 1905 年之后，私塾几乎成了蒙馆的天下。

即便是蒙馆，在新政兴学中也备受打击。新式学堂快速蔓延，为少年儿童提供了大量的入学机会，私塾的生源必然急剧下降。我们从表 7－1可知，1902 年全国小学生只有五六千人，1912 年达到 279 万多人，十年之间增加了 500 倍。

表 7－1：1902—1912 部分年份全国小学情况统计

年份	小学校数	小学生数
1902	—	约 5000—6000
1903	—	约 20000 以上
1904	—	约 80000 以上
1905	—	约 230000 以上
1907	34650	918586
1908	41379	1192921
1909	51678	1532746
1912	86318	2793633

资料来源：古楳编《现代中国及其教育》下册，中华书局 1936 年版，第 351 页。（民国）教育部《第一次中国教育年鉴》，开明书店 1934 年版，丙编第

423 页。

新式学堂不仅吸引刚到入学年龄的儿童，而且有不少已入私塾就读者转入学堂。由私塾入学堂的现象在中国现当代史上的人物传记和回忆录中比比皆是，本章开篇时讲述的郁达夫即为其中之一。再如：江苏建湖陈中凡（1888—1982），儿时曾在家乡入私塾多年，1903 年入镇江承志学校读书，次年转淮安中学堂，1913 年考取北大哲学系。① 浙江义乌陈望道（1891—1977），早年破蒙于私塾，1906 年入义乌县立绣湖小学。② 湖南湘潭毛泽东（1893—1976），1902 年开始入私塾读书，先后受学于 6 位塾师，1910 年秋考入湘乡县立东山高等小学堂。③ 江苏苏州顾颉刚原本在城北姚家上私塾，1906 年以第一名考入地方上开办的第一班高等小学。④ 辽宁海城于省吾（1896—1984），7 岁入私塾，父亲任塾师，后转入初等小学。⑤ 河南唐河冯友兰（1895—1990），父亲为戊戌科（1898）进士，冯幼年在家读私塾，1910 年到开封入中州公学中学班。⑥

私塾生源减少，塾师们便面临失馆之忧。不少塾师跑到学堂里去做学生，或做教师。做学生如：江苏丹徒赵声，1901 年初赴南京执教于某

---

① 高增德、丁东编：《世纪学人自述》第一卷，北京十月文艺出版社 2000 年版，第 1 页。

② 王鸿宾、武修敬等主编：《中国教育大系 · 历代教育名人志》，湖北教育出版社 1994 年版，第 589 页。

③ 逄先知主编：《毛泽东年谱（1893—1949）》上卷，中央文献出版社 2005 年版，第 2—8 页。

④ 顾颉刚：《古史辨》第一册“自序”，上海古籍出版社 1982 年版，第 11—12 页。

⑤ 高增德、丁东编：《世纪学人自述》第一卷，北京十月文艺出版社 2000 年版，第 167 页。

⑥ 高增德、丁东编：《世纪学人自述》第一卷，北京十月文艺出版社 2000 年版，第 80 页。

家馆，旋以第一名考入江南水师学堂。① 辽宁兴城人吴景濂，1893 年在家设馆授徒，1902 年冬赴京投考京师大学堂，入师范馆。② 湖南长沙塾师徐特立，1905 年和两位塾师同行姜济寰、何雨农，相约一同去投考周震鳞先生创办的宁乡速成师范，皆以优异的成绩被录取。有的塾师追赶潮流，出国留学，湖南长沙杨守仁，1900 年在龙湛霖家坐馆，1902 年春携家馆学生龙飏原东渡日本留学。③ 另一位长沙塾师杨昌济，1902 年考取官费留日资格，1903 年 3 月赴日。浙江绍兴陶成章，在家乡设馆授徒，1902 年赴日本留学。④ 四川荣县吴玉章，1900 年执教于私塾，一面课蒙，一面自学，1903 年赴日本留学。⑤ 四川新繁吴虞，在成都唐家课馆不久，怂恿三个学生随他一道于 1905 年去日本留学。⑥ 做教师如：茅盾早年在私塾里读书时，先生叫王彦臣。后来转入植材高等小学，该校“教国文的有四个老师，一个就是王彦臣，他现在不办私塾，到新学堂里来教书了，不过教的还是老一套，他教的好像是《礼记》……另外两个国文教师都是镇上的老秀才，一个教《左传》，一个教《孟子》”⑦。湖

---

① 王鸿宾、武修敬等主编：《中国教育大系·历代教育名人志》，湖北教育出版社 1994 年版，第 363 页。

② 吴叔班记录，张树勇整理：《吴景濂自述年谱》（上），载《近代史资料》总 106 号，中国社会科学出版社 2003 年版，第 1—13 页。

③ 王鸿宾、武修敬等主编：《中国教育大系·历代教育名人志》，湖北教育出版社 1994 年版，第 362 页。

④ 王鸿宾、武修敬等主编：《中国教育大系·历代教育名人志》，湖北教育出版社 1994 年版，第 369 页。

⑤ 王鸿宾、武修敬等主编：《中国教育大系·历代教育名人志》，湖北教育出版社 1994 年版，第 522 页。

⑥ 高增德、丁东编：《世纪学人自述》第六卷，北京十月文艺出版社 2000 年版，第 102—103 页。唐振常：《香江论学集》，复旦大学出版社 2001 年版，第 71 页。

⑦ 茅盾：《我走过的道路》（上册），人民文学出版社 1981 年版，第 67 页。

南汉寿女塾师易瑜，于1908年受张謇之聘，赴南通任女子师范学堂教习。① 而来不及弃旧从新的塾师，只有无奈地承受教育转型带来的巨大冲击。以塾师为业的山西举人刘大鹏，在日记中有数则记载（日记不乏夸张，刘大鹏本人并未失业）：

今秋闻济卿言，其旧东家欲令子弟学西法，嫌守旧学，是以力辞其馆就别业。②（1904年12月22日）

昨日在县，同人皆言科考一废，吾辈生路已绝，欲图他业以谋生，则又无业可托，将如之何？③（1905年10月23日）

科考一停，同人之失馆者纷如，谋生无路，奈之何哉！④（1905年11月3日）

去日，在东阳镇遇诸旧友藉舌耕为生者，因新政之行，多致失馆无他业可为，竟有仰屋而叹无米为炊者。嗟乎！士为四民之首，坐失其业，谋生无术，生当此时，将如之何？⑤（1906年3月19日）

吾邑东南一带蒙馆全散数日，有汶水县人亦言其县之蒙馆亦闻风而散。⑥（1906年5月25日）

武肄三充太谷北乡劝学员，所劝大村小庄设立学堂，蒙童

① 王鸿宾、武修敬等主编：《中国教育大系·历代教育名人志》，湖北教育出版社1994年版，第413页。

② 刘大鹏著，乔志强标点：《退想斋日记》，山西人民出版社1990年，第138页。

③ 刘大鹏著，乔志强标点：《退想斋日记》，山西人民出版社1990年，第147页。

④ 刘大鹏著，乔志强标点：《退想斋日记》，山西人民出版社1990年，第147页。

⑤ 刘大鹏著，乔志强标点：《退想斋日记》，山西人民出版社1990年，第149页。

⑥ 刘大鹏著，乔志强标点：《退想斋日记》，山西人民出版社1990年，第152页。

从事于科学，欲将一切舌耕者置于闲散，不得藉以谋生。现在太谷一邑，蒙师多不能安其业也，有因设立学堂而废旧日蒙馆者已数村矣，天实为之，谓之何哉!①（1907 年 4 月 14 日）

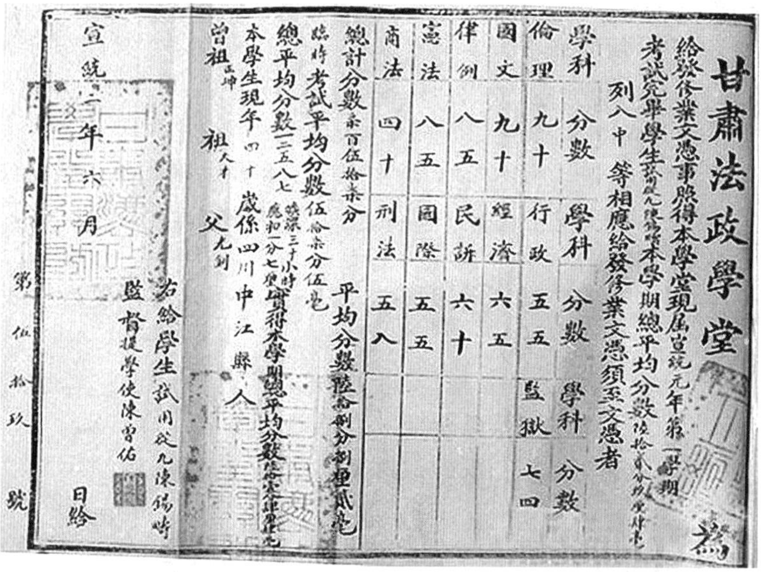
甘肅法政學堂
給發修業文憑事照得本學堂現屆宣統元年第二學期
考試完畢學生 本學期總平均分數
列入中 等相應給發修業文憑須至文憑者

學科	分數	學科	分數	學科	分數
倫理	九十	行政	五五	監獄	七四
國文	九十	經濟	六五		
律例	八五	民訴	六十		
憲法	八五	國際	五五		
商法	四十	刑法	五八		

總計分數柒百伍拾柒分 平均分數陸拾捌分捌厘貳毫
臨時考試平均分數伍拾柒分伍毫
總平均分數 實得本學期總平均分數
本學生現年四十歲係四川中江縣人
曾祖 祖 父
右給學生陳錫疇
監督提學使陳曾佑
宣統二年六月 日給
第伍拾玖號

宣统二年（1910）甘肃法政学堂颁发给学生陈锡畴的修业文凭

尽管新式学堂来势凶猛，但直到清廷垮台，私塾相对于学堂，仍然占有绝对的优势。民国初年全国人口达 41964 万,② 学龄儿童至少 3000 万以上，从表 7－1 可见，能入学堂者不超过 10%。实际受教育儿童可能远远大于表中所统计的学生数，因为他们当中多数人上的是私塾。举例说明：据 1907 年直隶省的调查，学校“与私塾比较，尚不敌其十分

① 刘大鹏著，乔志强标点：《退想斋日记》，山西人民出版社 1990 年，第 159 页。

②［美］何炳棣著，葛剑雄译：《明初以降人口及其相关问题：1368—1953》，三联书店 2000 年版，第 93 页。

之一。”① 湖南省1907年有小学堂641所，学生22190人；1909年有小学堂1113所，学生42310人，发展可谓迅速，但全省学童不下300万之众，能进学堂者百中难有1人。② 江苏省1909年年底统计：苏属地区，共有新式小学校800余所，学生37000余人，而私塾则达7000余所，③估计每所私塾学生在20人以上，则江苏私塾学生总数是小学生总数的3倍多。浙江奉化1909年有小学堂76所，学生2714人，但蒙馆有399所，塾生5920人。④ 江苏省淮阴县1912年调查：渔沟乡有私塾38处，县城亦有数十处，是公办小学的五、六倍。⑤ 河南郑县民国初年“公私立学校共有94处，而私塾则有285处”。⑥ 因此，我们有理由相信，清末初等教育的重心仍在私塾而不在学堂。

更有一种耐人寻味的现象：清末兴学大臣中，有人一面呼吁政府广设学堂，一面却在自家后院私设家塾。如袁世凯，在废科举、兴学堂中出尽风头，宣统二年（1910）亲手为袁氏子弟手订《袁氏家塾训言》；⑦周学熙，1901年总办山东大学，1904年至1905年创设多处工业学堂和小学堂，他家的家塾到民国十九年（1930）还弦歌不辍。⑧ 恽毓鼎，

---

①《光绪三十年直隶提学司通饬各属实行改良私塾文》，参见朱有瓛主编：《中国近代学制史料》第二辑上册，华东师范大学出版社1987年版，第330页。

② 张朋园：《湖南现代化的早期进展（1860—1916）》，岳麓书社2002年版，第178页。

③ 王树槐：《中国现代化的区域研究：江苏省（1860—1916）》，（台湾）“中央研究院”近代史研究所1984年编印，第260—261页。

④ 奉化市志编纂委员会编：《奉化市志》，中华书局1994年版，第653—654页。

⑤ 淮阴县志编纂委员会编：《淮阴县志》，上海社会科学院出版社1996年版，第549页。

⑥ 郑起东：《转型期的华北农村社会》，上海书店2004年版，第158页。

⑦ 袁世凯：《袁氏家塾训言》，《近代史资料》总第75号，中国社会科学出版社1992年版，第157—159页。

⑧ 周学熙：《周止庵先生自叙年谱》，参见沈云龙主编：《近代中国史料丛刊》（第三编第一辑），（台湾）文海出版社1985年版，第22—29页、第79—96页。

1904 年经常到小学堂考课，参与订立学规，家中则请大兴廪生袁锡三坐馆，将儿女送入家塾受教。① 到 1909 年，除家塾外，他一面创设辅仁改良私塾，延秀才白叔明为塾师，一面却又到畿辅学堂为高小毕业生举行毕业典礼，颁发毕业文凭。②

三、私塾与学校并举的二元结构

尽管自清末新政以来，新式学校教育已经成为中国教育的前进方向，而民国的到来也似乎更加笃定了塾师们的宿命。但是，由于政府没有完全建立现代公共教育服务体系，在相当长的一段时期内，学校和私塾处于并存状态，共同演绎着中国基础教育的近代命运。

民国中央政府系统中，教育部在蔡元培的领导下，是较早进入角色的一个部门，对近现代社会文化发展的影响巨大而深远。1912 年至 1913 年，教育部陆续公布了《小学校令》《中学校令》《大学令》等一系列法令规程，形成壬子癸丑学制。而小学教育又是民国初年教育系统中快速发展的佼佼者，时人有云："小学为教育之基本，不特教育家亟亟谋普及，政治家亦尽力提倡之。民国成立，国事尚在争执之秋，独小学教育骤见发达，有一校学生数倍于旧额者，一地学校十数倍于原数者。南北各省，大都如是。"③

民国与晚清有很大的不同，整个国家从意识形态、政治体制、思想文化等各个方面开始从传统向现代转型，发展现代教育正好与建设现代国家相一致。也就是说，民国将新式教育从封建体制下解放了出来，获

① 恽毓鼎著，史晓风整理：《恽毓鼎澄斋日记》（第一册），浙江古籍出版社 2004 年版，第 229、第 250、第 275、第 308、第 315 页等。

② 恽毓鼎著，史晓风整理：《恽毓鼎澄斋日记》（第二册），浙江古籍出版社 2004 年版，第 453、第 498 页。

③ 庄俞：《小学教育现状论》，《教育杂志》第 5 卷第 3 号（1913 年 6 月）。

得了更为广阔的发展空间和更为切适的制度保障。在教育方针上，蔡元培明确提出“忠君与共和政体不合，尊孔与信教自由相违”，废止清末的“忠君、尊孔、尚公、尚武、尚实”，改为五育并举（公民道德教育、军国民教育、实利主义教育、世界观教育、美育）。在教育内容上，废止小学读经，禁用晚清学部颁行的教科书，民间流行教科书中有违民国宗旨者，即予改正。强调男女平等，小学实行男女同校，中学以上实行男女分校。但是现代国家的基础还不太牢固，风雨飘摇的政治形势给教育的发展带来了一些不确定因素。袁世凯当政后，在文化教育上采取了一系列回归举措，掀起一股恢复封建文化教育的浪潮，与他在新政中力倡兴学堂、废科举判若两人。1913 年袁世凯政府出台《天坛宪法》草案，规定“国民教育以孔子之道为修身之本”。1914 年令全国一律恢复祀孔典礼。1915 年确定“爱国、尚武、崇实、法孔孟、重自治、戒贪争、戒躁进”为教育宗旨，颁布《特定教育纲要》，“中小学校均加读经一科”。1916 年 6 月，袁世凯病亡后，民国初年的教育宗旨重新恢复，读经亦遭废除。我们从表 7－2 可知，民初小学教育发展迅速，但 1914—1916 三年基本停滞不前，到 1922 年新学制前后重新获得快速发展。

表 7－2：1912—1930 部分年份全国小学情况统计

年份	小学校数	小学生数
1912	86318	2793633
1913	107287	3485807
1914	121080	3921727
1915	128525	4140066
1916	120103	3843455
1922	177751	6601802

（续表）

1929	212385	8820777
1930	244618	10788582

资料来源：（民国）教育部《第一次中国教育年鉴》，开明书店1934年版，丙编第423页。

直隶省安新县新安镇东街路南基督教福音堂附设的女子小学师生的合影（1920）

在总体上来说，除个别学校较为发达的地区外，① 民国初期小学校的发展尚未达到足以与私塾抗衡的地步，基础教育仍然是塾师们唱主角。江苏省淮阴县1912年调查：渔沟乡有私塾38处，县城亦有数十处，是公办

① 如浙江绍兴县，民国3年小学生1.1万人，私塾生0.52万人，小学教育发展完全超过了传统私塾，学生数是私塾的两倍。参见绍兴县地方志编纂委员会编：《绍兴县志》第三册，中华书局1999年版，第1541页。

小学的五、六倍。① 江苏《吴江县志》云：“民国建立后，新式学堂逐渐推广，但私塾仍大量存在，少数私塾开始仿学校设置国文、算术等科，分堂讲授。”② 河北徐水县“学校未能遍设，私塾仍多存在”。河南汝县“乡镇私塾到处皆有”；郑县“全县公私立学校共有 94 处，而私塾则有 285 处”。③ 1923 年秋，陶行知在北京师范大学演讲《长江流域平民教育运动之性质组织及方法》，感叹道：“现在中国有一种学生最多，但此非官立、国立、省立、教会立、公立、私立各种学校的学生，也非大中小各级学校的学生，而乃私塾的学生。你试把全国学校的学生数合计，都远不及私塾学生之多。”④ 历史学家、江苏靖江人夏东元，生于偏僻乡村的一个中农家庭，小时因为没有学堂才上私塾：“时代虽已进入 20 世纪 20 年代，但我住的村庄及其附近，还没有一所学堂，只有教孔孟经书的私塾。我同其他儿童一样，于六岁那年进私塾读书。”⑤ 1934 年江苏泰兴的陆文夫也是因为附近没有小学才入私塾读书的：

> 我六岁的时候开始读书了，那是 1934 年的春天。
>
> 当时，我家的附近没有小学，只是在离家二三里的地方，在十多棵双人合抱的大银杏树下，在小土庙的旁边有一所私塾。办学的东家是一位较为富有的农民，他提供场所，请一位先生，事先和先生谈好束脩、饭食，然后再与学生的家长谈妥学费与供饭的天数。富有者多出，不富有者少出，实在贫困而又公认

---

① 淮阴县志编纂委员会编：《淮阴县志》，上海社会科学院出版社 1996 年版，第 549 页。

② 吴江市地方志编纂委员会：《吴江县志》，江苏科学技术出版社 1994 年版，第 641 页。

③ 郑起东：《转型期的华北农村社会》，上海书店 2004 年版，第 158 页。

④《陶行知全集》第一卷，四川教育出版社 1991 年版，第 577 页。

⑤ 高增德、丁东编：《世纪学人自述》第五卷，北京十月文艺出版社 2000 年版，第 442 页。

某个孩子有出息者也可免费。办学的人决不从中渔利，也不拿什么好处费，据说赚这种钱是缺德的。但是办学的有一点好处，可以赚一只粪坑，多聚些肥料好种田，那时没有化肥。①

私塾与学堂，一新一旧，既矛盾冲突，又互补共存，成为近现代中国基础教育一道奇特的风景。从深层次探究，私塾与学堂二元结构实质上是中国社会新旧并存在教育上的反映。由于近代中国革命的妥协性，导致各种力量混杂共处。比如五四新文化运动如火如荼的时候，又有一股强大的文化保守势力活跃在历史舞台上：一面是陈独秀、李大钊等人要打倒孔家店，传播马克思主义；一面是梁启超、梁漱溟等人有感于一战后西方资本主义的没落，认为中国传统文化是拯救世界的良方。鲁迅在一篇杂文中对当时社会有着非常精辟的评论——

> 中国社会上的状态，简直是将几十世纪缩在一时：自油松片以至电灯，自独轮车以至飞机，自镖枪以至机关炮，自不许“妄谈法理”以至护法，自“食肉寝皮”的吃人思想以至人道主义，自迎尸拜蛇以至美育代宗教，都摩肩挨背的存在。
>
> 这许多事物挤在一处，正如我辈约了燧人氏以前的古人，拼开饭店一般，即使竭力调和，也只能煮个半熟；伙计们既不会同心，生意也自然不能兴旺，——店铺总要倒闭。
>
> …………
>
> 此外如既许信仰自由，却又特别尊孔；既自命“胜朝遗老”，却又在民国拿钱；既说是应该革新，却又主张复古：四面八方几乎都是二三重以至多重的事物，每重又个个自相矛盾。一切人便都在这矛盾中间，互相抱怨着过活，谁也没有好处。

① 陆文夫：《我的塾师》，《人民教育》1987 年第 9 期。

> 要想进步，要想太平，总得连根的拔去了“二重思想”。因为世界虽然不小，但彷徨的人种，是终竟寻不出位置的。①

新旧杂陈或半新半旧终究不符合变革对中国社会发展的要求，必须寻求出路，激进者希望与旧习惯、旧制度、旧风气作一次果断的决裂，即鲁迅所言“连根的拔去了‘二重思想’”。但现实中却没有这么明快，新与旧总是拖拖拉拉，纠缠不清。就教育发展而论，要想在私塾与学校之间来一次完完全全的除旧布新，根本不太可能。

湖南东安王钟翰（1913—2007），10 岁入私塾，半年后转入本乡初级小学。12 岁时，其父认为新式学堂教唱歌、讲吃穿，旧学底子太差，不让儿子升入高小，回过头来又把儿子送入私塾，从唐子玉读。13 岁时，王钟翰又入另一家私塾，从塾师夏凤喈念《书经》，学作文，每十日作文言文一篇。② 河北深县王玉哲（1913—2005），童年时读了多年初级小学，还在私塾里跟一个清末老秀才读过《诗经》。③ 我们从二王在 20 世纪 20 年代所受教育的新旧反复中，可以想见当时人心的游移不定。

四、私塾的衰退

南京政府稳定局势以后，推行新学制和实施义务教育的力度均有所加大，基础教育现代转型的进程加速，私塾和学校“和平共处”的局面逐渐被打破，小学在数量和规模上迈上了一个新台阶，私塾的数量开始

① 鲁迅：《随感录·五十四》。参见《鲁迅全集》第 2 卷，人民文学出版社 1973 年版，第 64—66 页。

② 高增德、丁东编：《世纪学人自述》第四卷，北京十月文艺出版社 2000 年版，第 381 页。

③ 高增德、丁东编：《世纪学人自述》第四卷，北京十月文艺出版社 2000 年版，第 462 页。

迅速下滑，末路特征渐现。

新学制先由各省教育会提出议案，经全国教育会联合会讨论，再呈教育部修改，于1922年11月1日由大总统（黎元洪）令颁布《学校系统改革案》。新学制规定“小学分初高两级，前四年为初级”；“义务教育年限暂以四年为准，各地至适当时期得延长之”；“中学修业年限六年，分初高两级：初级三年，高级三年”。①“使教育易于普及”是新学制的标准之一，各地为此制定了一些具体的实施办法。1928年5月，大学院召开第一次全国教育会议，提出“厉行全国的义务教育”。1929年7月，南京国民政府要求教育部1934年底实现普及四年义务教育的目标。1930年第二次全国教育会议将普及义务教育的期限定为20年。1935年8月行政院批准发布《实施义务教育暂行办法大纲》，计划分三期普及义务教育：先普及一年制（1935—1940），再普及二年制（1940—1944），最后普及四年制（1944）。② 尽管普及义务教育的政策一再更改，但这种努力一直在进行。我们从表7－3可见，抗日战争前，初等教育发展很快，抗战期间受挫，战后又逐渐发展。

表7－3：1929—1946各学年度初等教育情况

学年度	学校数	儿童数	教职员数
1929—1930	212385	8882077	407044
1930—1931	250840	10942979	568484
1931—1932	259863	11720596	564032
1932—1933	263452	12223066	557840

① 璩鑫圭、唐良炎编：《中国近代教育史资料汇编·学制演变》，上海教育出版社1991年版，第991页。

② 孙培青主编：《中国教育史》（第三版），华东师范大学出版社2009年版，第443页。

（续表）

1933—1934	259095	12383479	556451
1934—1935	260665	13188133	570434
1935—1936	291452	15110199	610430
1936—1937	320080	18364956	702831
1937—1938	229911	12847924	482160
1938—1939	217394	12281837	432630
1939—1940	218758	12669976	427454
1940—1941	220213	13545837	490053
1941—1942	224707	15058051	547737
1942—1943	258283	17721103	669616
1943—1944	273443	18602239	696757
1944—1945	254377	17221814	655611
1945—1946	269937	21831898	785224

资料来源：（民国）教育部教育年鉴编纂委员会《第二次中国教育年鉴》，商务印书馆 1948 年版，第 230 页。原表为民国纪年，现改为公元纪年。

我们还可以从一组数据来看上世纪二三十年代私塾与小学的此消彼长：南京市 1927 年有私塾 1000 余所，塾生三四万人，为在校小学生的 5 倍多。到 1930 年，私塾降至 600 余所，塾生 13899 名；而在校小学生已达 18913 人，超过了塾生。到 1933 年，全市小学（包括幼稚园）学生约 25900 余人，而私塾生徒只有 10000 余人。① 安徽盱眙县 1928 年有私塾 740 所，塾生 7004 人，是在校学生 2035 名的 3.44 倍。到 1935 年，

①（民国）教育部：《第一次中国教育年鉴》，开明书店 1934 年版，丙编第 477—478、497 页。

私塾下降至154所，塾生只有2054名。① 据教育部1935年公布的数字，私塾数约为小学数的1/3，塾师数约为小学教职员的1/6，塾生数约为小学生数的1/8。② 尽管可能还有部分家塾不在政府的统计范围之内，但家塾一般只有三四个学生，数量再多，也无法与学校的大批量招生相抗衡。可以肯定，到20世纪30年代，私塾与小学在受教育者数量上已经基本完成了位置的互换。表7－4是1936—1937学年部分省市的小学生数与私塾生徒数的情况比较，总体上后者不及前者的10%，私塾相对于小学的弱势明显越来越悬殊了。

表7－4：1936—1937学年部分省市小学学生与私塾生徒概况表

省市	小学生	私塾生徒	学生占比	塾生占比
南京	59162	8103	87.95%	12.05%
福建	497159	60676	89.12%	10.88%
河南	1078140	128912	89.32%	10.68%
北平	50194	5724	89.76%	10.24%
绥远	71083	7229	90.77%	9.23%
湖南	1033407	100388	91.15%	8.85%
天津	70852	5992	92.20%	7.80%
广东	1718452	120001	93.47%	6.53%
上海	188177	11335	94.32%	5.68%
江西	846793	30172	96.56%	3.44%
青岛	43925	820	98.17%	1.83%

① 盱眙县志编纂委员会：《盱眙县志》，江苏科学技术出版社1993年版，第604页。1955年盱眙划归江苏。

② 吴寄萍：《改良私塾》，中华书局1939年版，第13页。

（续表）

云南	763327	7999	98.96%	1.04%
山西	936456	7633	99.19%	0.81%

资料来源：中国第二历史档案馆编《中华民国史档案资料汇编·第五辑·教育》，江苏古籍出版社1994年版，第683—684页。百分比为根据前两栏数字计算而成，表格顺序按私塾生徒百分比大小作了调整。

抗战前夕，私塾消失似乎已经成为可以预知甚至是可以接受的结局。但是战争的爆发给了私塾一次苟延残喘的机会，在华北、华东大片被日寇侵占的沦陷国土，私塾数量回升，且因非常时期增添了几分民族主义色彩，甚至成为人民群众反对奴化教育的阵地。如江苏高淳县“敌占区人民不愿送子女进敌伪所办的学校去读书，一些乡村复活了不少私塾”①。高邮县1931年向省政府报告有私塾200余所，到日伪占领时期，全县私塾约有600余所。② 吴江县在日军侵占时期，“许多小学停办，私塾应运而生，有增无减。当时，一些有识之士为抵制日伪奴化教育，也办起了私塾”③。武进县“抗日战争中县境沦陷期间，乡村私塾发展，民国28年（1939）全县有私塾602所”④。前述泰兴陆文夫所上的私塾，“抗日战争爆发以后，办学的农民怕出事，把私塾停了。秦老师到另外的一个地方去授馆，那里离我家有十多里，穷乡僻壤，交通不便，可以躲避日寇”⑤。教育学家陈桂生自1936年起，在家乡高邮县禹王镇读了十年私塾，1947年始进入小学就读——

① 高淳县地方志编纂委员会编：《高淳县志》，江苏古籍出版社1988年版，第587页。

② 高邮县编史修志领导小组：《高邮县志》，江苏人民出版社1990年版，第615页。

③ 江苏省吴江市地方志编纂委员会：《吴江县志》，江苏科学技术出版社1994年版，第641页。

④ 江苏省武进县县志编纂委员会编：《武进县志》，上海人民出版社1988年版，第718页。

⑤ 陆文夫：《我的塾师》，《人民教育》1987年第9期。

> 1936年，正是我开始入私塾的年份（3足岁）。我家所在的高邮县城中的禹王镇，当时还没有一所小学，却有近10处私塾。作家汪曾祺多次提到的县立第五小学，距离我家不足百米之遥（属东山镇），而且他常常提到的该校斋夫（工人）詹胖子，就住在我家。我却无缘读小学，而詹胖子的妈妈，就是我的第一个塾师……
>
> 1936—1938年间（3—5岁）进过三个私塾，其中两个塾师是我家的房客。这是我读书较早的原因。在这些私塾，只是识方块字而已。不过，我在那时已经能够从头到尾读懂唱本了，如《梁山伯与祝英台》《珍珠塔》等。1939—1945年间，在塾师杨学诚那里，连续接受私塾教育。塾师是本城大地主杨谨之家的“管田禾（代收租）先生”，中年人，很有学养。我在他那里，读了《益幼杂字》《三字经》《百家姓》《千字文》《大学》《中庸》《论语》《商业尺牍》等，并学会了打算盘……
>
> 1945年，家乡解放，塾师因系大地主家的“管田禾先生”，没有打招呼，一夜之间就逃得无影无踪。1946年，我又进一位王先生的私塾。王先生像是一个学者，颇有来历。虽是一般私塾，但有经馆氛围。①

中共领导的革命根据地也注意到在发展学校教育过程中私塾是可以借用的力量。冀鲁豫边区行政公署1940年8月制定《私塾与教会学校处理办法》，规定：经过动员，可将私塾并入学校中或改为学校。②

---

① 陈桂生：《民国时期私塾往事》。参见陈桂生著《教育文史辨析》，华东师范大学出版社2012年版，第243—245页。

② 董纯才主编：《中国革命根据地教育史》第二卷，教育科学出版社1991年版，第395页。

1944 年 10 月，毛泽东在陕甘宁边区文教大会上作《文化工作中的统一战线》的报告，提出“不但要有新式学校，而且要利用旧的村塾加以改造”①，为革命根据地开展私塾改造提供了政策依据。以苏皖边区为例，该区改造私塾的总方针是：“反对封建落后的反动文化，争取和改造现有私塾，使之成为开展国民教育的辅助机关，逐步转变为民办小学。”②具体举措分最低和最高两种要求。最低要求是：“取消封建反动的教材，改教适合群众需要的实际知识；对学生废除打骂制度；组织私塾董事会；塾师参加文化学习团体。”最高要求是：“教学内容采用小学教材，增设当地群众需要的学科；实行分组教学；进行民主训导；组织儿童团，参加社会活动；自动招收抗烈属及贫寒子女免费入塾；能帮助其他落后私塾改造；在一定条件下转为民办小学。”③ 据 1946 年 3 月的粗略估计，苏皖边区落后的私塾还普遍存在着，一般估计至少在 2 万所左右，其中经过改造的并不多。④ 兴化县抗日根据地对私塾采取“积极推进、逐步转化”的方针，于 1945 年 6 月将一批办得好的改良私塾转为公办学校。⑤ 值得一提的是，中共还借助私塾到敌占区开展对敌斗争，1944 年 9 月鲁西行政公署公布《鲁西敌占区教育实施方案》，要求“有计划地分配受训人员”，前往日伪地区“组织里红外白的私塾”。⑥

---

① 转引自孙培青主编：《中国教育史》（修订版），华东师范大学出版社 2000 年版，第 480 页。

② 于述胜：《中国教育制度通史》第七卷，山东教育出版社 2000 年版，第 319 页。

③ 于述胜：《中国教育制度通史》第七卷，山东教育出版社 2000 年版，第 320 页。

④ 戴伯韬编：《解放战争初期苏皖边区教育》，人民教育出版社 1982 年版，第 8 页。

⑤ 兴化市地方志编纂委员会：《兴化市志》，上海社会科学院出版社 1995 年版，第 669—670 页。

⑥ 董纯才主编：《中国革命根据地教育史》第二卷，教育科学出版社 1991 年版，第 387—388 页。

第八章　改良

梁启超曰：春秋万法托于始，几何万象起于点，人生百年，立于幼学。吾向者观吾乡塾，接语其学究，蠢陋野悍，迂谬猥贱，不可向迩。退而傀焉忧，愀然思，无惑乎乡人之终身为乡人也。既而游于它乡，而它县，而它道，而它省，观其塾，接语其学究，其蠢陋野悍，迂谬猥贱，举无以异于向者之所见。退而瞠然、芒然、皇然曰：中国四万万人之才、之学、之行、之识见、之志气，其消磨于此蠢陋野悍，迂谬猥贱之人之手者，何可胜道！其幸而获免焉者，盖万亿中不得一二也。顾炎武曰："有亡国，有亡天下。"梁启超曰：强敌、权奸、流寇，举无足以亡国，惟吏胥可以亡国；外教、左道、乡愿，举无足以亡天下，惟学究足以亡天下。欲救天下，自学究始……

然则奈何？曰：非尽取天下之学究而再教之不可，非尽取天下蒙学之书而再编之不可。大率自五岁至十岁为一种教法，自十一岁至十五岁为一种教法，苟慧非项橐，痴非周子，皆可率由此道，相与有成。

——梁启超：《变法通议·论幼学》①

① 梁启超：《饮冰室合集》第一册，中华书局1988年版，第44—45、第50页。顾炎武"亡国""亡天下"之说，参见《日知录》卷十三《正始》："有亡国，有亡天下。亡国与亡天下奚辨？曰：易姓改号，谓之亡国。仁义充塞，而至于率兽食人，人将相食，谓之亡天下……是故知保天下然后知保其国。保国者，其君其臣，肉食者谋之；保天下者，匹夫之贱与有责焉耳矣。"

甲午兵败之后，维新志士痛感国家衰靡，纷纷著书立说，探寻救弊良方。梁启超于1896年在上海创办《时务报》，自著《变法通议》，认为“变法之本，在于育人才；人才之兴，在开学校；学校之立，在变科举。而一切要其大成，在变官制”①。他开风气之先，提出了师范、女学等一系列前所未有的教育问题。很少有人注意到，梁启超还是近代私塾改良的最早倡议者，而且提出了三个方面的举措：培训塾师、新编教材、改良教法。大约在任公宏论八年之后，私塾改良开始得到有组织地开展，主事者乃江苏学务委员沈戟仪。

从晚清兴学到民国，政府对待私塾的主要方针政策便是改良。部分私塾经过改良后，被认定为小学，这有点类似私塾改学堂，但不像书院改学堂那么急切。私塾改良的总体进程比较缓慢，态度也比较温和，虽有成效，但并没有完全起到化私塾为学堂（学校）的目的，教育行政机关也没有对私塾改良制定时间表，以致改了几十年，都处于进行时。

一、为什么要改良私塾?

通过前面几章的分析可知，私塾是中国近代社会早期非常普遍的教育机构，类型多、分布广、数量大，既没有相应的办学门槛，也没有标准的教学规范，塾师素质参差不齐，教育质量高低不一。中国教育现代转型启动以后，作为传统教育机构，私塾在教学组织形式、教学内容、教学方法等方面与现代学校格格不入，也与20世纪初以来中国社会的发展变化格格不入。

新政兴学过程中，尤其是废科举以后，传统教育机构率先转型的是书院改制，进行得比较快，由府学、州学、县学牵头，地方书院纷纷改

① 梁启超：《变法通议·论变法不知本原之害》。参见《饮冰室合集》第一册，中华书局1988年版，第10页。

为学堂。清代全国有4365所书院（含官立和私立），改为学堂者在1000所以上；还有小部分改为图书馆、陈列馆、纪念馆；也有一些废弃不用，成为文物保护单位。① 私塾比较特殊，在师资、设备等方面不具备改为学堂条件，且由于它是民间办学，政府无法通过行政命令强令改制。关闭私塾更不可行，因为新式学堂还不够普及，贸然取缔私塾会导致大量儿童失学、塾师失业，产生严重的社会问题。

但是，让私塾原封未动地存在下去，显然有悖于中国社会发展与教育革新的大势。"一般塾师最大的缺陷即在思想的陈腐、学识的谫陋、经验的缺乏，虽有设备而不知利用，教学的进行及儿童生活的指导，多不能合于教育理论。"② 因此，在有条件的情况下，私塾改良不失为明智之举。通过对塾师进行教育观念、学科知识、教学设备和方法运用的培训，可以慢慢地改变私塾内部的教学活动，使其与新式学堂渐趋一致。当然，私塾改良实为权宜之计，从晚清到民国，新式学校教育尽管发展势头强劲，但要迅速大面积普及，政府感到力所不能，既然新式学校难以在短时间内满足社会需要，也就不可能完全取代传统私塾，人们想到了这么一个折中的办法，以期通过改良能够部分地化私塾为学堂。

二、谁来改良私塾?

私塾改良最初是从民间开始，在新政后期上升为政府行为，目的是使私塾教学适应时代变化，逐渐与新式小学保持一致，甚至经过改良后使私塾转变为小学。这其实是从私塾内部教育活动的改良入手，使之脱

① 邓洪波：《中国书院史》，东方出版社中心2004年版，第597页。邓洪波的研究表明，为数不少的书院延续到了民国时期，关于书院最后到底是如何完全消失的，仍然值得进一步研究。

② 吴寄萍：《改良私塾》，中华书局1939年版，第30页。

离传统模式，为新式教育的发展服务。

（一）塾师自发改良

满清官员与欧洲人合影
（1891 年摄于北京）

私塾改良发端于个别开明塾师自觉引进新的教学内容与教学方法，时间大概是甲午战败以后。当时，西洋的奇技淫巧在洋枪洋炮鸣锣开道之下，已逐渐进入人们的日常生活，国人发觉私塾里旧的教学内容已经离现实生活越来越远，而西方人和洋务派在新式学堂里传授西文、西艺更能切合社会变革对人才规格的需要。于是在开风气之先的地方或家庭，极个别有能力的塾师开始在教学内容中增添新的元素，尝试新的教学方法，如：江苏松江钟天纬（1840—1900），曾在上海广方言馆肄业。后执教于徐仲虎家馆，试用西人教法，由浅入深，成效大著。欧使李丹崖闻知后，咨调出洋，教授其子李钟俊，未久，该生“中西文理俱通”，钟天纬对新式教法更增信仰。① 江苏泗阳张相文（1866—1933），1894 年在家乡设馆授徒，有感于甲午之败，常购《万国公报》，为生徒讲解时事；又挂《中国全图》于书室中，标出战事要地和日军踪迹，对学生进行爱国御侮教育。② 广东香山王云五（1888—

① 王鸿宾、武修敬等主编：《中国教育大系 · 历代教育名人志》，湖北教育出版社 1994 年版，第 315 页。

② 王鸿宾、武修敬等主编：《中国教育大系 · 历代教育名人志》，湖北教育出版社 1994 年版，第 425 页。

1979），义和团运动前在上海入一家私塾，老师姓萧，其教法注重背诵，背诵不出或背诵错的，便打手心，导致他“对读书的兴趣不浓厚，只求敷衍塞责”。义和团运动后，王云五就转学，改入一位在上海谋生的广东顺德县人李姓先生开办的私塾就读，“这位李老师的作风完全和萧老师不同。奇怪得很，他所处的时代还不易接受新式的教育方法，却主张把要读的书仿佛和现在一般，分为精读和略读两类。对于精读的讲解不厌其详，不仅对于字句的意义丝毫不肯放松，而且对于章法句法一一阐述分明。”① 江苏无锡钱穆（1895—1990），1901 年秋入私塾读书，塾师姓华。年底，华先生因病歇塾，钱穆又改从另一位华姓塾师。这位华先生除了讲授《四书》《五经》外，还为钱穆等人开讲《史概节要》《地球韵言》。《地球韵言》是一本地理普及读物，钱穆很感兴趣。② 安徽巢县杨亮功（1897—1992），世代耕读，6 岁时附读于邻居李姓家塾。学制颁布前，杨父聘请赵仲平来家任教。这位赵先生一方面教杨亮功读经书（如《论语》《孟子》《左传》），一方面订购一些上海文明书局新出版的史地、动植物之类的各种小学教科书，有时遇着艰涩长句，他会略加讲解，让学生明了意义，便于熟读。③

这种对私塾教学内容与方法所作的与时俱进的改革，并非一般塾师所能为，只有那些受过新式教育背景，或自学过新学的人，才有胆识和能力进行这方面的尝试。这至少说明塾师们在 20 世纪之初已经开始自发地、有意识地改变自己的职业活动，以使之与社会发展相一致。而且，这一改变得到了学生和家长的认可。

---

① 王云五：《旧学新探·我的学校生活》，学林出版社 1997 年版，第 5—7 页。

② 陈勇：《钱穆传》，人民出版社 2001 年版，第 8—9 页。

③ 蒋永敬、李云汉、许师慎编：《杨亮功先生年谱》，（台湾）联经出版事业公司 1988 年版，第 17—18 页。

（二）私塾改良会

新政兴学开始后，有组织地改良活动在各地逐渐展开。1902 年，浙江石门（今桐乡县）学界组织教育集议处，研讨私塾改良事宜。① 光绪三十年（1904）六月，江苏学务委员沈戟仪有感于“国家之未能广设官立小学，而私塾黑暗之陋习不能坐视不救”，在川沙、苏州两地发起私塾改良会，其宗旨是“变旧习为新法，化私塾为学堂”。② 私塾改良事宜得到各地响应，纷纷成立私塾改良会，沪上商绅、学界便于 1905 年筹资在上海设立私塾改良总会。

后来，地方官参与协办私塾改良会。两江总督周馥要求各地仿办私塾改良会，两江学务处便派讲演员到江苏所属各府、县劝设分会。周馥的继任者端方亦札谕宁、苏、皖、赣四地提学司，分饬各属切实筹款兴办私塾改良会。③ 由于官方力量的参与，私塾改良会成了半官方组织。

私塾改良会由官员、士绅、商人和愿从事改良的私塾教师组成，塾师入会资格是：“品行端方，素无嗜好，尤须文理明顺，有志改良者方为合格。”“如有操守不严，不顾公德者，一经公众查实，立请出会。”入会义务是：“导守本会课程表、时间表，实行改良，按月率学生到会课处考验功课。各分会之已设师范讲习所者，各私塾教员必须按期到会听讲，以增长学识而补习科学。”④

---

① 张彬、秦玉清：《近代浙江的私塾改良》，《浙江大学学报》（人文社科版）2001 年第 3 期。

②《私塾改良会章程》。参见舒新城编：《近代中国教育史料》，中国人民大学出版社 2012 年版，第 274 页。

③《私塾改良会章程》。参见舒新城编：《近代中国教育史料》，中国人民大学出版社 2012 年版，第 275 页。

④《私塾改良会章程》。参见舒新城编：《近代中国教育史料》，中国人民大学出版社 2012 年版，第 277 页。

身穿白色长衫的晚清士人

《泰晤士报》记者莫理循（George Ernest Morrison）摄于 1910 年

私塾改良会的活动经费主要靠官方、商绅、会馆、公所和参会塾师们的捐助。《私塾改良会章程》云："常年捐款者为会员"，"筹集义务捐之法，必以认月捐为上策，每月小洋三角为一份，有力者或五份或十份，多多益善。其次则由各绅董各干事劝人随意乐助，每年缴一两次，或只趸捐一次，自一元至数十元悉随其便，由会中所公举之会计员发结收条。并须签名盖印图章"，"此会之急应设立，实为地方官应尽之义务，应由官绅合力妥筹的实可靠之常年经费"。① 广东省私塾改良会亦

① 《私塾改良会章程》。参见舒新城编：《近代中国教育史料》，中国人民大学出版社 2012 年版，第 275—276 页。

规定："会员应岁出二元以上之基本金，月出一角以上之义务金。"①

在前近代社会，塾师阶层一直以来没有任何行业性的组织，也没有交流和培训的机会。即使碰巧有几位塾师凑在一处，也只是研习举业、探讨学问。如道光九年（1829），坐馆京师的山东塾师王筠与同乡兼同行许瀚相识，结下至交。但二人交游的内容并不在如何教书，而在切磋学问。从传记材料中可以看出，许王二人往来甚密，于音韵、训诂颇多切磋，许瀚的不少见解被王筠采入《说文释例》。王筠还与另一位同在京师课馆的安徽塾师俞樾相友善，亦重在交流学问。② 王筠、许瀚、俞樾三人后来均成为杰出的朴学家。再如咸丰元年（1851），湖南湘乡罗泽南授经长沙（馆于贺长龄家），经常在定王台讲理学。另一位来自湘阴的塾师左宗棠也在长沙设馆，不时到定王台去拜会罗泽南。③ 可以说，私塾改良会堪称第一个与塾师有关的行业性组织。它对私塾教学的一系列改良措施，有些具有行业规范的性质。

私塾改良会的兴起与活跃，反映了近代教育史上一种耐人寻味的普遍现象：教育团体在教育改革、发展上拥有一定的发言权和相当的推动力。除了清末的私塾改良会，民国时期还有中华职业教育社、中华教育改进社、各省教育会、全国教育会联合会等，这些团体有的纯属民间机构（如职教社、改进社），有的则具有一定的官方背景（如教育会）。

---

①《私塾改良会简章》，广东学务公所印刷处 1908 年排印。学务分所是清末省级教育行政机关（即提学使衙门）。参见朱有瓛、戚名琇、钱曼倩、霍益萍编：《中国近代教育史资料汇编·教育行政机构及教育团体》，上海教育出版社 2007 年版，第 45、第 50 页。

② 王筠著，屈万里、郑时辑校：《清诒堂文集》，齐鲁书社 1987 年版，第 252、第 255、第 260 页。许瀚著，崔巍整理：《许瀚日记》，河北教育出版社 2001 年版，第 61、第 128、第 135 页。

③ 左宗棠有诗纪其事："紫光画阁且迟开，竞羡长沙好秀才，省识旧游如昨日，春风归咏定王台。"左自注云："咸丰初，公馆贺耦耕尚书里第。及门诸子假馆长沙东郭定王台就公请业……余尝与刘公蓉晤公于此。"参见《左文襄公全集》诗集《题罗忠节公遗像》，（台北）文海出版社 1978 年影印本。

但教育团体主导的改革行为很难产生全国性的效力，也不可能得到强制推行，要全面实施私塾改良，非政府机关出面不行。

（三）教育行政机关

私塾改良会中已有地方教育行政机关的影子，也有的地方不通过私塾改良会，直接由教育行政机关来开展私塾改良活动。1907 年京师督学局谕令在各区设立两等小学堂一处，并附设夜课师范讲习所，约集私塾教师入所听讲，八个月毕业。① 1909 年河南省提学司拟订《改良私塾章程》，“以各属劝学所为改良私塾机关，各属教育会副之，不再立私塾改良会，以一事权。”要求“塾师入师范研究所”，研究算术、体操、地理、格致等科。② 有些地方一度还强制性地推行私塾改良。光绪二十七年（1901），山东蓬莱师范传习所“招生数月，迄无应者”，该县知县特传谕各乡村长，令三村出一人来城肄业，“如再观望不前，即当从重议罚，不准授徒”。广东嘉应规定：如再有开蒙馆照旧课授者，即行查究。③

《最新私塾改良教科全书》（光绪三十四年印行）

①《各省教育汇志》，《东方杂志》第 4 年第 7 期（光绪三十三年七月）。

②《宣统元年河南提学司详定改良私塾章程》，参见朱有瓛主编：《中国近代学制史料》第二辑上册，华东师范大学出版社 1987 年版，第 331—333 页。

③《各省教育汇志》，《东方杂志》第 4 年第 7 期（光绪三十三年七月）。

1909 年 12 月，学部要求私塾“各门课程悉能遵用部颁课本，俾官学私塾得以渐归划一”，私塾改良逐渐演变为国家的教育政策。① 次年 7 月，学部制订《改良私塾章程》，以部颁命令在全国范围内推行私塾改良。《章程》分六章，共二十一条，兹录第一章四条如下：

第一条　改良私塾发以私塾教授渐期合法，并补助地方教育为宗旨。

第二条　筹办改良私塾事宜，在京责成督学局分饬局员，各省责成提学司督饬地方官、劝学所认真经理。

第三条　此项章程系照会议政议复学务奏案，因穷乡僻壤学堂一时未能遍及者而设，其力能举办之处，仍应遵章设学。

穷乡僻壤应由地方官督饬劝学所确切查明，详请提学使察核，如实系限于财力不能设学者，准照本章程办理。其虽非穷乡僻壤而设有私塾者，亦应照章改良。

第四条　改良私塾分初等、高等两种，以能合于初等小学教科程度者为改良初等私塾，合于高等小学教科程度者为改良高等私塾。②

民国成立后，教育部承接了清末的私塾改良政策，1912 年就发布了整理私塾的有关政令，称：“私塾在小学发达之后，自当归于消灭；然在小学未遍设之前，从事整理，亦未始非小学之一助。”要求“一面严

①《宣统元年十月二十九日学部通行京外凡各私塾应按照本部奏定变通初等小学简易科课程办理文》，参见朱有瓛主编：《中国近代学制史料》第二辑上册，华东师范大学出版社 1987 年版，第 309 页。

②《宣统二年六月二十二日学部通行京外学务酌定办法并改良私塾章程文》，参见朱有瓛主编：《中国近代学制史料》第二辑上册，华东师范大学出版社 1987 年版，第 310 页。

订私塾规则，凡开设私塾者必先行具报，以便随时查视；复一面增进塾师知识，特设夜班传习所，俾得明晓教法，并补修应有之科学。”①

与清末明显不同的是，民国私塾改良不再借助于私塾改良会，而完全由政府部门来组织推广，从教育部到各省市教育厅，到各县教育局，② 都负有私塾改良的职责。如：1916 年 4 月，《劝学所规程施行细则》第一条第十二款有“改良私塾事项”。③ 1929 年 1 月，《教育部各司分科规程组织法》规定普通教育司第二科各事项中有“关于整理私塾事项”。④ 1937 年 6 月，教育部《改良私塾办法》云：“各省市主管教育行政机关对于私塾改良，应认为推行义务教育之一重要事项，负督促改良之全责；并以改良私塾事项列为所属教育行政机关办学考成之一。”⑤ 这些举措，充分反映出政府教育管理职能的强化。

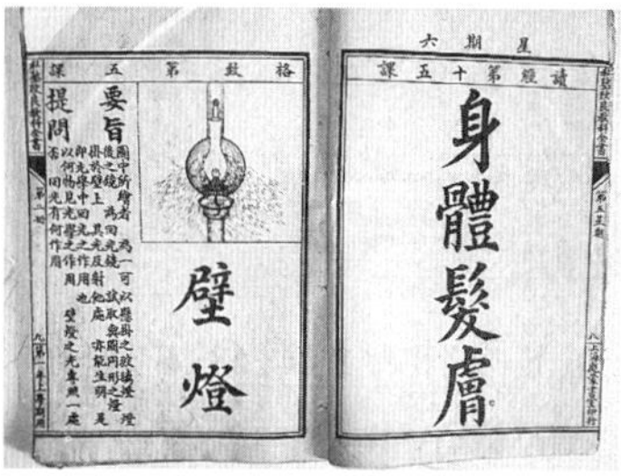

《最新私塾改良教科全书》内页之一

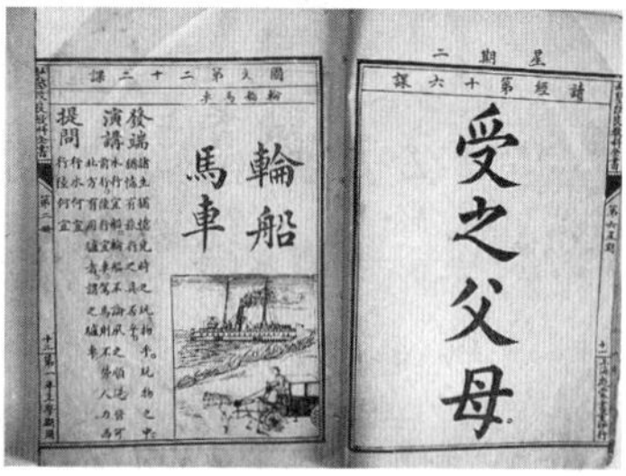

《最新私塾改良教科全书》内页之二

①《教育部整理私塾》。见舒新城编：《中国近代教育史资料》上册，人民教育出版社 1981 年版，第 112 页。

② 民国时期地方教育行政机关名称屡有变更：省级教育行政机关 1913 年称教育司，1914 年后称教育厅。县级教育行政机关 1912 年裁劝学所，于县公署内设第三科，专管教育；1913 年恢复（暂留）劝学所；1922 年改劝学所为教育局。详见朱有瓛、戚名琇、钱曼倩、霍益萍编：《中国近代教育史资料汇编·教育行政机构及教育团体》，上海教育出版社 2007 年版，第 124、第 131、第 144、第 165 页。

③（民国）教育部：《第一次中国教育年鉴》，开明书店 1934 年版，甲编第 39 页。

④（民国）教育部：《第一次中国教育年鉴》，开明书店 1934 年版，甲编第 49 页。

⑤ 中国第二历史档案馆编：《中华民国史档案资料汇编·第五辑·教育》，江苏古籍出版社 1994 年版，第 678—679 页。

真正具体实施私塾改良的主要是县市级教育行政机关；省级教育行政机关主要制定实施办法，进行督查；国家教育部则制定方针政策，表明态度，指引方向。民国有关由教育职能部门负责实施私塾改良的地方性规定有：1930 年 12 月 19 日，《湖北省政府教育厅组织规程》，规定教育厅第二科职掌中有“关于私塾改良事项”。1931 年 7 月 24 日，《上海市教育局办事细则》公布，规定第一科私校股管理事项中有“关于私校私塾之调查统计事项”“关于私校私塾之改良及取缔事项”。《浙江省县教育局组织规程》规定县教育局设三课，第二课职掌事项中有“关于私塾之取缔及改良事项”。杭州市教育科第二股掌理事项中也有“改良私塾及取缔”。① 1932 年 5 月江苏省教育厅公布《江苏省各县私塾改进及取缔简则》，内容如下：

第一条　私塾及塾师均须依限登记，塾师并愿受检定。

第二条　私塾塾舍须空气流通，光线充足。

第三条　私塾之课程至少应有下列三种科目：一、国语；二、算术（笔算珠算均可）；三、常识。

第四条　私塾所用课本须用已经审定之教科书。

第五条　私塾教法可用分开授课，特别注重讲解。

第六条　私塾儿童得由教育局于年终举行会考，其办法由教育局定之。

第七条　教育局应举行塾师讲习会，以训练塾师。会期终了时应举行试验，并令检定。

第八条　塾师不出席讲习会听讲，不应终了试验，或不受

① （民国）教育部：《第一次中国教育年鉴》，开明书店 1934 年版，甲编第 50、第 53、第 54、第 56 页。

检定时应封闭其私塾。

第九条　私塾儿童如有跑避不应会考或应考而有半数以上儿童不及格时，应取消其塾师资格，并得封闭其私塾。

第十条　除本简则规定外，前颁之江苏省管理私塾暂行规程及塾师检定办法仍适用之。

第十一条　私塾如能遵照本简则之规定，办理尚善，经查明确实，得由县教育局改为代用初级小学或酌给津贴，以示奖励。①

三、如何改良私塾?

私塾改良主要是通过塾师培训，来对私塾的教学组织形式、教学内容、教学方法、教学管理等方面进行改造，使其逐步与新式学堂趋于一致。

（一）组织塾师培训

塾师是私塾教育的组织者、实施者，私塾改良的重心当然在培训塾师。1905 年，江苏武阳“专为各私塾之有志教育者”设立了高等小学附设师范传习所，讲授教育学、教授法、管理法、历史、地理等课程。② 私塾改良会最早在全国有组织地实施私塾改良，其首要任务便是办师范讲习所（或会课处、补习所、传习班、训练班等名称），培训塾师。1906 年《私塾改良会章程》云：

办私塾改良会者，必须另筹经费，设立师范讲习所。请师

① 江苏省教育厅秘书室：《江苏省现行教育法令汇编》，1932 年 12 月编印，第 122—123 页。

② 田正平、肖朗主编：《世纪之理想：中国近代义务教育研究》，浙江教育出版社 2000 年版，第 395 页。

> 范毕业生数人按期轮流到会所，与各私塾教员及有志教育诸友研究教育之理、教授之法，并补习算学、舆地、历史、理科、体操各普通学，以扩新知而补不足，期实副改良二字之名义。私塾教员不入师范讲习会者，其酬劳费须酌减，惟已得师范卒业文凭者不在此例。所有讲习会中各科学，由义务教员五六人各认一科，按期到会所演讲。若乡僻之区，难得义务教员，则宜聘请一二人任讲习会之职，酌赠脩金。如经费不足，则集数乡镇合请一师范教员，轮流至各镇授课。①

各地私塾改良会也有对塾师进行培训的相关规定，如：广东私塾改良会规定：“附设塾师，选聘讲师定期讲演（教育原理、教授管理法暨他种科学），俾各塾师。昼则专心教授，夜则补习科学，为切实改良之地。”② 1908 年安徽省私塾改良会附设师范研究于安庆县学明伦堂内，义务肄业蒙师，一年期满后考试，颁发文凭。③ 1909 年吉林省提学司对塾师进行考试，“分别去留，并拟于教育会内附设一私塾改良会，饬令考取私塾之教习入会研究，每星期一次，四个月毕业，其教员即以师范学堂教员兼充。”④

民国政府在培训塾师上积极得多，教育部在民国元年就要求京师学务局“增进塾师知识，特设夜班传习所，俾得明晓教法，并补修应有之科学；意在涤除私塾宿弊，确收改良之效也”。其时共有 340 余位塾师入所传习，学习的内容主要有新式学科如国文、算术、体操，以及教授法、管理法。另外安徽省在塾师培训上还采取通信传习，“就师范讲义

---

①《私塾改良会章程》。参见舒新城编：《近代中国教育史料》，中国人民大学出版社 2012 年版，第 276 页。

②《私塾改良会简章》，广东学务公所印刷处 1908 年排印。

③《私塾改良会发给文凭》，《申报》1909 年 4 月 30 日。

④《私塾改良会》，《大公报》1909 年 5 月 10 日。

删繁就简，分发各塾，并将教授、管理、设备、卫生各善良方法，择要编印，以资研究”①。相对清末，民国塾师培训的形式和途径有很多种，如组织塾师到小学校参加学习，组织小学教员到私塾辅导，筹设私塾辅导机关，开办塾师传习班、假期讲习会等。1914 年 12 月教育部在《整理教育方案草案》中提出塾师传习方法分为三种：“一定期传习，在所内（即劝学所）直接教授之；一通信传习，为略远而未能直接听讲者设之；一巡回传习，联络数乡，由担任之教员巡回传习，周而复始。”②

1922 年新学制颁布之后，教育的制度化建设加强，培训塾师在全国各地得以普遍开展，主要由县教育局负责，多利用假期举办训练班，对培训合格的塾师发给证明，准予合法举办私塾。不合格者或不参与培训者，其举办的私塾不受制度保护，有的地方甚至可能取缔之。20 世纪 20 年代中期，江苏省教育厅制定《江苏省各县私塾教师暑期训练班办法》，内容如下：

一、各县应于每年暑期举办塾师训练班，招收私塾塾师，授以基本知识，及教学方法。

二、各县塾师训练班，每班至少须满 50 人，幅员广阔，塾师众多之县，得分区举行之。

三、各县塾师训练班讲授科目列左：国语、算术、常识、上述科目之教学法。

四、各县塾师训练班讲习方式，应着重实际问题之讲述与实习，避免空洞理论。

五、各县塾师训练班讲习时期以六星期至八星期为限。

①《教育部整理私塾》，参见舒新城编：《中国近代教育史资料》上册，人民教育出版社 1981 年版，第 112—114 页。

② 朱有瓛主编：《中国近代学制史料》第三辑上册，华东师范大学出版社 1990 年版，第 36 页。

> 六、各县塾师训练班设主任一员，由教育局长或者教育科长充任之；副主任一员，由县督学兼任之。负责处理该训练班事务。
>
> 七、各县塾师训练班讲师，以教育委员、中心小学校长及办理成绩优良富有研究之小学校长充任之，均由主任遴选聘定。
>
> 八、各县塾师训练班，得酌设职员，由教育局或教育科职员兼充之。
>
> 九、各县塾师训练班职员，均为无给职，教员得酌给车膳费。
>
> 十、各县塾师训练班办理期满，应举行修业期满考试；成绩及格者，由主任给予证明书；其不及格者，不许设立私塾或充任塾师。①

杭州市20世纪20年代中期采取两条途径对塾师进行培训：（1）举办塾师讲习会以补充其学识。讲习会的讲习科目有私塾改良、各科教学法、笔算。（2）组织私塾研究会以扶助其进修。研究会的研究课题为：私塾设备、私塾训育、私塾教学、塾务处理、塾师修养。② 江苏省教育厅1932年公布的《江苏省各县私塾改进及取缔简则》，要求各县“教育局应举行塾师讲习会，以训练塾师。”③ 1933年《江苏省管理私塾实施办法》要求各地管理私塾委员会或义务教育设计委员会：（1）指定小学教员赴私塾指导并演示教法；（2）指定小学教员在校内演示，召集塾师来校参观；（3）召集小学教员与塾师举行研究会；（4）利用暑假及忙假期举行假期讲习会；（5）多备教育书报，流转借与塾师；（6）制

---

① 金自成、倪一鸣编：《金山县教育年报（第一期）》，金山县教育局1935年编印，第616页。

② 张彬：《从浙江看中国教育近代化》，广东教育出版社1996年版，第312页。

③ 江苏省教育厅秘书室：《江苏省现行教育法令汇编》，1932年12月编印，第122—123页。

定塾师应用之教训纲要，发给各塾；（7）呈请教育局开办塾师免费讲习班；（8）由巡回教师到私塾进行示范教学（主要是自然、体育、音乐等塾师不太熟悉的科目），以辅助塾师改良进修。① 甘肃省1935年的政府工作报告中提到暑期各县举办塾师训练班。② 1936年5月《湖北省各县改良私塾暂行办法》出台，要求各县政府利用每年暑假休假举办塾师暑假训练班。③ 1937年6月，全面抗战爆发前夕，教育部还发文要求地方教育“主管机关应于寒暑假期或相当时期，举行塾师训练班或讲习班。其讲习学科，除国语、算术、常识外，并须注重公民训练、科学常识与各科教学法之实际研究。塾师训练班或讲习班，应委托县市立初级中学或县立师范学校，或规模较大之县市立小学举办之。其训练或讲习总时期共计至少为三个月”④。

1936年8月天津县私塾训练班结业合影

① （民国）教育部：《第一次中国教育年鉴》，开明书店1934年版，乙编第166—170页。

② 《举办甘肃各县暑期塾师训练班经过》。《甘肃省政府二十四年度行政报告（五月份）》，甘肃省政府秘书处1935年5月编印，第33页。

③ 中国第二历史档案馆：《中华民国史档案资料汇编·第五辑·教育》，江苏古籍出版社1994年版，第677页。

④ 中国第二历史档案馆：《中华民国史档案资料汇编·第五辑·教育》，江苏古籍出版社1994年版，第680页。

民国对塾师的培训，并不限于具体的学科知识培训、设备和方法运用，而深入到塾师的思想领域，要求塾师从观念上除旧布新，以时代教育理论来武装自己。有人将培训塾师的目的归纳为四个方面：

甲、使塾师了解推进义务教育的意义。塾师设塾的目的，多在假束脩以糊口，以致私塾内容简陋，教学效率低下。此次中央期于短期间普及义务教育，并订改进私塾为推进方式之一，可说是法良意美。但塾师多不明了义教推行意义，及本身使命为何，自不能尽其应尽之义务。对国家期望，自亦不能完成。所以训练塾师的第一目的，即在指示认识普及义教的旨趣，及在此普及义教过程中塾师应有的努力，以期达到改进的鹄的。

乙、使塾师具有切实改进的热忱。各项训练的实施，在奋发塾师求进的精神，洗涤塾师陈腐的观念，革新其思想，改变其态度，激发其服务社会之心向。务使塾师明了教育应随社会而转变，发展儿童身心的重要，国家教育人民之用意，以及私塾需要改进之迫切，而增加改进的热忱，以谋自动的改善。

丙、使塾师获有各科基本常识及简易教导方法。训练的实施注意实际效用，各科教学内容在充实塾师各科基本学识，及教学训导进行方法，以使塾师得有改善私塾之能力。

丁、使塾师得有适当的生活习惯及进修兴趣。塾师生活习惯多较浪漫，影响学生人格甚大，应切实指导矫正。再，塾师在受训时间甚暂，直接授予之知识有限，亦应指导继续自学。故应随时注意培养塾师善良的性行。并多方启发进修兴趣，以谋切实获得改良的利益。①

① 吴寄萍：《改良私塾》，中华书局 1939 年版，第 30—31 页。

由于塾师队伍庞大，人员结构混杂，民国时期并非所有塾师都能按要求参与培训，详情参见本章第四部分。中华人民共和国成立后，还得面临历史遗留下来的私塾和塾师问题，有些地方重新培训塾师，改造私塾，如江苏昆山县 1950 年有塾师 252 人，很多塾师经过培训，转入附近小学任教师或职工。①

（二）改良私塾教学

私塾改良重在革新私塾的教学形式、教学内容和教学方法，使其向新式小学看齐，对塾师的职业活动并不构成负面打击。当然，有些私塾通过改良后被地方教育行政机关认定为小学，塾师也就成了小学教师。

教学内容上与小学基本一致。私塾改良会要求参加改良的塾师开设新课程教授生徒，课程内容分有必修科：修身（兼讲经）、国文（包括地理、历史、理科、习字）、算术、体操，随意科：图画（毛笔画）、乐歌。另附书目表，附分年课程表，附授课时间表。② 塾师们对于一些难以胜任的科目（如体操、唱歌），可以请学堂里的教员来代教。教材以经学部审定者为准，“各塾悉遵用学部审定蒙学教本，

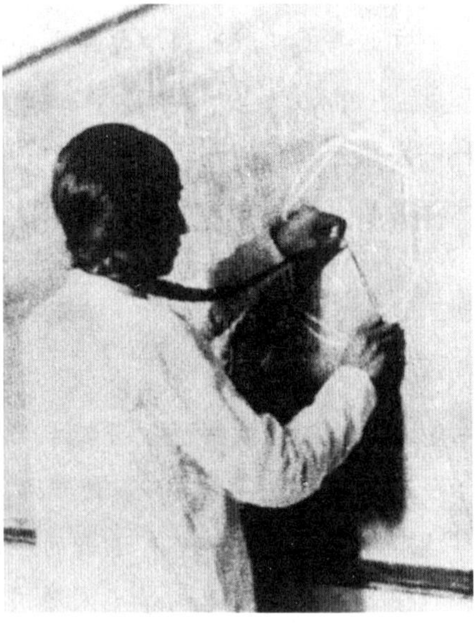

晚清新式学堂里学生用辫梢画几何图形

① 昆山市地方志编纂委员会：《昆山县志》，上海人民出版社 1990 年版，第 612 页。

②《私塾改良会章程》。参见舒新城编：《近代中国教育史料》，中国人民大学出版社 2012 年版，第 275 页。

其不依定章教授者，得干涉而指导之”。① 1909 年学部发出通令：“凡京外所设私塾，均应按照本部奏定初等小学简易科课程切实教授。其各处省视学、劝学所总董及县视学宜各就本地私塾善为劝导，设法改良，期于各门课程悉能遵用部颁课本，俾官学私塾得以渐归划一。”②

民国成立之初教育部 1912 年明令京师私塾“教授科目须遵照小学定章”，对于塾师不教授之学科，“得倩他人兼任，或暂从阙”。③ 1931 年 12 月，福建省规定：“私塾之教学科目如左：（一）党义；（二）国语（读文、作文、写字）；（三）算术（珠算或笔算）；（四）常识（包括公民、卫生、历史、地理、自然各科）；（五）体育。但亦得视学生之个性及程度，酌设其他选修科目。惟所设科目，须呈报主管教育行政机关核准。”④ 1933 年江苏省对私塾课程的规定则严格“参酌部颁及江苏省政府公布之小学、短期小学、简易小学等课程标准，求私塾课程取同一之效”。具体如下：

甲、相当于完全小学或初级小学者，须依照部颁小学课程标准之规定。

乙、相当于简易小学者，须依照本省简易初级课程暂行标准之规定，为党义、国语、算术、常识四科。

丙、相当于短期小学者，须依照部颁《短期义务教育实施办法大纲》之规定，为国语一科。其内容须包含史地、公民、

①《私塾改良会简章》，广东学务公所印刷处 1908 年排印。

②《宣统元年十月二十九日学部通行京外凡各私塾应按照本部奏定变通初等小学简易科课程办理文》，参见朱有瓛主编：《中国近代学制史料》第二辑上册，华东师范大学出版社 1987 年版，第 309 页。

③《教育部整理私塾》（1912 年）。参见舒新城编：《中国近代教育史资料》上册，人民教育出版社 1981 年版，第 113 页。

④《福建省教育厅改良私塾规程》。参见（民国）教育部：《第一次中国教育年鉴》，开明书店 1934 年版，乙编第 179 页。

算术、自然等常识。①

1937年6月，教育部规定：私塾“参照短期小学或普通小学课程教学。”“课程分基本的与补充的两种：基本课程为（一）国语（包括读书，作文，写字）；（二）常识（包括社会，自然，卫生）；（三）算术（包括笔算与珠算）；（四）体育。补充课程，得依地方需要，由塾师自定之”。教材上须“遵用教育部审定之教科书”；且要“订定课程简表”，按课表上课。②

教学组织形式上实行分班教学。塾师以前是个别教学，参加改良后，革之以班级授课。由于私塾通常只有一位塾师，一间或两间教室，分班分级后学生仍在一处，采用复式教学。“分班乃为根据生徒程度，分班按时教之，如以全数生徒，以甲乙丙丁分为四班，每班若干人，甲乙读书，则丙丁习字，丙丁读文，则甲乙或作文习字，总之以有声与无声相间，逐日按时分班以授课也。”③ 1933年江苏省规定：私塾须在“学期开始之第一周内，根据儿童指定之学级及其人数之多寡，拟具编级计划”，以相当于简易小学、短期小学为原则，每塾得设2—4个学级。1937年6月，教育部在《改良私塾办法》中规定：“私塾得视学生之年龄程度及其家庭状况编级教学。”

教学方法上采用“新颁教授法”，④ 变单纯的诵读为讲解。清末北京私塾改良研究会要求塾师们充分、灵活地运用直观挂图，“以引起学

---

①《江苏省管理私塾实施办法》。参见（民国）教育部：《第一次中国教育年鉴》，开明书店1934年版，乙编第166—170页。

②《改良私塾办法》。第见中国第二历史档案馆：《中华民国史档案资料汇编·第五辑·教育》，江苏古籍出版社1994年版，第678—679页。

③ 梁鸿卓：《私塾宜从根本上改革说》，《中华教育界》第五卷第五期（1916年5月）。

④《宣统元年河南提学司详定改良私塾章程》。参见朱有瓛主编：《中国近代学制史料》第二辑上册，华东师范大学出版社1987年版，第333页。

童之兴味及注意”①。1910年学部颁行的《改良私塾章程》第四章“改良办法”规定：“各书均须讲解、不得专主背诵”；“朴刑不得滥用”。②新文化运动前后，西方现代教育思想大量引进中国，普通中小学开始倡导个性化教育，要求在教育中尊重个人、尊重儿童，甚至“以儿童为中心”③。这些崭新的教育理念在私塾教育中也得到了反映，教育行政部门在改良私塾的过程中要求塾师改变“死教死读”方法，做到：（1）根据循序渐进的原则，采取“逐步教学”。（2）“教学时须以引起儿童学习兴趣为主，并须注重理解，不得专重背诵”。（3）“绝对禁用体罚”。（4）“平时并须指导儿童作课外活动，以养成儿童运动及守纪律之习惯”。④

时间安排上遵循现代作息制度。其一是采取学期和学年制，并有休假，“私塾之始业期分春秋两季”，“每年开学日数至少须满240日”。⑤其二是私塾每周、每天的教学活动都有时限规定：每星期有例假（即星期日休息），“教授时数须在24小时以上，30小时以下”；每天“以训教8小时为率”，最多不超过8小时。⑥这基本是使私塾的作息安排与小学校同步，与八小时工作制同步，反映了以城市为中心的现代生活方式对私塾的影响。

---

①《私塾改良会之提议》，《大公报》1908年5月7日。

②《改良私塾章程》。参见舒新城编：《中国近代教育史资料》上册，人民教育出版社1981年版，第110—111页。

③ 杜成宪：《新文化运动与现代中国教育观念的变革》，《河北师范大学学报（教育科学版）》1999年第4期。

④《改良私塾办法》。参见中国第二历史档案馆：《中华民国史档案资料汇编·第五辑·教育》，江苏古籍出版社1994年版，第680页。

⑤《改良私塾办法》。参见中国第二历史档案馆：《中华民国史档案资料汇编·第五辑·教育》，江苏古籍出版社1994年版，第678页。

⑥ 此处综合了教育部《改良私塾办法》《江苏省管理私塾实施办法》和《福建省教育厅改良私塾规程》。《上海市教育局改良私塾规则》曾规定私塾每周“至多授课36小时”。参见吴寄萍：《改良私塾》，中华书局1939年版，第151页。

此外，还要求塾舍“房屋敞爽，空气流通，阳光充足”；购置黑板、粉笔、图书、地图等教学用具；准备点名簿、学籍表、学业考查簿、操行记载簿等各种表册，记录日常教学情况和学生的种种表现；每逢期末或年末举行考试，检查学生的学习情况。

（三）塾师检定与登记注册

贵阳一所改良私塾露天上课

塾师在古代是士人们可以自由出入的职业，没有资质性的职业门槛，也不受政府管理。清末新政后期，少数地方私塾改良中试行对塾师进行考验，发给凭照之举。1908 年辽宁营口于“城内外适中之小学堂附设塾师研究所，凡设馆之塾师均于晚间赴所研究，限期十个月，再行考验”。考验后分为三等：成绩优者酌给修业执照；不合格者再行补习；实不堪造就者则饬其改业。① 1908 年长春劝学总所令 30 名合格塾师“来所领取执照，暂回乡屯私塾课读”，而令“文理不通之 39 名，已勒

①《开办塾师研究所》，《盛京时报》1908 年 4 月 26 日。

令改业，以免贻误子弟”。① 辽宁新民府管太守“传集各处塾师约四百人来城面试”，“复试一次合格者给予凭照，准其充当塾师；劣者勒令改作他业，不准设塾授徒误人子弟”。② 1909 年学部、京师督学局会同京师内外城警厅明令：“凡有愿设私塾授徒者，须先到所隶警区呈报，由警区移会学区考验合格后，再由学区知照警区准其设立私塾。然必须按照劝学所编定《私塾改良注重讲解四书五经章程》办理。倘不合塾师资格仍由学区知照警区禁阻，免其误人子弟。”③

民国时期普遍对塾师施行资格检定，塾师须达到一定要求，经考试合格才能执业。1916 年江苏江宁县率先举行塾师检定，颁发许可状；1917 年江宁成立私塾研究会，对塾师进行检定辅导。④ 上海县也于 1916 年在县立第一高等小学考试塾师，报名者有 200 余人，但实际到考者仅 1/3。⑤ 1918 年，北京亦对四郊 390 处私塾之塾师举行考试甄别，未及格者及传考未到者共 76 处。

1927 年蒋介石定都南京后，南京市教育当局以为根本取缔私塾，其势有所不能，不如因势利导，以补小学教育之不足，遂再行检定塾师之举。其办法为：分期举行检定试验，及格者给予许可证。为方便塾师接受检定，教育局设立私塾教育研究会及塾师讲习所，并随时派员指导监督之。对于腐败私塾，则予以取缔。⑥

---

①《劝学总所牌示》，《盛京时报》1908 年 7 月 23 日。

②《考验塾师》，《盛京时报》1908 年 9 月 30 日。

③《督学局对于私塾之示谕》，《大公报》1909 年 4 月 17 日。北京内二学区曾报告新帘子胡同私塾师元瑞教法未善，坚不改良；内三学区报告双马关帝庙私塾师库蒙额能望气、知兴衰、避枪炮；内四学区曾报告三官庙私塾师广福毒打学生、兼营小贩等。于是由警厅出面，迫令这些私塾即行解散，以免误人子弟。参见《解散腐败之私塾》，《大公报》1909 年 5 月 8 日。

④（民国）教育部：《第一次中国教育年鉴》，开明书店 1934 年版，丙编第 477 页。

⑤《考试私塾教师》，《申报》1916 年 2 月 16 日。

⑥（民国）教育部：《第一次中国教育年鉴》，开明书店 1934 年版，丙编第 476 页。

20 世纪 30 年代，由于塾师培训得到了较为广泛的开展，县级教育行政部门开始普遍施行检定、审查塾师资格，为合格者颁发证书，责令不合格者参加学习或改从他业。一般而言，按受检定的塾师乃举人、生员及其他接受过旧式私塾教育而开馆授徒者，如有高中师范科及师范本科毕业生愿为塾师，则无须检定。1931 年《福建省教育厅改良私塾规程》规定：塾师甄别试验，应由主管教育行政机关组织塾师甄别委员会办理之。塾师经甄别试验合格后，如主管教育行政机关认为有增加训练之必要时，得由主管教育行政机关设立塾师训练所，施以相当之训练。① 1933 年《江苏省管理私塾实施办法》将检定合格的塾师又分为两种：检定“成绩总分在 80 分以上，或国语、算学、常识、口试四科成绩均在 85 分以上之塾师，均称甲种塾师，以充任家塾或学级编制相当于初级小学之某地私塾塾师为原则。其他试验检定及格者，称为乙种塾师，均以充任学级编制相当于简易小学及短期小学之某地私塾（塾师）为原则，并不得充任家塾之塾师”②。1936 年《湖北省各县改良私塾暂行办法》要求塾师必须具备以下资格之一，向县政府呈准登记后方可设塾——

甲、曾在简易师范学校或简易师范班毕业者；

乙、曾在初级中学毕业或与初级中学毕业资格相等者；

丙、曾经塾师检定委员会检定合格，领有证明书，尚未逾有效期间者；

丁、曾经在塾师训练班毕业，领有成绩证明书者；

---

①（民国）教育部：《第一次中国教育年鉴》，开明书店 1934 年版，乙编第 179 页。

②（民国）教育部：《第一次中国教育年鉴》，开明书店 1934 年版，乙编第 166—170 页。

戊、曾任小学教员二年以上成绩优良者。①

塾师检定是政府对塾师从业资格的底线，它的施行，规范并提高了塾师的职业门槛，将读书人原本可以自由出入的塾师职业纳入了政府控制范围。那些不能通过检定的塾师们，随时可能被驱逐出塾师队伍。如南京市 1931 年曾规定："取缔学识低陋之塾师，使其逐渐消灭，以免贻误害于儿童。"②《江苏省管理私塾实施办法》（1933）规定地方管理私塾委员会应"审查塾师资格"，"议决取缔不良私塾"。③ 当然，这些看起来比较硬性的"规定"不一定能够全面实施，因为塾师阶层过于松散，遍布于社会的各个角落（尤其是穷乡僻壤），教育行政部门虽然有心，实际上却无能为力。

塾师设塾须向地方教育行政机关登记注册，是 20 世纪 30 年代以后的事情，表明政府对私塾的管理加强，不再允许塾师擅自设塾。私塾能否通过政府注册，取决于有两种情况：一是塾师是否具备设塾资格，如未接受现代师范教育、未接受塾师培训、年龄偏大等，则不予注册；二是私塾附近是否已有学校，如周边学校学额充裕，开办私塾可能引发生源纠纷，则不予注册。私塾未经登记注册，则意味着得不到教育行政机关的认可，不具有合法性，有被政府查封的危险。如 1931 年 4 月教育部《乡村小学充实儿童学额办法》规定："乡村小学学额不足时，其附近一公里内不得另设招收 9 周岁以上儿童之私塾；其有设私塾影响于学校招生者，得由校长呈请主管教育行政机关勒令停闭之。"④ 江苏省规

① 中国第二历史档案馆编：《中华民国史档案资料汇编·第五辑·教育》，江苏古籍出版社 1994 年版，第 676 页。

②（民国）教育部：《第一次中国教育年鉴》，开明书店 1934 年版，丙编第 509 页。

③（民国）教育部：《第一次中国教育年鉴》，开明书店 1934 年版，乙编第 166—170 页。

④ 中国第二历史档案馆编：《中华民国史档案资料汇编·第五辑·教育》，江苏古籍出版社 1994 年版，第 537 页。

定："私塾设立在乡村以在四周二里以内无学校为限，在城镇以小学一里以外或邻近小学每班儿童均已超过50人以上为限。"① 江西省规定："私塾在城市不得设于小学附近1公里内，在乡村不得设立于小学附近2公里内。"② 上海市1931年取缔5所私塾（见表8－1），其中3所因为距离学校太近。

表8－1：上海市1931年取缔私塾情况

塾师	塾址	取缔年月日	取缔理由
宋某	江湾西塘家桥米氏家祠内	1931年8月31日	私自携取市校销存校具，擅设私塾，招引市校学生前往，实属不合，函公安局封闭
陈鳌	宝山路义品里	1931年8月31日	塾师未经本局核定，令其自行停闭
顾志诚	蒲淞区	1931年9月18日	该校教学无方，办理不合，且与市校伊迩，无设立之必要，函公安局封闭
徐达清	杨思区西村51号	1931年9月18日	该校教学无方，办理不合，且与市校伊迩，无设立之必要，函公安局封闭
郭某	杨思区西村3号	1931年9月18日	该校教学无方，办理不合，且与市校伊迩，无设立之必要，函公安局封闭

资料来源：《上海市教育局业务报告》（1931年7月至1932年6月），上海

①《江苏省管理私塾实施办法》，参见《第一次中国教育年鉴》，乙编第166—170页。

②《江西省改进私塾暂行规程》，参见吴寄萍：《改良私塾》，中华书局1939年版，第135页。

市教育局编印，第 17—18 页。

民国时期华北一所改良私塾

至于注册的程序与办法，一般是：塾师须丁开塾前 1—2 个月填具私塾登记表，呈报主管教育行政机关核准注册。教育行政机关根据塾师本人和附近小学校情形，决定注册与否。私塾只有经注册后获得许可证，方可正式招生上课。如有迁移塾址或自行停闭等事项，亦须呈报主管教育行政机关备案。1937 年 6 月，教育部颁布《改良私塾办法》，内云：

第九条　现有或新设之私塾均须于每学期开学前，填具“改良私塾表”，请求主管机关核准设立，以给设塾许可证。其表式及许可证样式，由省市教育行政机关制定之。

第十条　主管机关每学期开始前，应将所辖区域内私塾调查登记完毕，核给设塾许可证；县市并应于学期终了前，汇报省教育厅备案。

第十一条　私塾经核准设立后，如有迁移塾址或自行停办情事，应呈报主管机关备案。其业经停办之私塾，应将许可证缴销。①

设塾登记注册的具体内容，虽然各地不完全相同，但大致包括设塾地点、塾师本人的学历和年龄、招生人数、课程开设、学费标准等。表8－2是福建省20世纪30年代的私塾登记表。

表8－2：福建省20世纪30年代私塾登记表

福建省　　　　县私塾登记表　　　　年　月　日

名称	地址	设立年月	塾师履历				学生数			教学科目	征收学费	备考
			姓名	性别	年龄	资格	男	女	合计			

资料来源：《福建省教育厅改良私塾规程》（1931年12月），参见（民国）教育部《第一次中国教育年鉴》，开明书店1934年版，乙编第179页。

（四）认定改良私塾为小学

私塾改良目的是化私塾为学堂，塾师们参与改良后，其教学活动逐渐脱离传统轨道，向新式学堂靠近。晚清及民国政府不失时机地施行私塾认定，将对改良得法的私塾认定为学堂，在一定程度上消解了部分私塾，扩大了学堂的阵营。

1908年8月北京市劝学所规定：对能遵照初等小学堂简易课程授课者，均即认为改良私塾，如果“其有教师素具热诚，力求进益，愿遵定

① 中国第二历史档案馆编：《中华民国史档案资料汇编·第五辑·教育》，江苏古籍出版社1994年版，第678—679页。

初等小学堂章程之学科教授者，果能划清年级，按照程度，用学部编定教科书讲授，请督学局调查认可立案，换给京师第几私立初等小学堂名牌”①。1909 年学部也以新课程开设为私塾认定标准，“查奏定小学章程内所列教授科目，如私塾力能完备，即可名为私立小学”②。1910 年学部颁布《改良私塾章程》，第五章“认定办法”对私塾认定作了统一规定：

> 第十二条　初等私塾：如该塾师文理清通、略知算术、听从劝学员劝导、足副改良第一级之格者，得由劝学所认为第一级初等改良私塾；其足副改良第二级之格者，由劝学所认为第二级初等改良私塾；若其学生在三十人以上，常年经费筹有的款者，应详请提学使司准作为私立初等小学。
>
> 第十三条　高等私塾：如该塾师或曾由师范毕业或久为塾师、成绩昭著、听从劝学员劝导、足副第一级之格者，由劝学所通知省视学认为第一级高等改良私塾；其足副第二级之格者，由劝学所通知省视学认为第二级高等改良私塾；若其学生在三十人以上，常年经费筹有的款者，应详请提学使司准作为私立高等小学。③

民国时期继续将清朝时期部分经过改良的私塾改为小学的政策，以补地方政府办学之不足。教育部和各省教育厅关于私塾改良的文件中，均可以看到改小学的条文。如：1935 年 8 月，教育部在《实施义务教育

---

①《京师劝学所改良私塾办法》，《大公报》1908 年 8 月 28 日。

②《学部奏咨辑要》。参见沈云龙主编：《中国近代史料丛刊》第三编第 10 辑，文海出版社 1986 年版，第 17 页。

③ 舒新城编：《中国近代教育史资料》上册，人民教育出版社 1981 年版，第 111 页。

暂行办法大纲施行细则》第十条说："改良私塾，其较优者，得改为短期小学。"① 1937 年 6 月教育部在《改良私塾办法》中说：

第二十六条　主管机关对于所辖私塾，除已核准改称改良私塾者外，其成绩优异者得酌改为短期小学、简易小学或代用小学。

第二十七条　主管机关对于已核准改称改良私塾及改为短期小学、简易小学或代用小学之私塾，得由义务教育经费下酌予补助。②

地方性规定如：江苏省将优秀私塾"升格为代用小学，酌给经常津贴"；湖南湘潭县"改良私塾改作简易小学"；湖北省私塾经考察"其成绩特优者，得改为短期小学或普通小学"；上海市"私塾办理优良者，得由本局指定改为私立代用小学"。③

四、成效与不足

私塾改良使私塾内部的教学活动发生了根本性的变化，既使私塾能够勉强跟上时代前进的步伐，又能缓解政府的办学压力，可谓两全其美。"私塾改良的本质实际上就是初等教育的近代化，同时也是中国社会变革的重要组成部分。没有私塾改良的不断深入，中国初等教育近代

---

①（民国）教育部教育年鉴编纂委员会：《第二次中国教育年鉴》，商务印书馆 1948 年 12 月初版，第 180 页。

② 中国第二历史档案馆编：《中华民国史档案资料汇编・第五辑・教育》，江苏古籍出版社 1994 年版，第 681 页。

③ 吴寄萍：《改良私塾》，中华书局 1939 年版，第 132、第 143、第 146、第 150 页。

化的历程就不可能完成。”① 但是改良过程相当缓慢，进行得也不够彻底，未得改良的传统私塾仍然大量存在。

（一）私塾改良的成效

清末私塾里背对先生背书的学童

清末私塾改良属于起步阶段，小有成绩。以北京地区为例：光绪三十三年（1907）下学期，京内私塾能按简易小学课程办理者已有12处，学生止300人。至光绪三十四年（1908）上学期查得各处改良私塾共42处，学生1000余人；下学期增至89处，学生2200余人。宣统元年（1909）末，京内私塾之改良者已有172处，学生达4300余人。②

老舍（1899—1966）童年在北京上的就是改良私塾，他回忆说：

> 学校是一家改良私塾，在离我的家有半里多地的一座道士庙里。庙不甚大，而充满了各种气味：一进山门先有一股大烟味，紧跟着便是糖精味（有一家熬制糖球糖块的作坊），再往里，是厕所味，与别的臭味。学校是在大殿里。大殿两旁的小屋住着道士，和道士的家眷。大殿里很黑，很冷。神像都用黄

---

① 田正平、杨云兰：《中国近代的私塾改良》，《浙江大学学报（人文社会科学版）》2005年第1期。

② 郭秉文：《中国教育制度沿革史》，上海商务印书馆1922年版，第82页。

> 布挡着，供桌上摆着孔圣人的牌位。学生都面朝西坐着，一共有三十来人。西墙上有一块黑板——这是“改良”私塾。老师姓李，一位极死板而极有爱心的中年人。①

即使一些没有直接参与改良的塾师，他们的教学行为也可能间接性地受到影响，开始主动革新教学内容和教学方法。郭沫若曾回忆说：“庚子过后，家塾里的教育方法也渐渐起了革命，接着便读《东莱博议》《史鉴节要》《地球韵言》，和上海当时编印的一些新式教科书。先生又得到一本教会学堂用的《算术备旨》，根据着这书来教我们的算术……在我 12 岁的时候，已经把开方学完了。”② 北京梁实秋（1903—1987）原本为学堂生，因学校关门大吉，乃在家里从塾师受教，这位塾师的教学内容也明显带有改良痕迹——

> 家里请了一位教师，贾文斌先生，字宪覃，密云县人，口音有一点怯，是一名拔贡。我的二姊、大哥和我三个人在西院书房受教于这位老师。所用课本已经是新编的国文教科书，从“人、手、足、刀、尺”起，到“一人二手，开门见山”，以至于“司马光幼时……”。《三字经》《百家姓》《千字文》这一段就没有经历过。贾老师的教学法是传统的“念背打”三部曲，但是第三部“打”从未实行过。③

民国私塾改良无论是深度、广度，还是时间持续上，均非清末私塾改良所能比，其影响自然也要大得多。首先，更多的私塾改良后转变为

① 老舍：《老舍自传》，江苏文艺出版社 1995 年版，第 16 页。

② 郭沫若：《学生时代》，参见《郭沫若全集》第 12 卷，人民文学出版社 1992 年版，第 7—8 页。

③ 梁实秋：《梁实秋自传》，江苏文艺出版社 1996 年版，第 15 页。

小学。我们可以列举一组数据：1932 年南京市就私塾中选最优良者 30 所，改为代用义务小学。① 安徽盱眙县 1935 年有 32 所改良私塾转为短期小学。② 湖南会同县 1937 年初，经过改良的私塾由代用初级小学而升为正式小学的有 9 校；湖南宜章县有私塾 78 所，经过改造，将其中合格的 68 所改为短期小学。③

其次，部分落后私塾遭到政府取缔。政府对待私塾越来越强硬，对那些不参加资格检定或检定不合格的塾师采取清退措施；对于教学活动陈腐守旧，不接受政府监督指导进行改良的私塾予以取缔。如贵州省教育厅《管理私塾暂行规程》云："私塾违反本规程之规定，受县政府监督指导时，得随时取缔之。"④ 杭州市规定，私塾墨守成法不能改进者、不遵守市政府之指导者、塾师出席研究会次数每学期不及四分之一者、塾师或塾址与许可证所载不符者等均得撤销其许可状，并勒令停闭。⑤ 湖南宜章县某年经过切实调查，对经县督学教育委员认为不能改良的 10 所私塾，"径予取消，仍将学生送入附近小学修业"。长沙县在 1935 年即取缔 98 所私塾。⑥

其三，私塾改良使部分塾师的职业活动发生根本改变。浙江义乌季陶达（1904—1989）在民国时期所上的私塾就明显具有改良的痕迹

我们村里及附近没有小学，只有私塾。我七岁时上私塾，

---

①（民国）教育部：《第一次中国教育年鉴》，开明书店 1934 年版，丙编第 508 页。

② 盱眙县县志编纂委员会编：《盱眙县志》，江苏科学技术出版社 1993 年版，第 607 页。盱眙县原属安徽省，1955 年划归江苏省管辖。

③ 罗玉明、汤水清：《三十年代南京政府对私塾的改造述论》，《江西社会科学》2003 年第 3 期。

④ 吴寄萍：《改良私塾》，中华书局 1939 年版，第 147 页。

⑤ 吴寄萍：《改良私塾》，中华书局 1939 年版，第 134 页。

⑥ 罗玉明：《向现代教育的递嬗——三十年代湖南对私塾的改造》，《怀化学院学报》2003 年第 6 期。

学念“人之初、性本善”……第二年，当我八岁时，仍上私塾。这时候换了一个年轻的老师。他不教我们“人之初、性本善”，而教我们“人、手、足、刀、尺”……我在私塾里念了七八年书，换了好几位老师。教我们时间最长，对我影响最大，使我印象最深的是牛老师。

牛老师是尚未中秀才的童生，但他看不起秀才们，认为自己的学问并不比他们差。牛老师教我们“四书”“五经”，最初教《大学》和《中庸》。这时他要求我们背诵和默写，他也讲解，但不管我们懂不懂。教《论语》也如此。后来教《孟子》时就不同了，不但他自己讲解，还要我们复述，并且从中出题要我们作文。

牛老师不仅教我们国文（包括背诵、默写、讲解、作文等等），还教我们数学。除“四则”外，还教开方（平方和立方），求最大公约数和最小公倍数等。可以说，算术的基本内容我们都学了。此外，他还教我们唱歌。说实在的，他唱歌的音调实在不高明，不过为了不致使他伤心，我们还是认真地学，热情地唱。那时我会吹笛子，有时就以笛音应和，这使他很高兴。①

偏远如甘肃天水，到20世纪20年代私塾教育也大为改观：“当民国初年，私塾多守旧习，设置毫无，科学亦缺，更不讲求管理、教法，至近年以来，迭经教育局设法劝导，印发改良章程，广给教科各书，以故教室、桌凳、黑牌各物，从事设置。除讲‘四子（书）五经’以外，

① 高增德、丁东编：《世纪学人自述》第二卷，北京十月文艺出版社2000年版，第306—307页。

加授科学，虽未能一律合法，然大率较前改良多矣。”①

私塾改良使私塾不再具有纯粹的民间“私为”性质，而成了公共教育系统的一种补充成分。② 也就是说，这些私塾已不可能再游离于国家权力之外，它们虽不占用政府的公共教育资源，但在教学内容、方法等方面逐渐与官方的学校教育保持一致。

（二）私塾改良的不足

清末私塾改良正值封建王朝的风烛残年，其成效不显也就在情理之中，能够参与改良的塾师极为有限，一些顽固塾师甚至抵制私塾改良。1908 年李搢荣调查某县时云：“因私塾改良一节，因去岁无人提倡，渐作罢论。”③ 1910 年，长春劝学所总学董亟力设法改良私塾，但财力不济，“无米之炊，巧妇难为”。④ 山东潍县 1910 年城乡有私塾 300 多处，经县视学屡次劝谕改良，而各学究泥守旧法，不以为然。县令于是遍发传单，约集塾师到劝学所开演说会，到会者仅 180 余名。⑤ 四川中江县 1910 年共有私塾 60 余处，改良者 18 处，约占总数的 30%。⑥ 据《河南教育官报》登载，至宣统三年（1911 年）八月，河南全省改良私塾 3247 所，约占全部私塾的 10%。⑦ 有的私塾师改良虚有其表，名曰“改良”，骨子里还是老一套。“塾师守其十年前腐旧故智，而喜冒用学堂之

---

① 张显菊整理：《甘肃天水县风土调查录》（1927 年 4 月）。参见《近代史资料》（总 108 号），中国社会科学出版社 2004 年版，第 114 页。

② 柳琴、左松涛：《略论 20 世纪上半叶中国的私塾改良》，《历史档案》2002 年第 2 期。

③《光绪三十四年李搢荣调查武清县东北两路各学堂报告》。参见《中国近代学制史料》第二辑上册，第 279 页。

④《劝学总董又将易人》，《盛京时报》1910 年 1 月 16 日。

⑤《演说改良私塾》，《大公报》1910 年 6 月 1 日。

⑥《中江县详筹办各学堂情形一案》，《四川教育官报》第 4 年第 8 期（1910 年 9 月）。

⑦ 姬忠林：《河南成人教育史》，河南大学出版社 1999 年版，第 78 页。

名（每过私塾之门，见有悬牌作标识者，或云‘四书经训速成学堂’或云‘中西论孟学堂’，其他类此者尚不胜枚举）。愚固者不识内容，亦往往送其子弟就学。然而入其室，则几案纵横；视其书，则讲章数册，涕骅满地，作辍不时。”①

民国私塾改良虽大张旗鼓，从中央到地方相关制度甚多，实际情形则并不像制度设计那样完美。由于时局纷乱，政府控制张弛无常，私塾改良并非靠几道政令就能一蹴而就。江苏省1916年报给教育部的材料称：私塾“已经改良”，“塾师具有普通知识，能担任国文、算术等科并粗知教育理法者”有1041所，生徒19674人；私塾“未改良”，但“塾师文理通畅，旧学尚有根底”，且对西学“亦知研究者”有5245所，生徒82649人；“塾师文义未通，永无改良希望者”有3822所，生徒54753人。② 三类情况综合，私塾已改良者仅为10.3%，可改良者为51.9%，不可改良者为37.8%。我们从当代学人的回忆中举三个例子：

福建福州陈彪如（1910—2003）早年受的私塾教育就完全是一副老面孔，没有丝毫的改良迹象——

> 九岁时我随家移居河北省周口店，进了一家私塾，读“四书五经”和《古文观止》等书，在线装书里滚打了五年。五年的封建教育对我的影响是很深刻的。私塾教师异常严厉，他要求不满十岁的儿童苦读诗书，一本一本地背诵，数年如一日。当然，封建糟粕是不可取的，教学方法是不科学的，但那种治学上的严格要求，却使我养成勤奋好学的习惯。在短短几年时间里，我在古典文学方面打下一点基础，完全是靠塾师的辛勤

① 沈颐：《论私塾改良》，《教育杂志》第2年第12期（宣统二年十二月）。

②《全国教育行政会议各省区报告汇录》（1916年）。参见沈云龙主编：《近代中国史料丛刊》第三编第十辑，（台湾）文海出版社1986年版，第135页。

教导与熏陶。时隔六十年，我还经常怀念那位启蒙塾师。①

四川江津王利器（1912—1998）上的家塾，也完全是一番旧时模样——

到了七岁，才在家里开办的庭训学校上学，老师是前清秀才，为了让老师多收点脩金，也接纳四邻的农民、商人的子弟入学读书；但是这家庭只要学生读几本《百家姓》《三字经》《四言杂字》《随身宝》《增广贤文》之类的“当家书”，能写能算，三年两载就谢师了。而我则发蒙就上“学而”，先读“四书”，后读“五经”。“四书”用的是《四书备旨》，所谓高头讲章是也。“五经”也不用汉、唐人的注疏，而是所谓“钦定汇纂”的本子。老师要求很严，每天上生书，第二天就要背诵，背不得，打回去，重读重背，还背不出来，就要加以体罚，轻则打手心，重则跪土地。老师在讲授时，不管学生懂不懂，都一股脑儿强调要背，事先也打招呼，比如说“《告子》一本，板子一捆”呀，如此等等。大家为了免遭皮肉之苦，只好死啃书本，我当然也不例外，但我也由此养成锲而不舍的习惯，至今对于“四书五经”，我还能滚瓜烂熟地背诵出来，未始非这种死读书方式之赐也。

读完“四书”之后，加授《古文观止》《古文辞类纂》《千家诗》《唐诗三百首》《白香词谱》《赋学正鹄》之类。老师认为上路了，才让开笔作文，每十天两次，一次作文，一次做对子，后来又改为一次作文，一次做诗或赋。作文题，什么都出，

① 高增德、丁东编：《世纪学人自述》第四卷，北京十月文艺出版社 2000 年版，第 91 页。

> 老师有时也表示自己是识时务的俊杰，也出些如《项羽拿破仑》之类的题目……像这样的“庭训”教育，一直消磨了我十二三年的时光。①

山东聊城詹锳（1916—1998）20世纪二三十年代还在私塾里学习清末就已废止的八股文——

> 不到五岁，家里就送我上私塾，开始读什么《百家姓》《三字经》《千字文》《弟子规》等，光背不讲，以后才学习“四书”、《诗经》、《左传》，逐步开讲，又念《唐宋八大家古文》《古文释义》以及策、论、议，甚至八股文。从十岁起，开始学作文言文，并学着对对子，准备作诗。这样上了七年半，整个童年时代都埋在书房里，不会打球，不会做操，也没有什么游戏和娱乐活动。②

经过不断的努力和积累，私塾改良的成绩在抗战前夕达到最佳状态，而此时全国仍有过半数的私塾没有改良。据统计，1935—1936学年度全国私塾数量为110144所，已改良38525所，占34.98%；未改良71619所，占65.02%。③ 表8－3是1935年各省私塾和塾师的改良情况，可见无论私塾还是塾师，总体上都还是未改良者居多。全国只有上海、广西、南京的私塾“已改良者”占70%以上，福建、宁夏、青海等则有80%以上的私塾“未改良”。从表中数据（如有的省只有几十所

① 高增德、丁东编：《世纪学人自述》第四卷，北京十月文艺出版社2000年版，第191—192页。

② 高增德、丁东编：《世纪学人自述》第五卷，北京十月文艺出版社2000年版，第219页。

③ 中国第二历史档案馆编：《中华民国史档案资料汇编·第五辑·教育》，江苏古籍出版社1994年版，第682—683页。

或数百所）推测，大量散落在私家院落中的家塾并未被统计进来，这类私塾数字甚至可能大于表中所列之数，且改良与否是教育行政部门难以掌控的。1948 年年底出版的《第二次中国教育年鉴》，详列了各省市及县市义务教育视导员的视导任务，其中第 9 项（最后一项）即为“关于改良私塾事项”。① 可见国民党直至撤离大陆，私塾改良尚未真正完成。

表 8－3：1935 年全国私塾改良情况

省市	私塾数	已改良者		未改良者	
		实数	%	实数	%
江苏	24259	6905	28.46	17354	71.54
浙江	4609	1903	41.29	2706	58.71
江西	2652	1339	50.49	1313	49.51
福建	3018	600	19.88	2418	80.12
广东	6109	3000	49.11	3109	50.89
广西	651	505	77.57	146	22.43
湖北	6656	3381	50.80	3275	49.20
四川	13924	5142	36.93	8782	67.07
贵州	1480	517	34.93	963	65.07
云南	869	484	55.70	385	44.30
河北	4287	1304	30.42	2983	69.58
河南	8952	4035	45.07	4917	54.93
山东	3588	472	13.15	3116	86.85
山西	628	367	58.44	261	41.56

① （民国）教育部教育年鉴编纂委员会：《第二次中国教育年鉴》，商务印书馆 1948 年版，第 182 页。

（续表）

甘肃	1411	362	25.66	1049	74.34
宁夏	11	2	18.18	9	81.82
绥远	333	85	25.53	248	74.47
察哈尔	127	11	8.66	116	91.34
青海	8	0	0	8	100.00
陕西	1348	657	48.74	691	51.26
安徽	14388	3372	23.44	11016	76.56
南京	577	411	71.23	166	28.77
上海	235	218	92.77	17	7.23
北平	481	131	27.23	350	72.77
青岛	40	14	35.00	26	65.00
天津	386	117	45.85	209	54.15
总计	101027	35394	35.03	65633	64.97

资料来源：吴寄萍《改良私塾》，中华书局1939年版，第11页。全国私塾已改良的百分比，原表为35.14；未改良的百分比，原表为64.86。经计算，有误，应为35.03和64.97。原表缺湖南等地数据，故此处私塾总数不包括所缺省份。

还有两种情况值得注意：一是半改良，即半新半旧，在传统私塾与现代学校之间徘徊。“上午‘声光化电’，下午‘子曰诗云’。”① 甘肃兰州谷苞（1916—2012）1923年进皋兰县私立兴文小学，虽名为学校，但有点半私塾味道——

① 鲁迅：《随感录·四十八》。参见《鲁迅全集》第2卷，人民文学出版社1973年版，第56—57页。

一半像私塾，一半像学堂

> 这是一所私人办的学校，是以“中学为体、西学为用”作为办学方针的。校董是清朝的进士，校长是清朝的秀才。入学后，我们所学的课程很特别，上午读“四书”，如同当时一般的私塾一样；下午学习国文、算术、修身、音乐、图画等课程，如同当时的新式学堂一样。这所学校在当时的兰州享有很高的声誉，大概是由于适应了人们在新旧思想的交替中，旧有的封建思想仍然占据着主导地位的缘故吧！①

二是假改良，即貌似改良，实则沿袭旧习。1918 年河南省的调查显示：改良私塾颇多虚饰，不过“仅挂一（改良私塾）牌以自表示，而

① 高增德、丁东编：《世纪学人自述》第五卷，北京十月文艺出版社 2000 年版，第 263 页。

观其内容，依然旧时习惯，就连黑板也只是装装样子，而竟不知利用。”① 山东长山杨志玖（1915—2002）早年上的私塾即属此类——

> 我八岁时入了一个半私塾半学堂的小学，课程主要是《三字经》《百家姓》《小学韵语》《史鉴节要》《幼学须知》《古文释义》《论语》《孟子》等，也有些“共和国教科书”的《国文》《算术》《修身》等课，但不注重，主要是应付“查学”的人员而预备的。②

① 王天奖：《近代河南的旧式学塾》，《黄淮学刊》1995 年第 1 期。

② 高增德、丁东编：《世纪学人自述》第五卷，北京十月文艺出版社 2000 年版，第 115—116 页。

第九章　消失

> 私塾是封建时代教育的残留物，其所以能够在若干地方存在，第一是因为在这些地方学校太少，甚至没有学校，以致部分儿童不得不到私塾上学；第二是因为学校的上课时间及功课未能适合农村的生产情况，致农民子弟愿意到私塾上学；第三是因为某些地方的群众对新式学校还有不正确的认识……
>
> 私塾的存废主要是看有无适合农村生产情况的相当数量的新式小学，以解决儿童的就学问题。各地教育行政机关应有计划地有步骤地设立新式小学，以收容就学的儿童。在这一过程中，各地教育行政机关应根据当地的实际情况及解决儿童就学问题的程度，来管制和改造当地的私塾，最后使它们不可能存在。
>
> ——教育部：《关于私塾的指示》①

1950 年，湖北省南漳县一区城关二村村民江贯之向当地有关部门呈请开放私塾禁令，此事层层上报，最后由教育部给湖北省教育厅下达上述指示。这段话一开始就给私塾戴上一顶意识形态的大帽子，尽管帽子戴得还算得体。然后分两个方面，既给私塾寻找了几条不得不存在的理由，又宣判了私塾最终不可能存在的历史归宿，反映了决策者兼具政治眼光与专业水准。

① 教育部：《关于私塾的指示》（1950 年 4 月 11 日）。参见吴修申：《中国共产党私塾政策研究》，中国社会科学出版社 2013 年版，第 211—212 页。

其实，早在1912年民国教育部就认为："私塾在小学发达之后，自当归于消灭；然在小学未遍设之前，从事整理，亦未始非小学之一助。"① 执事者以为私塾消失将是一个自然而然的历史过程，在条件未完全具备以前，不妨让私塾发挥余热，为新教育服务。然而，到国民党撤离大陆之时，私塾还没有自然消灭，这似乎出人意料。因此，坐等是靠不住了，必须想办法，让私塾"不可能存在"，它才会真正消灭。

一、私塾最后的历史命运

新中国成立之初，教育上面临三份主要的遗产：国民政府留下的，外国教会留下的，革命根据地带来的。各地军事管制委员会和稍后成立的人民政府对于延续下来的教育遗产分别作了不同的处理：根据地的教育机构和教育经验当然要继承和发扬；国民政府留下的学校系统则需要进行接管和改造，使之适应新形势，按照先公立后私立的次序，公立学校在政权更迭中被迅速接管，私立学校则被逐步接管并改为公立，到1956年基本处理完毕，与国家对农业、手工业、资本主义工商业的社会主义改造（简称"三大改造"）同步；外国教会在当时的意识形态领域属敌对势力，帝国主义都赶跑了，皮之不存，毛将焉附，自然失去了存在之基，一些教会中小学得以完整地被接管并改名，但所有教会大学在院系调整中全部解散，无一幸免，1953年教会学校全部处理完毕。

老祖宗留下来的传统私塾，由于不包含在学制系统之内（自晚清学制颁布以后，私塾一直是"编外人"的角色），在新中国成立初期所受的政治待遇相当特别。解放战争即将取得全面胜利时，解放军总部于1949年4月25日就布告说："保护一切公私学校、医院、文化教育机

①《教育部整理私塾》。参见舒新城编：《中国近代教育史资料》上册，人民教育出版社1981年版，第112页。

关、体育场所和一切公益事业。凡在这些机关供职的人员，均望照常供职，人民解放军一律保护，不受侵犯。”① 私塾虽然不在军政府的保护之列，但也没有遭到强有力的打压，而是随着滚滚的历史车轮步入了新时代。私塾在新中国的教育存在，本身就是一个奇怪的历史现象，这种命若游丝的“苟活”居然会长达 10 余年之久。

20 世纪 50 年代一所小学的学生和老师在教学楼前合影（摄于 1951 年）

新中国成立初，私塾逐步衰微的历史发展主题并未改变，但具体到各个地方，情况有所不同：有的地方私塾逐步消失。如江苏高淳县解放时有 53 所私塾，1949 年下半年对私塾进行改造，将其中有条件的 21 所转为民办初小，其余一律取消，私塾从此绝迹。② 江苏溧水县 1949 年有

① 中央教育科学研究所编：《中华人民共和国教育大事记 1949—1982》，教育科学出版社 1984 年版，第 9 页。

② 高淳县地市志编纂委员会编：《高淳县志》，江苏古籍出版社 1988 年版，第 587 页。

私塾56所，塾生1482人。1951年2月时只剩37所，塾生854人。1952年，私塾被公、民办小学取代。[1] 四川新津县1950年4月有私塾134所，到9月新学期开学，大多数停办，少数转为民办小学。[2] 四川宜宾县1950年初有私塾200余所（城区6所），学童2000人以上。1951年部分私塾转为民办小学，其余停办。[3] 有的地方私塾虽然存在，但数量快速下降，如江苏高邮县解放初约有私塾400余所，后经甄别改造，私塾逐步改为民办小学，数量下降。[4] 江苏常熟县1950年有私塾418所，1955年降至106所。[5] 有的地方私塾甚至还出现复苏迹象。如江苏吴江县人民政府允许私塾存在，1949年有私塾124所，塾生1264人；1951年塾生增加到3836人；1952年私塾再增至238所，塾生增至6509人。[6] 江苏太仓县1950年有私塾98所，塾生2475人。[7] 就连大都市上海，解放初还允许各地开设大量私塾，仅普陀区就新设私塾200所，入塾学生达4000余人。[8] 1951年4月全上海有私塾693所，塾生21516人，塾师783人。[9]

---

① 溧水县地方志编纂委员会编：《溧水县志》，江苏人民出版社1990年版，第514页。

② 四川省新津县志编纂委员会：《新津县志》，四川人民出版社1989年版，第784页。

③ 四川省宜宾县志编纂委员会：《宜宾县志》，巴蜀书社1991年版，第496—497页。

④ 高邮县编史修志领导小组：《高邮县志》，江苏人民出版社1990年版，第613页。

⑤ 李学昌主编：《20世纪常熟农村社会变迁》，华东师范大学出版社1998年版，第34页。

⑥ 吴江市地方志编纂委员会：《吴江县志》，江苏科学技术出版社1994年版，第641页。

⑦ 太仓县县志编纂委员会编：《太仓县志》，江苏人民出版社1991年版，第673页。

⑧ 上海市普陀区志编纂委员会编：《普陀区志》，上海社会科学院出版社1994年版，第745页。

⑨ 吕型伟主编：《上海普通教育史（1949—1989）》，上海教育出版社1994年版，第108—109页。

《中国人民政治协商会议共同纲领》第五章“文化教育政策”规定：“中华人民共和国的文化教育为新民主主义的，即民族的、科学的、大众的文化教育。人民政府的文化教育工作，就以提高人民文化水平，培养国家建设人才，肃清封建的、买办的、法西斯主义的思想，发展为人民服务的思想为主要任务。”① 毕竟时代不同了，那些有幸延续下来的私塾，在新的政策方针影响下，不得不在教学活动中做出改变，以勉强适应新的社会形势。江苏扬州市人民政府文教科1950年1月对城郊私塾专门调查，发现私塾所用教材新旧混杂，既有传统的《杂字》《幼学》《古文观止》《百家姓》《尺牍》《论语》《大学》《千字文》等，又有《算术》《代数》《启蒙课本》等新课本，以及苏北行署编的教科书。② 这些改变其实是私塾在进行自我解构，变得越来越像小学，以致政府会将一些“好”私塾干脆改造为小学，结果同样会导致私塾快速消减。如前述江苏高淳县将21所私塾转为民办初等小学。安徽盱眙县1952年将134所改良私塾均转为公办小学，从此境内无私塾。③ 上海市教育局1956年处理了所有私塾，符合要求的被改造成小学或儿童识字班，不符合的则被关闭。④ 江苏高邮县1958年将私塾全部改为民办小学。⑤

与私塾衰微相一致的是，为了使广大劳动人民的子女能够享受到完全的初等教育，政务院1951年10月1日颁布《关于改革学制的决定》，将小学由六年制改为五年制，取消初小、高小分段制。人民教育的一个

①《中国人民政治协商会议共同纲领》，《人民日报》1949年9月30日。

② 江苏省扬州市地方志编纂委员会编：《扬州市志》（下册），中国大百科全书出版社上海分社1997年版，第2808页。

③ 盱眙县志编纂委员会：《盱眙县志》，江苏科学技术出版社1993年版，第604页。

④《上海通志》编纂委员会编：《上海通志》第7册，上海人民出版社、上海社会科学院出版社2005年版，第4834页。

⑤ 高邮县编史修志领导小组：《高邮县志》，江苏人民出版社1990年版，第613页。

突出特点就是向工农大众开门，1949 年全国小学生总数为 2439 万人，1952 年即达 5110 万人，① 翻了一番多。上海市解放初有小学生 32 万，1952 年即增至近 50 万。② 我们从表 9－1 可知，全国学龄儿童入学率 1956 年即超过 60%，“大跃进”时期更高（当时“浮夸风”盛行，这些统计数字不一定准确），“大跃进”结束后略有下降，到“文化大革命”前已超过 80%，说明人民教育快速发展，已能基本满足儿童入学的需要。而 1930 年全国学龄儿童数为 4911.6 万，受义务教育儿童数为 1084.4 万，入学率仅为 22.1%。③

表 9－1：1952—1965 年全国学龄儿童入学情况（单位：万人）

年份	学龄儿童数	已入学学龄儿童数	学龄儿童入学率
1952	6642.4	3268.1	49.2%
1953	6818.3	3432.3	50.3%
1954	7060.8	3633.7	51.5%
1955	7306.4	3928.9	53.8%
1956	7639.0	4780.8	62.6%
1957	8077.7	4986.6	61.7%
1958	8579.0	6886.4	80.3%
1959	9254.0	7337.0	79.3%
1960	9666.0	7380.0	76.4%
1961	10142.0	6428.0	63.4%

① 中华人民共和国教育部计划财务司编：《中国教育成就统计资料（1949—1983）》，人民教育出版社 1984 年版，第 213 页。

② 斯绳：《坚决贯彻学校向工农开门的方针，完成小学秋季招生任务》，《文汇报》1952 年 8 月 15 日。

③（民国）教育部：《第一次中国教育年鉴》，开明书店 1934 年版，丁编第 169 页。

（续表）

1962	10836.0	6082.0	56.1%
1963	10967.0	6248.0	57.0%
1964	11377.0	8089.0	71.1%
1965	11603.2	9829.1	84.7%

资料来源：中华人民共和国教育部计划财务司编《中国教育成就统计资料（1949—1983）》，人民教育出版社1984年版，第226页。

由于三年“大跃进”（1958—1960）之后是三年“大调整”（1961—1963），教育事业迅速大幅收缩，全国学龄儿童入学率一度跌至60%以下（见表9－1），一些农村地区更是低至30%—40%，如：1962年，四川犍为县罗城公社太阳大队第三、第五、第七生产队入学儿童仅占学龄儿童的31.6%。[1] 学校容纳儿童的数量下降，等于又给了私塾一次回光返照的机会，于是内陆许多省份私塾抬头，如湖北、湖南、四川、贵州、安徽等地乡村私塾一度复活，1962年秋湖北孝感县小河区有私塾33所，1963年湖北通山县新办私塾102所，四川犍为县清溪镇有私塾10所，有7所是因为当地无学校才办起来的。[2] 一些地方甚至重现古代村塾性质的私塾，如：四川荣昌县的84所私塾中，大队办的有24所，生产队办的有42所，私人开馆的有18所。[3] 当时由于县和公社两级政府办学力量有限，鼓励农村基层组织（如大队、生产队）集体办学，为什么荣昌县会出现少数大队和生产队不办学校，反而办起私塾

① 吴修申：《中国共产党私塾政策研究》，中国社会科学出版社2013年版，第141页。

② 吴修申：《中国共产党私塾政策研究》，中国社会科学出版社2013年版，第140—141页。

③ 吴修申：《中国共产党私塾政策研究》，中国社会科学出版社2013年版，第144页。

来？因为农民对公办小学不满意，认为教师对学生要求不严，学生学的东西少，不会写毛笔字、不会写对联、不会写应用文，不如办个私塾来得方便、实用。

对于私塾突然活跃，地方教育行政部门有的任其发展，如四川省教育厅1962年8月在《关于人民办学的暂行办法（草案）》中提出“允许个人开馆”；贵州安顺专区教育局1962年12月在一份调查报告中说：“根据上级精神可以允许私人开馆，但课本应尽量不用古书，即使购买课本困难，教古书也不要开讲”。① 有的不知如何应对，便写成调查材料向上反映，如湖北省、湖南省。这些材料一度引起中央政府的关注，1962年11月中宣部部长陆定一讲话说：“对私塾的方针不是要取消，而是要管好。”② 1963年1月教育部就农村私塾问题复函湖北、湖南两省教育厅，提出对农村私塾的“不要轻易取消，也不能放任不管”，应根据国家的教育方针、政策法令和群众的实际需求加以领导和管理，教材“可以选用国家出版的通用课本，也可以自选其他适当的课本，但是不能采用政治上反动的、封建迷信毒素很重的书作课本”。③

1963年5月，中共中央决定在农村进行社会主义教育运动，私塾问题突然上升到阶级斗争的高度，认为是地富反坏利用国家允许私人办学的机会，用私塾来对少年儿童进行反动的、封建的思想政治教育。各地迅速开始对私塾进行清理整顿，部分年龄偏大、思想素质和业务水平跟不上时代步伐的塾师遭到清退，老一套的私塾教材遭到批判、更换。私塾显然是经不起整顿清查的，只有停办、解散、倒闭。因此到1963年

---

① 吴修申：《中国共产党私塾政策研究》，中国社会科学出版社2013年版，第145页。

② 中央教育科学研究所编：《中华人民共和国教育大事记（1949—1982）》，教育科学出版社1984年版，第319页。

③ 中央教育科学研究所编：《中华人民共和国教育大事记（1949—1982）》，教育科学出版社1984年版，第324—325页。

下半年，私塾在农村地区复兴的现象彻底被压制下去了，绝大部分就此消失。如 1963 年 8 月广东省教育厅指示，私塾就近并入民办小学，个别条件较好的私塾就地改为民办小学。11 月，私塾较多的贵州省只剩下 62 所私塾，许多县私塾基本消灭。① 个别地区私塾存在的时间稍长一点，但到 20 世纪 60 年代中期，私塾才整体上退出了历史舞台。如江苏泰州 1963 年有私塾 17 所，塾生 447 人，1966 年“文化大革命”开始，私塾停办。②

二、私塾命运的原因分析

私塾作为传统的非政府教育机构，有着十分顽强的生命力，在近现代社会暴风骤雨式的变革中令人惊奇地存续了下来。尤其是新中国成立后，连作为新式教育重要力量的教会学校和私立学校都于 20 世纪 50 年代中期在大陆地区消失了，而“老态龙钟”的私塾竟然还有零星的存在，并将自己的历史延伸至“文化大革命”爆发之前，这确实是一个耐人寻味的教育现象。

（一）私塾何以不得不存在

中国现代教育发轫于鸦片战争前后传教士开办的教会学校，对中国固有的教育体系的影响甚微。到洋务运动时期，官方举办洋务学堂，民间出现新式私立学校，这其实是在传统教育体系之处，另辟空间，发展现代教育，这虽然会从外对传统教育体系产生挤压效应，但不会构成颠覆式影响。可以说，整个 19 世纪后半期，私塾受到的冲击非常小，且多集中于沿海地区，广大内陆地区（尤其是乡村）几乎难觅新式学堂的

---

① 吴修申：《中国共产党私塾政策研究》，中国社会科学出版社 2013 年版，第 168 页。

② 泰州市地方志编纂委员会：《泰州志》，江苏古籍出版社 1998 年版，第 623 页。

踪迹。维新变法的仁人志士虽然提出了一整套现代教育的体制框架，但为时太短，许多政令不及实施就宣告失效，只留下北京大学的前身——京师大学堂。

真正对传统教育体系进行摧毁式改革的是十年新政。新政的教育举措很大程度上是在实现维新派的教育主张，第一道政令就是继续因维新变法失败而中断的书院改学堂。1901 年 9 月光绪下令将地方政府所办的书院（其实就是地方官学）分别改为大、中、小学堂："除京师已设大学堂，应行切实整顿外，着各省所有书院，于省城均设大学堂，各府及直隶州均改设中学堂，各州、县均改设小学堂，并多设蒙养学堂。"① 光绪的用意是要在政府办的教育机构中建立起大、中、小学相互衔接的学校系统，对于私人办的私塾和书院却置之不理。因为只要政令通畅，政府办的教育机构改起来快捷，而民间机构多而杂，改起来非常麻烦。这等于是暂时放弃了政府对私塾的改革要求，使私塾依然处于自身的发展逻辑之中。

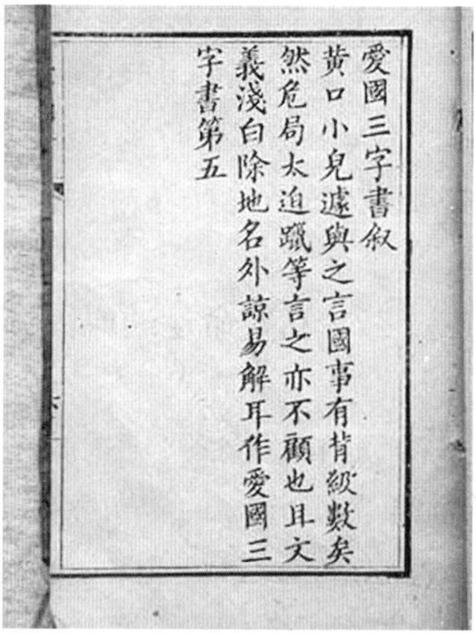
愛國三字書叙
黄口小兒遽與之言國事有肯綮數矣然危局太迫蹴等言之亦不顧也且文義淺白除地名外諒易解耳作愛國三字書第五

光绪二十九年（1903）编印发行的《爱国三字书》

癸卯学制的制定者延续了光绪皇帝的思路，将学校级别与行政级别机械对应起来——县城设小学堂，府城设中学堂、省城设高等学堂、京

①《光绪二十七年八月初二日谕于各省、府、直隶州及各州、县分别将书院改设大、中、小学堂》。参见璩鑫圭、唐良炎编：《中国近代教育史资料汇编·学制演变》，上海教育出版社 1991 年版，第 5—6 页。

师设大学堂。很明显，如果从普及现代学校教育的角度来考虑，按照这种体制办学是远远不够的，一个县的人口一般在十万以上，学龄儿童按10%计算，即有万余之多。从书院改立的小学，数量少、规模小，再加上一些士绅办的私立学校，能够提供的就学机会远远不能满足需求，这就导致许多有条件上学的儿童其实连小学都上不了，还得在传统的私塾里接受基础教育。也就是说，现代学校系统建立之初，没有能够完全覆盖传统教育机构，而是有意或无意地为私塾预留了存在空间。也可能正因为民间私塾的大量存在，缓解了地方政府的办学压力。如果说古代私塾的发展是因为政府在满足民众教育需求上的不作为，① 那么近代学制建立以后，私塾不得不存在的原因乃是政府在满足民众教育需求上的有限作为。

1905 年皇帝下令废除科举考试，读书应举的社会流动模式遭到消解，书院和私塾的存在价值大大缩水，那些曾经犹豫徘徊的地方官员不得不痛下决心，真正把书院办成学堂，从而最终完成了书院向近代新式学堂的转变。② 有学者统计，1905 年全国有 127 所书院改为学堂，为书院改制诏令颁布后的最高点；次年又有 93 所书院完成改制，这两年改制的书院占清末全部改制书院的 29.6%。③ 还有人提出，全国书院改制绝大部分在清末完成，也有极少数延至民国初年。④ 书院改学堂的完成，标志政府办学已实现从传统到现代的转型。但私塾没有实质性的变化，成了一个重大的历史遗留问题，一拖就是半个世纪。

---

① 古代州县学、府学的出发点不是满足民众的教育需求，而是为官僚集团储存、输送人才。而且，这些官学系统不具备现代教育特有的公共服务性质。

② 金林祥主编：《中国教育制度通史》第六卷，山东教育出版社 2000 年版，第 265 页。

③ 刘少雪：《书院改制与中国高等教育近代化》，上海交通大学出版社 2004 年版，第 102 页。

④ 邓洪波：《中国书院史》，东方出版中心（上海）2004 年版，第 589 页。

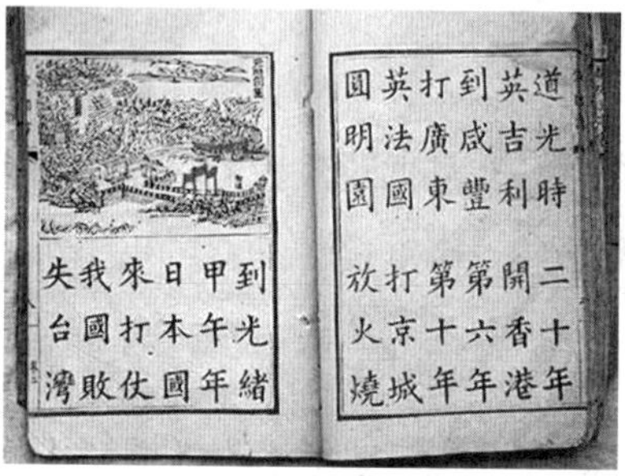
道光時
英吉利
到咸豐
打廣東
英法國
圓明園
二十年
開香港
第六年
第十年
打京城
放火燒
到光緒
甲午年
日本國
來打仗
我國敗
失台灣

《爱国三字书》内页（一）

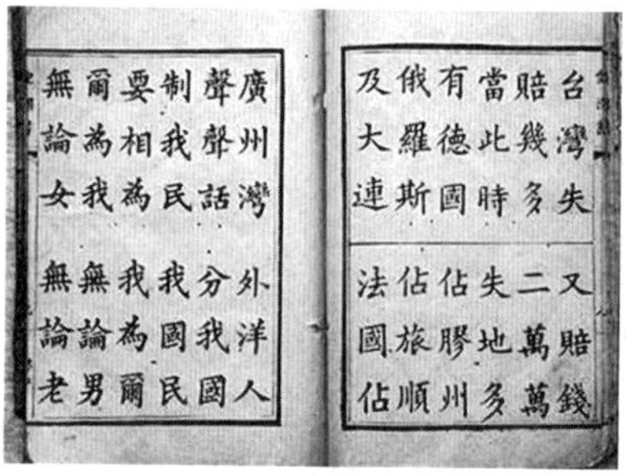
台灣失
賠幾多
當此時
有德國
俄羅斯
及大連
又賠錢
二萬萬
失地多
佔膠州
佔旅順
法國佔
廣州灣
聲聲話
制我民
要相為
爾為我
無論女
外洋人
分我國
我國民
我為爾
無論男
無論老

《爱国三字书》内页（二）

民国时期私塾同样被排斥在学制系统之外，而政府同样又不能提供足够的受教育机会，私塾同样显得非常有存在的必要。迟至 1930 年，全国义务教育普及率只有 22.1%，34 个省区中有 11 个省区（如安徽、湖北、江西等）在 10% 以下，可见现代学校教育发展之缓慢，如果不是传统私塾勉力支撑，必定会导致大量原本有条件接受教育的儿童失学。整个民国时期，政府对私塾陷于矛盾之中，一方面因办学不力，需要借助私塾接纳儿童入学；一方面因社会革新，需要对私塾进行整顿和改良，遇到私塾与学校发生生源冲突时严厉打压私塾。由于普及义务教育遥遥无期，私塾问题一直无法根本解决，甚至连一个时间表也没有。

表 9－2：1930 年部分省市义务教育普及率

省市	义务教育普及率	省市	义务教育普及率	省市	义务教育普及率
山西	69.81%	湖南	28.68%	江西	8.73%
威海卫	61.55%	河南	28.02%	湖北	6.55%
上海	57.93%	山东	27.73%	贵州	5.53%
青岛	54.88%	陕西	20.88%	宁夏	4.94%
吉林	49.86%	福建	20.49%	绥远	4.77%
察哈尔	40.44%	云南	20.00%	热河	4.44%
南京	36.32%	黑龙江	19.83%	新疆	2.68%
辽宁	34.23%	四川	17.77%	东省特别区	2.67%
广西	32.38%	北平	16.54%	青海	2.31%
广东	31.85%	江苏	14.82%	西康	0.15%
浙江	31.62%	甘肃	10.85%		
河北	31.31%	安徽	9.11%	全国	22.07%

资料来源：（民国）教育部《第一次中国教育年鉴》，开明书店 1934 年版，丁编第 169 页。

（二）私塾何以不可能存在

私塾能够踉踉跄跄走进新社会，虽然不容易，但已到了强弩之末，生命力基本枯竭殆尽。我们前文对私塾消失的历史过程进行了梳理，发现这并非水到渠成、自然而然的结果，而是有着相当强的历史必然性。

首先，新社会从意识形态上封杀了私塾的存在空间。民国时期，私塾存在的背后，是社会体制对传统思想文化的妥协，使新与旧既矛盾斗争，又共处并存。新中国成立之初，出于社会稳定和经济恢复的考虑，

对原有的社会结构和经济生产方式保持了一段时间的容忍克制。朝鲜战争结束后，新政府开始对农业、资本主义工商业和手工业进行大规模的社会主义改造。1956 年三大社会主义改造胜利完成，中国社会性质由新民主主义转变为社会主义。

由于涉及培养什么人和如何培养人的问题，教育领域的社会主义改造早在 1951 年便开始了，是年 10 月 1 日，政务院发布《关于改革学制的决定》，决定废除旧学制，颁行新学制。这个学制有三个重要特点：1. 缩短了小学修业年限，取消初小和高小分级，以利广大劳动人民尤其是农民子弟能够受到完全的初等教育；2. 将各种形式的干部学校、成人文化补习学校和工农速成学校置于重要地位；3. 使中等专业教育和高等教育多样化，以满足国家建设对人才的急切需求。“它标志着教育这一武器已从地主、资产阶级的手里，转移到全中国人民，主要的是劳动人民手中了……这是劳动人民文化翻身的一个标记，是劳动人民在文化教育上的胜利。”①

1951 年 5 月，以批判电影《武训传》为突破口，教育领域开始批判封建的、买办的思想以及实用主义的教育思想，连陶行知先生抗战期间提倡以武训精神办学也受到批判。1951 年 9 月起，全国开展了一场声势浩大的知识分子思想改造运动。11 月 30 日，中共中央发出《关于在学校中进行思想改造和组织清理工作的指示》，老师们通过思想改造，批判资产阶级思想，肃清封建思想，初步明确了工人阶级的立场、观点和方法，树立了全心全意为人民服务的思想。对知识分子的思想改造表明，新社会不会允许新旧思想的二元并存。

尽管学制改革和思想改造中没有提及私塾、塾师，但社会主义的人民教育与作为封建教育残余的私塾之间不可调和的矛盾已经显现，私塾与现代学校并存的二元结构不可能重演，因此，许多地方在社会主义改

① 柳湜：《论中华人民共和国的学制》，《文汇报》1951 年 12 月 11 日。

造完成以后，私塾就消失了。“文化大革命”中，意识形态领域破旧立新的斗争更为激烈，少部分地区残余的私塾在“文化大革命”前夕迅速烟消云散。

其次，集体化的社会生产方式消解了私塾的经济基础。社会主义改造的完成，标志中国基本消灭了私有制经济，工商业实现公有制，农业则实现集体化。由于家族企业消失，传统农业、手工业家庭化的生产方式被解构，家庭的经济功能迅速弱化，在广大的农村地区，农业集体化以后，传统农业家庭化的生产方式被解构，农业生产参照工业模式加以重新组织，确立了政府在农业生产中的领导和支配地位，成年劳动力在生产、分配中拥有平等的权力和地位，家长失去了对家庭财产的绝对支配权，致使无数个农村大家庭分崩离析。① 同时，因姓氏而结成的宗族因为祠、庙、会、社的财产被征收，失去了控制族内成员和办理公共事务的经济基础，也迅速走向解体。

在家庭和宗族功能弱化的同时，政府力量延伸到了以前属于家庭事物的领域，承担起相关的公共职能，努力为人们的生活、医疗、教育、住房等问题提供起码的保障。因此，随着计划经济体制的建立，家庭事务的内涵收窄，人们逐渐从未成年子女的教育事务中解脱出来，私塾慢慢地失去了存在的经济基础和社会基础。

而且，生产方式的集体化泛化到社会其他领域，组织和单位普遍建立并不断强化，私塾作为游离于行政体制之外的教育机构几无存在可能，塾师作为缺乏组织归属的职业群体亦无存在可能，私塾教学的民间私为性质更是挑战国家对学校教育的管理和控制，以致最后人们对私塾的认识会上升到与党和国家争夺青少年的政治高度。我们联系前面的分析，就会发现新社会在意识形态和经济生产领域具有高度的一致性。总

---

① 李立志：《变迁与重建：1949—1956 年的中国社会》，江西人民出版社 2002 年版，第 33 页。

之，社会生产与运行方式抽掉了私塾的存在之根，其消失是必然的。

武汉市汉口第一小学第三届毕业学生留念（摄于1951年7月10日）

第三，私塾作为现代学校教育的补充已无必要。新中国成立初，新政府的施政方针是《中国人民政治协商会议共同纲领》，其第五章“文化教育政策”规定：“中华人民共和国的文化教育为新民主主义的，即民族的、科学的、大众的文化教育。人民政府的文化教育工作，就以提高人民文化水平，培养国家建设人才，肃清封建的、买办的、法西斯主义的思想，发展为人民服务的思想为主要任务。”① 在无产阶级政党领导的人民当家做主的社会，工农子女的受教育权自然必须得到充分的保证，普通中小学在20世纪50年代初即向工农大众开门。如上海市为了让工农子女享受完整的初等教育，1952年秋季招收的16万多小学一年级新生中，工农成分学生占70.1%。市教育局临时调配了2900名教师分到私立小学及儿童晚班，并扩充了2000多个班级，以满足教学需

①《中国人民政治协商会议共同纲领》，《人民日报》1949年9月30日。

要。① 据全国1952年的统计，工农子女在小学生总数中约占80%以上，在中等学校学生总数中占57%以上，1953年全国高等学校里工农成分的学生占学生总数的22%左右。② 为了缓解因学生迅猛增长而导致的校舍和师资矛盾，许多地区还对中小学实行二部制（实行半日教学，上下午轮换），开设儿童晚班。到“大跃进”期间，学龄儿童进入小学学习已无多大困难，但小学升初中仍然有一定的困难。如1959年，上海市中学生中的工农成分学生已由1949年的10.1%增长为52.8%；小学生中的工农成分学生已由1949年的29%增长为58.2%。③ 现代学校教育日益普及，私塾从教育事业发展的角度来看，已无必要，全国大多数地区的私塾即消失于20世纪50年代中后期。

不但子女上学问题，城市工人住房问题也得到了很好的解决，过去“做梦都不敢想的事情，今天居然实现了”。如从新中国成立初到1959年，上海市政府投巨资在市区和市郊建造了大量工人住宅区，包括曹杨、甘泉、宜川、凤城、控江、天山、日晖等34个工人新村，原来散居在草棚、狭窄闷热的阁楼和苏州河上小木船里的60多万职工和他们的家属搬进了新居。每个工人新村都建有配套的中小学和幼儿园，以方便工人子女就近入学，其中以曹杨新村的教育设施建设最为典型——曹杨新村第一小学和曹杨新村幼儿园兴建于1952年，作为新建工人住宅区首先开办的学校，这两所学校有着非常良好的设施。④ 1956年曹杨新村幼儿园改名为上海市实验幼儿园，成为那个年代党和国家领导人、许多外宾来沪参观的场所之一。

20世纪60年代初，国家对教育事业进行大幅度地收缩整顿，私塾

①《本市实施五年一贯制获初步成绩》，《文汇报》1953年1月27日。

② 中共中央宣传部：《关于高小和初中毕业生从事劳动生产宣传提纲》，《人民教育》1954年6月号。

③ 陈琳瑚：《跃进的十年》，《文汇报》1959年9月29日。

④《曹杨新村第一小学和幼儿园落成》，《文汇报》1952年12月26日。

在内陆农村地区有所抬头。但这只不过是落日余晖，随着教育事业的恢复和政府对私塾的压制，20 世纪 60 年代中期，私塾整体上退出了历史舞台。①

三、私塾消失的两重意义

私塾消失在中国社会和教育发展史上悄无声息，只有少量的文件档案资料提及此事，没有引起一般的教育行政官员和教育理论研究者的关注。大家似乎对之早已淡忘，也不觉得少了私塾会对教育发展产生什么影响。确实，传统教育的解体，改书院、废科举因为迅猛而进行得轰轰烈烈，闹腾得沸沸扬扬。私塾问题久拖不决，人们失去了关注的热情。我们在私塾消失近半年世纪以后，回过头来，能比较清晰地看到私塾消失对中国教育、中国社会的意义和影响。

（一）教育意义

私塾的产生和兴盛，源于传统社会政府在民众基础教育领域的缺位，同时又与政府推行的选举制度紧密相连。人们送子弟上私塾，上策是到科场猎功名，光耀门楣；下策是识字断文，掌握基本的读写算知识，以便日后能更好地在社会上立足。因此，从平民百姓到达官显贵，或送子入学，或请师上门，为子弟受教育无不尽心尽力。私塾为科举考试输送大量考生，满足政府的人才需求。而科举考试又产生的大量落榜士子，为私塾源源不断地提供师资力量。这样，在不需要政府直接参与和管理的情况下，私塾在民间社会形成了自己独有的教育生态，不断向前发展。

私塾、私立书院、官学（明清时期地方官学主要是官办的书院）是

① 吴修申：《中国共产党私塾政策研究》，中国社会科学出版社 2013 年版，第 168 页。

中国封建社会后期主要的教育机构，由于缺乏学制设计，这三类机构彼此独立，修业年限和衔接关系模糊不清。书院不提供基础教育，由私塾为其提供生源，进官立书院一般要获得生员资格，进私立书院也要考试入学。私塾内部也有初级的蒙馆和高级的经馆之分，有的人可能就在私塾内完成受教育的全过程。政府和民众都安于这样的教育制度，没有觉得有何不妥。然而，明清之际，在“天朝上国”之外，随着工业生产的发展和资本主义制度的建立，一种具有普遍性的现代教育制度正在兴起。如德意志各国从16世纪中期起，先后颁布了有关国家办学和普及义务教育的法令，1559年威丁堡的法令决定在每个村庄设立初等学校，强制家长送子女入学。① 1632年，捷克教育家夸美纽斯出版《大教学论》，将人的成长分为婴儿、儿童、少年、青年4个阶段，每段6年，然后照此设计出一套学制方案：“每个家庭应当有个母育学校，每个村落应当有个国语学校，每个城市应当有个高等学校，每个王国或每省应当有个大学。”② 夸美纽斯的设想虽然很粗糙，但无疑对于西方国家现代学制的建立具有奠基性意义。“欧洲若干发展较早的国家，一般先设学校而后逐步建立学校制度，形成学校系统。从近代学校的出现（16世纪）到学校系统的形成，大约经历了三百年时间。”③ 也就是说，到19世纪，现代学制在资本主义国家基本确立，这大致是中国近代史的开端。

为了拓展商品销售市场和原材料供应市场，资本主义国家贪婪地在全世界展开掠夺，17世纪是荷兰人的黄金时期，18世纪英国人建立“日不落”帝国。尽管16世纪中国与西欧国家就发生了商贸往来，但中国相对而言是西方侵略者较晚的目标，第一场侵略战争爆发于1839年

① 吴式颖主编：《外国教育史教程》，人民教育出版社1999年版，第237页。

② ［捷克］夸美纽斯著，傅任敢译：《大教学论》，人民教育出版社1984年新2版，第220—221页。

③ 陈桂生：《教育原理》，华东师范大学出版社1993年版，第67页。

11 月。① 资本主义的入侵，不只是军事和商品，文化和教育紧随其后，最早给中国带来西方现代学校教育的，不是严格意义上的资本家和侵略者，而是一批身负神职的传教士。尽管资本和枪炮为传教士大批进入中国鸣锣开道，但有时会以矛盾的形式出现。著名的英国传教士马礼逊1807 年 1 月受伦敦传教会派遣前往中国，他的航行路线不是向东而是往西，先到美国纽约，由美国政府出面完成从纽约到澳门的漫长之旅。马礼逊被迫绕道的原因是运营东方航线的东印度公司拒绝搭载传教士，东印度公司董事会 1793 年曾通过一条决议："使用我们公司的船队载送传教士驶往我国在东方的殖民地是最愚蠢的、最过分的、代价最高的和不可原谅的方案。"② 传教士在鸦片战争前后将西方学校带入中国，迈开了教育现代转型的步伐。但零星的教会学校并未给中国教育体制带来较大的冲击和改变。③ 大约 20 年之后，来自体制内的变革降临了，清政府在内忧外患之下掀起"自强求富"的洋务运动，其中一项重要内容就是开办洋务学堂，采取西方的学校教育模式，学习西方的语言、军事和技术。洋务学堂不是对传统教育的改造，而是在传统教育之外新立一套现代教育，没有因鼎新而革故的意思，更缺乏对整个教育系统的制度设计，这就导致了中国近现代教育发展史上传统与现代的长期并存。不像

---

① [美] 斯塔夫里阿诺斯著，吴象婴、梁赤民译：《全球通史——1500 年以后的世界》，上海社会科学院出版社 1992 年版，第 76—79 页、第 464—469 页。

② 顾长声：《马礼逊评传》，上海书店出版社 2006 年版，第 23 页。有关马礼逊从英国到中国的详细情况，请参阅本书第 21—35 页。

③ 不只是教育，从第一次鸦片战争结束到洋务运动开始之前，中国基本上没有主动做出改变。历史学家评论说："统治中国的士大夫除少数人外，仍然极其厌恶和藐视西方的一切。虽然失败的打击迫使他们采取某些措施，效仿西方的武器和技术，但在实际中他们只是做做样子而已。官吏们在机械事务方面的无能已无可救药，纵然他们真诚地想模仿西方——从根本上说，他们并不想模仿西方。因而，在 1842 年到 1858 年两次战争之间的十几年内，中国面对欧洲扩张主义的挑战几乎没有做什么。"参见 [美] 斯塔夫里阿诺斯著，吴象婴、梁赤民译：《全球通史——1500 年以后的世界》，上海社会科学院出版社 1992 年版，第 470 页。

一衣带水的近邻日本，在明治维新中参照西方国家，一举建立现代学校制度。①

1898 年 6 月 11 日，光绪皇帝发布《明定国是诏书》，宣布维新变法，中国对西方的学习从物质技术走向社会制度，7 月 10 日光绪给内阁下令将书院改为学堂，从内部消解传统教育机构，但私塾仍未触动。由于变法在 9 月份即宣告失败，许多政令根本来不及实施就被废止，建立大中小学的构想仅仅是迈开了第一步，即设立京师大学堂。新政接过了维新派的接力棒，1902 年 8 月颁布《钦定学堂章程》，1904 年 1 月颁布《奏定学堂章程》，1905 年 9 月废除科举考试，12 月成立学部。读书应举的社会流动模式遭到消解，书院和私塾的存在价值大大缩水，那些曾经犹豫徘徊的地方官员也不得不痛下决心，真正把书院办成学堂，从而最终完成了书院向近代新式学堂的转变。② 新政对于官学的改革较为彻

漫画《今之把持学堂者》

---

① 陈桂生：《教育原理》，华东师范大学出版社 1993 年版，第 67 页。1871 年明治政府设立文部省，1872 年颁布《学制令》，先前的寺子屋与乡学被废除，取而代之的是全国共设小学 53760 所，小学 6 岁入学，分上下两等，学制各 4 年，入学者接受 8 年普及义务教育。参见吴式颖主编：《外国教育史教程》，人民教育出版社 1999 年版，第 413—414 页。

② 金林祥主编：《中国教育制度通史》第六卷，山东教育出版社 2000 年版，第 265 页。有学者统计，1905 年全国有 127 所书院改为学堂，为书院改制诏令颁布后的最高点；次年又有 93 所书院完成改制，这两年改制的书院占清末全部改制书院的 29.6%。参见刘少雪：《书院改制与中国高等教育近代化》，上海交通大学出版社 2004 年版，第 102 页。还有学者提出，全国书院改制绝大部分在清末完成，也有极少数延至民国初年。参见邓洪波：《中国书院史》，东方出版中心（上海）2004 年版，第 589 页。

底，但对私塾则留有余地（详见第七章）。尽管私塾也因塾师和生徒无举业可做受到威胁，但因为地方政府办学不力，大量的蒙馆依然能够勉强维持。可以说，私塾在新政兴学中变成了一个重大的遗留问题，持续了半个世纪。

汉阳蔡甸启智私塾结束纪念（1945）

民国时期，确立了私塾与学校的二元结构，反映了中国从传统向现代过渡的矛盾。与封建时代不同，教育行政部门开始将私塾纳入管理范围，实行双管齐下：一是通过改良，将部分私塾认定为小学，纳入学制系统之内，这其实是延续清末私塾改良之路。二是通过登记注册，对私塾办学进行规范，对于所谓的“落后”私塾，强行取缔；在学校教育发展较好的地区，不允许开办私塾；而政府力量顾及不到的地方（如偏远乡村），私塾乃“不知有汉”，依然如故。

到中华人民共和国成立之时，私塾已接近尾声，人民政府的缔造者艰难取得中国革命的胜利，却轻而易举地顺手摘下了教育转型的果实。

私塾的消失，标志传统教育机构最后阵地的失守，宣告中国教育机构从传统到现代转型的完成。

其实，晚清新教育的发展路径就已经决定了私塾的历史命运。中国近代学校系统的建立属于下延型路线，① 先发展较高级的学校，再往下逐渐延伸至中等教育和初等教育，这样与私塾对应的小学便成为学制的薄弱环节。从地域上看，是先沿海地区，再大中城市，最后延伸至乡村地区，这样乡村教育又成了学制的薄弱环节。因此，私塾，尤其是乡村私塾就成为传统教育机构的最后阵地，它在中国教育现代化进程中不断地退守，退到无路可退，只有烟消云散。

传统私塾从基础教育的主要承担者，到逐渐远离教育发展的主流，走向边缘，乃至最终为新社会所淘汰，十分具体地反映了现代学校兴起、发展、壮大，直到完全取代传统教育机构的过程。可以说，从传统私塾的消亡到现代学校的普及，正好彻底完成了中国教育机构的“新陈代谢”。

（二）社会意义

私塾作为深嵌入传统社会的教育机构，不只是一个教育事务，更是一个社会事务。它参与社会结构流动，传递社会的伦理道德，根据农时调节作息，根据习俗放假。私塾教师们甚至直接参与社会服务，承担一部分社会角色。中国近代以来，社会变局频现，各个社会领域都在寻求转型，传统社会的基础受到冲击后发生动摇，然后一点点地逐步瓦解，甚至大面积坍塌。破字当头，立在其中，现代社会的基础如春燕垒巢，一点点地建立起来。物竞天择、优胜劣汰的自然法则被纳入社会领域，私塾作为与传统社会紧密相依的教育机构，在近现代社会经历一个从适者到不适者、从主流到边缘的转化，最终淹没在滚滚的历史洪流中。

传统私塾消失在了历史长河中，对于中国教育而言是现代化的胜

① 陈桂生：《教育原理》，华东师范大学出版社 1993 年版，第 67 页。

利。但是私塾在中国传统社会中的意义不只在于教育，它与社会结构、社会文化等方面存在千丝万缕的关系，私塾的消失意味着这些关系的斩断，那么新式学校能否取代或重建私塾与中国社会的关系？或者干脆建立起一种新型的现代学校与现代社会的关系？这是一个非常复杂的问题。

首先，私塾对封建时代中国社会结构（或者社会阶层）的再生产，起着重要的基础作用。中国传统社会的超稳定结构，带来了稳定持久的教育结构，甚至教育本身也是社会稳定的重要原因之一。私塾是沟通社会上层与底层的桥梁，是社会分层的手段。自汉代实行察举制，由学而仕成为常态之后，读书求学就成为社会各阶层实现向上流动的主要渠道。到科举时代，从制度上为“知识改变命运”提供了实现途径。而迈向美好人生的第一步，便是上私塾受教育，中国古代庞大的文官队伍中，出身私塾甚至教过私塾的不计其数。

民国时期新式学校的军训学生

私塾不光为官僚集团输送人才，读过几年书在社会上立足也多一份资本。活跃在中国乡村社会的大量未入仕的绅士，少不得上过几年私塾。还有一些与知识相关的行业，如医卜星相之流，坐贾行商之人，说学逗唱之士，需要接受基本的文化教育。连私塾教师也是从私塾里走出来的读书人。因此，作为精英阶层的政府官员和中间阶层的绅商，私塾都是其再生产的重要环节。明清时期，社会经济发展，私塾达到鼎盛，官员数量有限，结果越来越多的知识分子进入中间阶层，带来了市井文化的大繁荣。

近代以来，相对稳定的社会结构受到破坏，率先兴起的是买办阶层和军人阶层，工商阶层的社会地位也迅速上升。买办起初都是由教会学校培养出来的，而军官从洋务时期直至民国都风光无限。也就是说，新兴阶层的培养不是传统教育的产物，而来自社会本身的变化。于是，私塾的社会流动功能在缓慢地降低，科举考试废除以后，私塾已基本丧失社会流动功能，塾师职业也变成穷途末路。寻求流动机会的青年从洋务时期就开始成批地走出私塾，到官办的洋务学堂中肄业，如严复、鲁迅等人。青年塾师也大量从岗位上逃离，或者弃文从武，或者去学堂当学生、当教师，或者选择出国留学，如左宗棠、徐特立、杨昌济等人。

到民国时期，传统的社会流动模式基本终结，虽然新的社会流动体制尚未完全建立和稳固，但流动机会和流动途径的增加超出了传统体制的束缚。私塾在社会结构再生产中的角色已变得无足轻重，在基础教育机构中的地位也从主流走向边缘，甚至部分地变成了现代学校教育的补充。

其次，私塾与传统社会的生产方式紧密联系。中国传统农业社会以家庭为生产和生活单位，甚至传统工商业也以家庭式作坊和家族式商团（如徽商、晋商）为主。对子女的教育也由家庭来决定和安排，基础教育没有转变为政府的公共职能，青少年受教育与否、受教育到什么程度，家庭条件成为决定性因素。尽管一些义塾、社学具有公共性，但它

们不过是私塾发展史上几朵点缀的浪花而已，其普及程度和持续时间难以保证。

鸦片战争后，西方资本主义经济、文化、教育首先在东南沿海一带渗入，具有近代意义的新型工商业开始在通商口岸迅速发展起来。而现代教育与城市和工商业的发展紧密相连，班级授课、分科教学、八小时以内的功课安排、星期制等，都是以工业文明为标准进行教育制度设计。由于中国近代社会是从沿海到内地、从城市到乡村渐次推进，现代教育是如此，私塾的节节退缩也是如此。清末颁行学制，正式将基础教育纳入政府的公共职能，使家庭逐步从教育事务中解放出来。到新中国实行集体化的生产方式，家庭的生产职能大大削弱，大家都成为社会主义大家庭的一分子，子女作为国家未来的建设者和接班人，当然由政府来设计并提供教育服务，私塾自然要彻底退出历史舞台。

第三，私塾是一个社会场所，承载一些社会活动。除了少量的义塾（如清末乞丐武训捐资兴建的三所义塾），中国古代一般没有专门用于私塾教育的房舍（这一点与书院不同），私塾利用的是民宅或寺庙祠堂。所以大多数情况下，私塾不是用围墙隔离起来的专门的、封闭的教学场所，它与整个社会是息息相通的。私塾是一种草根的、乡土的教育机构，在传递社会伦理道德和基层社会治理中扮演着重要角色，比如私塾里经常举行宣讲乡约的活动，师生也偶尔出门去讲善书。塾师阶层甚至扮演沟通社会上层与下层的纽带，经常以教化者、调停者、文化人的身份出现在基层社会。

现代学校作为一个庞大的公共教育系统，依附于政府，为国家培养所需要的人才，而不太会顾及地方社会的多重需求。学校教师的职业活动也受制于政府教育政策，而不是学生家长，其职业角色是教书育人，不再兼有教化者、调停者、公共士绅等角色。尤其对乡村社会而言，学校是封闭的、官方的，教师是陌生的、流动的。私塾和塾师的消失在某种程度上可能会导致乡村社会整合力的下降，导致乡村教育和乡村社会的距离越来越远。

解放后土地改革中分得土地的农民（邹健东摄于1950年）

随着新中国基层政权的普遍建立和日益强大，社会生活在有计划、有组织的背景下，被集体化、泛政治化。原本属于社会自我调控的公共领域日益缩小，以血缘宗法为纽带的社会关系逐渐解体，人们的归属感和身份意识发生变化，从以地域、姓氏为特征的家族成员变成社会主义“大家庭”的一分子。这样私塾原本承载的某些社会职能被基层政府而不是现代学校所取代。

陶行知先生早在1926年曾批评说：“中国乡村教育走错了路！他教人离开乡下向城里跑……”① 现在又何尝不是？但是中国现代化的一项

①《中国乡村教育之根本改造》。参见《陶行知全集》第一卷，四川教育出版社1991年版，第100页。

重要内容就是工业化和城镇化，让教育成为分流农村人口的手段似乎合情合理，只不过这其中含有城市对乡村无情的智力掠夺。陶行知还提出要以教育改造乡村社会、促进乡村建设。呼吁“乡村学校应当做改造乡村生活的中心”，“乡村教师应当做改造乡村生活的灵魂”。① 现在看来我们在这方面做得非常不够。因此，私塾消失对城镇地区并不会造成多大的影响，因为现代教育是以工业化和城市化为价值取向的。但对于广大乡村地区，私塾消失可能别有深意。

①《我们的信条》。参见《陶行知全集》第一卷，四川教育出版社 1991 年版，第 88 页。

参考文献*

《论语》

《孟子》

《十三经注疏》

（汉）班固：《汉书》

（汉）崔寔著，石声汉校注：《四民月令校注》，中华书局 1965 年版

（汉）王充：《论衡》

（晋）陈寿：《三国志》

（南朝宋）范晔：《后汉书》

（南朝梁）萧子显：《南齐书》

（唐）白居易著，顾学颉校：《白居易集》，中华书局 1979 年版

（唐）李延寿：《北史》

（唐）刘知几：《史通》，辽宁教育出版社 1997 年版

---

* 说明：常用基本古籍（如史书、子书等）不注版本信息。民国以前的古籍以历史朝代排序，民国及以后的书以著者姓氏的拼音字母排序。翻译的国外著作按原著者国籍排序。

（唐）柳宗元著，曹明纲标点：《柳宗元全集》，上海古籍出版社1997年版

（唐）魏徵：《隋书》

（唐）姚思廉：《陈书》

（唐）姚思廉：《梁书》

（宋）计有功：《唐诗纪事》，中华书局1965年版

（宋）刘斧：《青琐高议》，上海古籍出版社1983年版

（宋）欧阳修等：《新唐书》

（宋）沈括：《梦溪笔谈》，岳麓书社1998年版

（宋）王明清：《玉照新志》，中华书局1985年版

（宋）叶梦得：《避暑录话》，中华书局1985年版

（宋）叶适：《叶适集》，中华书局1961年版

（宋）袁采：《袁氏世范》，中华书局1985年版

（宋）黎靖德编：《朱子语类》

（元）马端临：《文献通考》

（元）脱脱等：《宋史》

（明）冯梦龙：《笑府》，海峡文艺出版社1992年版

（明）何景明著，李淑毅等点校：《何大复集》，中州古籍出版社1989年版

（明）金木散人：《鼓掌绝尘》，江苏古籍出版社1990年版

（明）陆容：《菽园杂记》，中华书局1985年版

（明）宋濂：《元史》

（明）汤显祖：《牡丹亭》，齐鲁书社2004年版

（明）陶宗仪：《南村辍耕录》，中华书局2004年版

（明）文徵明著，周道振辑校：《文徵明集》，上海古籍出版社 1987 年版

（明）余永麟：《北窗琐语》，中华书局 1985 年版

（清）曹雪芹、高鹗著，启功等整理：《红楼梦》，中华书局 2005 年版

（清）董诰等纂修：《全唐文》，上海古籍出版社 1990 年版

（清）顾炎武著，黄汝成集释、秦克诚点校：《日知录集释》，岳麓书社 1994 年版

（清）郭嵩涛编：《罗忠节公年谱》。参见北京图书馆编：《北京图书馆藏珍本年谱丛刊》（第 155 册），北京图书馆出版社 1999 年版

（清）广东学务公所：《私塾改良会简章》，1908 年排印

（清）贺长龄辑：《皇朝经世文编》。参见沈云龙主编：《近代中国史料丛刊》第一编第七十四辑，（台湾）文海出版社 1966 年版

（清）胡伯良修：《毘陵修善里胡氏宗谱》，光绪五年（1879）敦本堂刻本

（清）黄宗羲著，全祖望补修，陈金生、梁运华点校：《宋元学案》，中华书局 1986 年版

（清）金圣叹著，艾舒仁编次，冉苒校点：《金圣叹文集》，巴蜀书社 2003 年版

（清）李赓芸：《稻香吟馆集》。参见《续修四库全书》第 1477 册，上海古籍出版社 2002 年版

（清）李虹若：《朝市丛载》，北京古籍出版社 1995 年版

（清）李绿园：《歧路灯》，中华书局 2004 年版

（清）李延昰：《南吴旧话录》，上海古籍出版社 1985 年版

（清）梁蒲贵、吴康寿修，朱延射、潘履祥纂：《宝山县志》，光绪八年（1882）刻本

（清）梁绍壬撰，范春三编译：《两般秋雨盦随笔》，新疆人民出版社 1995 年版

（清）彭定求等编：《全唐诗》，三秦出版社 2008 年版

（清）蒲松龄著，盛伟编：《蒲松龄全集》，学林出版社 1998 年版

（清）钱德苍辑：《解人颐》，岳麓书社 2005 年版

（清）钱泳：《履园丛话》，中华书局 1979 年版

（清）施若霖纂：《璜泾志稿》。参见《中国地方志集成·乡镇志专辑》，江苏古籍出版社 1992 年版

（清）宋如林修：《松江府志》，嘉庆年间刻本。

（清）王筠著，屈万里、郑时辑校：《清诒堂文集》，齐鲁书社 1987 年版

（清）许光墉、叶世熊修辑，姜汉椿、姜汉森标点：《重辑枫泾小志·续修枫泾小志》，上海社会科学院出版社 2005 年版

（清）许瀚著，崔巍整理：《许瀚日记》，河北教育出版社 2001 年版

（清）叶梦珠：《阅世编》，中华书局 2007 年版

（清）游戏主人辑：《笑林广记》，中国戏剧出版社 1999 年版

（清）袁枚著，顾学颉校点：《随园诗话》，人民文学出版社 1982 年版

（清）张履祥著，陈祖武点校：《杨园先生全集》，中华书局 2002 年版

（清）郑板桥：《郑板桥集》，上海古籍出版社 1979 年版

（清）左宗棠：《左文襄公全集》，（台湾）文海出版社 1978 年版

蔡元培：《孑民自述》，江苏人民出版社 1999 年版

陈宝良：《明代儒学生员与地方社会》，商务印书馆 2005 年版

陈东原：《中国教育史》，福建教育出版社 2009 年版

陈独秀著，戚谢美、邵祖德编：《陈独秀教育论著选》，人民教育出版社 1995 年版

陈桂生：《教育文史辨析》，华东师范大学出版社 2012 年版

陈桂生：《教育学苦旅》，华东师范大学出版社 2012 年版

陈桂生：《教育原理》，华东师范大学出版社 1993 年版

陈桂生：《徐特立教育思想研究》，辽宁教育出版社 1993 年版

陈青之：《中国教育史》，福建教育出版社 2009 年版

陈学恂主编：《中国近代教育文选》，人民教育出版社 1983 年版

陈勇：《钱穆传》，人民出版社 2001 年版

池小芳：《中国古代小学教育研究》，上海教育出版社 1998 年版

戴伯韬编：《解放战争初期苏皖边区教育》，人民教育出版社 1982 年版

邓洪波：《中国书院史》，东方出版中心 2004 年版

邓云乡：《清代八股文》，河北教育出版社 2004 年版

董纯才主编：《中国革命根据地教育史》，教育科学出版社 1991 年版

奉化市志编纂委员会编：《奉化市志》，中华书局 1994 年版

福建省地方志编纂委员会编：《福建省志·教育志》，方志出版社 1998 年版

甘肃省政府秘书处：《甘肃省政府二十四年度行政报告（五月份）》1935 年编印

高淳县地方志编纂委员会编：《高淳县志》，江苏古籍出版社 1988 年版

高明士编：《东亚传统教育与学礼学规》，华东师范大学出版社

2008 年版

高平叔编著：《蔡元培年谱》，中华书局 1980 年版

高邮县编史修志领导小组：《高邮县志》，江苏人民出版社 1990 年版

高增德、丁东编：《世纪学人自述》，北京十月文艺出版社 2000 年版

顾长声：《传教士与近代中国》（增补本），上海人民出版社 1981 年版

顾长声：《马礼逊评传》，上海书店出版社 2006 年版

顾颉刚：《古史辨》，上海古籍出版社 1982 年版

顾颉刚等辑，王煦华整理：《吴歌・吴歌小史》，江苏古籍出版社 1999 年版

顾明远等著：《鲁迅的教育思想和实践》，人民教育出版社 2001 年版

郭秉文：《中国教育制度沿革史》，上海商务印书馆 1922 年版

郭沫若：《十批判书》，东方出版社 1996 年版

郭沫若著，郭沫若著作编辑出版委员会编：《郭沫若全集》，人民文学出版社 1992 年版

郭沫若著，黄淳浩编：《郭沫若自叙》，团结出版社 1996 年版

国家文物局古文献研究室编：《出土文献研究续集》，文物出版社 1989 年版

何怀宏：《选举社会及其终结——秦汉至晚清历史的一种社会学解释》，三联书店 1998 年版

胡适：《胡适自传》，江苏文艺出版社 1995 年版

胡文楷：《历代妇女著作考》（增订本），上海古籍出版社 1985 年版

淮阴县志编纂委员会编：《淮阴县志》，上海社会科学院出版社1996年版

姬忠林：《河南成人教育史》，河南大学出版社1999年版

江苏省教育厅秘书室：《江苏省现行教育法令汇编》1932年编印

江苏省武进县县志编纂委员会编：《武进县志》，上海人民出版社1988年版

江苏省扬州市地方志编纂委员会编：《扬州市志》，中国大百科全书出版社上海分社1997年版

蒋纯焦：《一个阶层的消失——晚清以降塾师研究》，上海书店出版社2007年版

蒋梦麟：《西潮·新潮》，岳麓书社2000年版

蒋廷黻著，谢钟琏译：《蒋廷黻回忆录》，岳麓书社2003年版

蒋永敬、李云汉、许师慎编：《杨亮功先生年谱》，（台湾）联经出版事业公司1988年版

金林祥主编：《中国教育制度通史》第六卷，山东教育出版社2000年版

金自成、倪一鸣编《金山县教育年报（第一期）》，金山县教育局1935年编印

孔庆茂：《八股文史》，凤凰出版社2008年版

昆山市地方志编纂委员会：《昆山县志》，上海人民出版社1990年版

老舍：《老舍自传》，江苏文艺出版社1995年版

李国钧主编：《中国教育大系·历代教育制度考》，湖北教育出版社1994年版

李立志：《变迁与重建：1949—1956 年的中国社会》，江西人民出版社 2002 年版

李士钊编著，孙之儁绘画：《武训画传》，上海三联书店 1996 年版

李学昌主编：《20 世纪常熟农村社会变迁》，华东师范大学出版社 1998 年版

李学勤：《李学勤集·新发现简帛与秦汉文化史》，黑龙江教育出版社 1989 年版

溧水县地方志编纂委员会编：《溧水县志》，江苏人民出版社 1990 年版

梁启超：《饮冰室合集》，中华书局 1988 年版

梁实秋：《梁实秋自传》，江苏文艺出版社 1996 年版

刘伯山：《徽州文书（第二辑）》第八册，广西师范大学出版社 2006 年版

刘大鹏著，乔志强标点：《退想斋日记》，山西人民出版社 1990 年版

刘瑾辉：《焦循评传》，广陵书社 2005 年版

刘少雪：《书院改制与中国高等教育近代化》，上海交通大学出版社 2004 年版

柳诒徵：《中国文化史》，上海古籍出版社 2001 年版

鲁迅著，鲁迅先生纪念委员会编：《鲁迅全集》，人民文学出版社 1973 年版

陆蠡著，熊融编：《陆蠡集》，浙江文艺出版社 1984 年版

罗振玉著，黄爱梅选编：《雪堂自述》，江苏人民出版社 1999 年版

罗振玉、王国维编著：《流沙坠简》，中华书局 1993 年版

罗正钧：《左宗棠年谱》，岳麓书社 1982 年版

吕思勉：《中国通史》，上海古籍出版社 2009 年版

吕型伟主编：《上海普通教育史（1949—1989）》，上海教育出版社

1994 年版

茅盾：《我走过的道路》，人民文学出版社 1981 年版

孟宪承编：《中国古代教育文选》，人民教育出版社 1979 年版

（民国）教育部：《第一次中国教育年鉴》，开明书店 1934 年版

（民国）教育部教育年鉴编纂委员会：《第二次中国教育年鉴》，商务印书馆 1948 年版

逄先知主编：《毛泽东年谱（1893—1949）》，中央文献出版社 2005 年版

钱穆：《八十忆双亲·师友杂忆》，三联书店 2012 年版

璩鑫圭、唐良炎编：《中国近代教育史资料汇编·学制演变》，上海教育出版社 1991 年版

璩鑫圭、童富勇编：《中国近代教育史资料汇编·教育思想》，上海教育出版社 1997 年版

《全国教育行政会议各省区报告汇录》（1916 年）。参见沈云龙主编：《近代中国史料丛刊》第三编第十辑，（台湾）文海出版社 1986 年版

上海市普陀区志编纂委员会编：《普陀区志》，上海社会科学院出版社 1994 年版

上海通志编纂委员会编：《上海通志》第 7 册，上海人民出版社、上海社会科学院出版社 2005 年版

绍兴县地方志编纂委员会编：《绍兴县志》，中华书局 1999 年版

舒新城编：《近代中国教育史料》，中国人民大学出版社 2012 年版

舒新城编：《中国近代教育史资料》，人民教育出版社 1981 年版

四川省新津县志编纂委员会：《新津县志》，四川人民出版社 1989

年版

四川省宜宾县志编纂委员会：《宜宾县志》，巴蜀书社 1991 年版

宋大川、王建军：《中国教育制度通史》第二卷，山东教育出版社 2000 年版

孙培青主编：《中国教育史》（第三版），华东师范大学出版社 2009 年版

孙培青主编：《中国教育史》（修订版），华东师范大学出版社 2000 年版

孙培青主编：《中国教育史研究·隋唐分卷》，华东师范大学出版社 2009 年版

台州地区志编纂委员会编：《台州地区志》，浙江人民出版社 1995 年版

太仓县县志编纂委员会编：《太仓县志》，江苏人民出版社 1991 年版

泰州市地方志编纂委员会：《泰州志》，江苏古籍出版社 1998 年版

汤志钧、陈祖恩编：《中国近代教育史资料汇编·戊戌时期教育》，上海教育出版社 1993 年版

唐文治：《茹经先生自订年谱正续篇》。参见沈云龙主编：《近代中国史料丛刊》第三编第九辑，（台湾）文海出版社 1986 年版

陶行知著，《陶行知全集》编辑委员会编：《陶行知全集》，四川教育出版社 1991 年版

田正平、肖朗主编：《世纪之理想：中国近代义务教育研究》，浙江教育出版社 2000 年版

万平近：《林语堂评传作》，重庆出版社 1996 年版

王德昭：《清代科举制度研究》，中华书局 1984 年版

王国维：《观堂集林》，河北教育出版社 2001 年版

王鸿宾、武修敬等主编：《中国教育大系·历代教育名人志》，湖北教育出版社 1994 年版

王树槐：《中国现代化的区域研究：江苏省（1860—1916）》，（台湾）“中央研究院”近代史研究所编印，1983 年版

王锡彤著，郑永福、吕美颐点注：《抑斋自述》，河南大学出版社 2001 年版

王云五：《旧学新探》，学林出版社 1997 年版

吴寄萍：《改良私塾》，中华书局 1939 年版

吴江市地方志编纂委员会：《吴江县志》，江苏科学技术出版社 1994 年版

吴仁安：《明清江南望族与社会经济文化》，上海人民出版社 2001 年版

吴式颖主编：《外国教育史教程》，人民教育出版社 1999 年版

吴修申：《中国共产党私塾政策研究》，中国社会科学出版社 2013 年版

兴化市地方志编纂委员会：《兴化市志》，上海社会科学院出版社 1995 年版

盱眙县县志编纂委员会编：《盱眙县志》，江苏科学技术出版社 1993 年版

徐特立著，中央教育科学研究所编：《徐特立教育文集》（修订本），人民教育出版社 1986 年版

学部总务司编：《学部奏咨辑要》。参见沈云龙主编：《中国近代史料丛刊》第三编第十辑，（台湾）文海出版社 1986 年版

杨步伟：《一个女人的自传》，岳麓书社 1987 年版

杨昌济著，王兴国编：《杨昌济文集》，湖南教育出版社 1983 年版

杨树达：《积微翁回忆录·积微居诗文抄》，上海古籍出版社 1986 年版

于述胜：《中国教育制度通史》第七卷，山东教育出版社 2000 年版

郁达夫：《郁达夫文集》，花城出版社、三联书店香港分店 1982 年版

袁行霈主编：《国学研究》第三卷，北京大学出版社 1995 年版

袁英光、刘寅生：《王国维年谱长编（1877—1927）》，天津人民出版社 1996 年版

恽毓鼎著，史晓风整理：《恽毓鼎澄斋日记》，浙江古籍出版社 2004 年版

张彬：《从浙江看中国教育近代化》，广东教育出版社 1996 年版

张朋园：《湖南现代化的早期进展（1860—1916）》，岳麓书社 2002 年版

张倩仪：《另一种童年的告别——消逝的人文世界最后回眸》，商务印书馆 2001 年版

张仲礼著，费成康、王寅通译：《中国绅士的收入》，上海社会科学院出版社 2001 年版

章小亮：《中国古代小学算题研究》，华东师范大学 2008 年硕士学位论文

赵尔巽等：《清史稿》

赵元任：《赵元任生活自传》，中国华侨出版公司 1989 年版

郑起东：《转型期的华北农村社会》，上海书店出版社 2004 年版

中国蔡元培研究会编：《蔡元培全集》，浙江教育出版社 1997 年版

中国第二历史档案馆编：《中华民国史档案资料汇编·第五辑·教育》，江苏古籍出版社 1994 年版

中华人民共和国教育部计划财务司编：《中国教育成就统计资料

（1949—1983）》，人民教育出版社 1984 年版

中央教育科学研究所编：《中华人民共和国教育大事记（1949—1982）》，教育科学出版社 1984 年版

周芳玲、阎明广编译：《中国宗谱》，中国社会出版社 2008 年版

周学熙：《周止庵先生自叙年谱》。参见沈云龙主编：《近代中国史料丛刊》第三编第一辑，（台湾）文海出版社 1985 年版

周作人：《知堂回想录》，群众出版社 1999 年版

周作人著，刘应争选编：《知堂小品》，陕西人民出版社 1991 年版

朱有瓛、戚名琇、钱曼倩、霍益萍编：《中国近代教育史资料汇编·教育行政机构及教育团体》，上海教育出版社 2007 年版

朱有瓛主编：《中国近代学制史料》第二辑上册，华东师范大学出版社 1987 年版

朱有瓛主编：《中国近代学制史料》第三辑上册，华东师范大学出版社 1990 年版

［捷克］夸美纽斯（J. A. Comenius）著，傅任敢译：《大教学论》，人民教育出版社 1984 年版

［美］本杰明·史华兹（Benjamin I. Schwartz）著，叶凤美译：《寻求富强：严复与西方》，江苏人民出版社 1996 年版

［美］费正清（John King Fairbank）、刘广京（Liu Kwang-ching）编，中国社会科学院历史研究所编译室译：《剑桥中国晚清史 1800—1911》，中国社会科学出版社 1993 年版

［美］高彦颐（Dorothy Ko）著，李志生译：《闺塾师——明末清初江南的才女文化》，江苏人民出版社 2005 年版

［美］何炳棣（Ho Ping-ti）著，葛剑雄译：《明初以降人口及其相关问题：1368—1953》，三联书店 2000 年版

［美］何天爵（Holcombe Chester）著，鞠方安译：《真正的中国

佬》，光明日报出版社 1998 年版

［美］吉尔伯特·罗兹曼（Gilbert Rozman）主编，国家社科基金“比较现代化”课题组译：《中国的现代化》，江苏人民出版社 1998 年版

［美］明恩溥（Arthur Henderson Smith）著，午晴、唐军译：《中国乡村生活》，时事出版社 1998 年版

［美］斯塔夫里阿诺斯（Leften Stavros Stavrianos）著，吴象婴、梁赤民译：《全球通史——1500 年以后的世界》，上海社会科学院出版社 1992 年版

［英］麦高温（D. J. Macgowan）著，朱涛、倪静译：《中国人生活的明与暗》，时事出版社 1998 年版

后　记

2007 年有关塾师的研究告一段落后，我就想顺势做一些关于私塾的研究。2008 年以“中国私塾史”申请全国教育科学规划课题，获准立项。2013 年底课题申请结题。结项后，我觉得仍不满足，便又花了一年多时间进行扩充，找了一些图片资料，最终形成书稿。2015 年适逢华东师范大学教育学科被列入为上海市高峰学科建设计划，本研究经过评审，获得 2016 年高峰学科建设计划专著资助项目。

私塾堪称中国历史上持续时间最长、数量最多的教育机构。但由于私塾比较松散，缺乏制度性的组织和管理，研究起来有一定的困难，迟至 20 世纪 90 年代才逐渐引起学者们的关注。我原来设想按照历史的、逻辑的统一，写一部从产生到消亡的系统的私塾史，后来发现比较难以操作，如果按时段分期，每一时期都会有一些共性的问题，这样就会显得累赘。而且，私塾的史料多集中在宋以后，唐以前的非常少。如果不分期，完全按专题的形式来写，又难以较好地反映私塾的历史发展性。于是采取折中的办法，既有整体的历史性叙述，又有一些专题性研究，并对近代以来私塾在社会剧变和教育转型中的命运作了重点分析。

私塾是中国农业社会和农业文明的产物，在工业社会和工业文明的

时代是注定要被淘汰的。但私塾在中国传统社会发展中所扮演的角色、所发挥的作用，是不应该被忽视的。对于历史上曾经存在的教育机构，我们既不宜以现代眼光横加指责，也不宜以恋旧情怀颂扬追捧，而应以平和的心态进行审视，看看它曾经存在的理由及不得不消逝的原因，看看它是否留下了值得思考的问题。

研究过程中，我的两位已毕业研究生杜保源（现为华东师范大学人事处干部）、李海凤（现为上海市闵行区福山实验学校教师）参与了部分前期工作，在读研究生马慧、彭宇娜、王长城帮忙校阅了部分文稿，谨此致谢。山西教育出版社郭志强仁兄对绝大部分引文进行了仔细核查，对一些不确切的表述、数据进行了反复推敲，纠正了不少错漏，使全书大为增色，这是尤其令人钦佩和感激的。

图书在版编目(CIP)数据

中国私塾史/蒋纯焦著. —太原:山西教育出版社,2017.1(2017.8重印)
ISBN 978-7-5440-8312-6

Ⅰ.①中… Ⅱ.①蒋… Ⅲ.①私塾-教育史-中国 Ⅳ.①G629.299

中国版本图书馆CIP数据核字(2016)第042937号

中国私塾史
ZHONGGUO SISHU SHI

责任编辑 郭志强
复　　审 刘晓露
终　　审 薛海斌
装帧设计 薛　菲
印装监制 贾永胜

出版发行 山西出版传媒集团·山西教育出版社
（太原市水西门街馒头巷7号 电话:0351-4035711 邮编:030002）
印　　装 山西臣功印刷包装有限公司
开　　本 710×1010 1/16
印　　张 19
字　　数 248千字
版　　次 2017年1月第1版 2017年8月第2次印刷
书　　号 ISBN 978-7-5440-8312-6
定　　价 38.00元